中國竹木牙角器全集

中國美術分類全集

1

竹刻器

中國竹木牙角器全集編輯委員會編

凡例

一　《中國竹木牙角器全集》共五卷，主要按材料質地和時代順序編排，其中竹刻器一卷，木雕器二卷，牙角器（含骨器）一卷，家具一卷，力求全面展示中國竹木牙角工藝及家具的發展面貌。

二　《中國竹木牙角器全集》編選以故宮博物院藏品為主，酌收各地有代表性的珍品；既要考慮器物本身的藝術價值，又要兼顧不同地區和流派。

三　本書為《中國竹木牙角器全集》第一卷，選錄漢至清代竹刻精品。

四　本書主要內容分三部分：一為專論，二為圖版，三為圖版說明。

目錄

中國美術分類全集總論

啓功

中華民族的文化，從時間久遠來講，已有五千多年歷史，這是中外人士都知道的；從覆蓋的面積來講，可有若干萬平方公里的區域，也是中外人士都已看到的；若從它的構成因素來講，恐怕了解的人士就比較不太多了。

無論研究中華文化史或欣賞由此文化所構成的美術作品的人，沒有不驚嘆它的燦爛、豐富而有應接不暇之感的。如果探討其原因所在，就會理解到絕不可能僅僅是某一時代、某一地區、某一民族所能獨自創造完成的。中國是個多民族的國家，各族之間自古即隨時隨處，互相習染、互相融合，才有現在所見的驚人燦爛的文化及其成果。

世界歷史上有不少幾千年前已建立的文明古國，但至今已不存在或雖仍存在却曾中斷過一段時間的并不少見。而我們中國則綿延數千年歷史未曾中斷，甚至某個事件的日期，古史書上的記載可以和出土文物銘刻相吻合。中國的歷史長河中，雖也曾有些小段為某些兄弟民族掌了政權，但他們都是中華民族大家庭的組成部分，沒有割斷中華文化傳統，所以説中華文化是五千多年綿延未斷的文化，可稱當之無愧的。

幾年前，中央宣傳部組織了衆多的文化、文物工作的專家，編成《中國美術全集》六十大冊。出版以來，讀者眼界大開，這六十冊書起到了現有的任何博物館及任何文化藝術史的論著都無法取得對人民的啓發、教育作用。事實很簡單，無論哪個博物館，哪部研究、介紹這類學術的著作，都不可能同時擁有這些陳列品和實物的直觀插圖，凡有過閱讀、研究這類書籍的人都知道，讀千百字的文字説明，不如看一眼實物，那麼能一次瀏覽這些圖片，豈不「勝讀十年書」！

現在我國文化、教育事業隨着經濟的發展而不斷地擴充、提高。文史書籍的搜集、重印，以及從種種角度加以整理傳播，已取得普及與提高的極大效果，而美術方面也不容無所擴展、充實。由于原六十冊的內容難以盡納各個時代的代表作品，而且新發現的文物珍品也有待補充。更有些近、現代的優秀作品，反映中國文化藝術新發展的，過去還未及選編，現在亦應納入。于是領導上再次組織群力，在以前六十大冊的基礎上翻成幾倍，編為《中國美術分類全集》，預計約有三百餘冊。這部新編巨著中，藝術種類雖然變動不大，但在每一種類中并非只數量加多，重要在盡力增加具有代表性的名品。

本書所收各類藝術名品，以國內、境內公、私所藏為主，國外、境外藏品中最重要的名品具有代表性的，也酌量收入。至于近期最新發現以及最近出土的，由于編輯印刷工序關係未及補充，俱有待于續編工作。

這部巨著成書，我們雖然足以自慰，但從中華文化中美術類的全部來說，還有很大的距離，希望本書的讀者，尤其是世界的廣大專家，能把它看成是中華文化中美術部分的扼要介紹，才較符合實際。現在我們全體工作人員共同敬願廣大讀者予以指正！

中國美術分類全集領導工作委員會

中國美術分類全集總編輯出版委員會

總 編 輯　啟　功

常務副總編輯　趙　敏

副 總 編 輯　郜宗遠　劉玉山

　　　　　　張囤生　吴士餘

委　　員　（按姓氏筆畫為序）

于永湛　王朝聞　王樹村　王　琦　王伯揚　艾中信　朱家溍　沈　鵬

李學勤　李書敏　宋鎮鈴　金維諾　周　誼　林文碧　吴士餘　吴成槐

吴　鵬　馬承源　段文傑　俞偉超　郜宗遠　姚鳳林　陳允鶴　陳宏仁

孫振庭　奚天鷹　啟　功　寇曉偉　張　仃　張囤生　常沙娜　許力以

清白音　楊伯達　楊牧之　楊　新　楊　瑾　楊純如　趙　敏　趙志光

趙貴德　鄧　白　樓慶西　劉玉山　劉振清　劉建平　劉慈慰　樊錦詩

閻曉宏　謝稚柳　關山月　羅哲文　龔繼先

一九八六年至一九九七年期間曾任《中國美術分類全集》領導工作委員會、總編輯委員會的副主任、總編輯、副總編輯及編委名單如下：

領導工作委員會　副主任　吴作人　劉　杲

　　　　　　　　委　員　袁　亮　張德勤

總編輯委員會　總編輯　邵　宇

　　　　　　　副總編輯　陳允鶴　楊　瑾　龔繼先

　　　　　　　委　員　古　元

中國古代竹刻藝術發展概述

劉岳

中國是竹類資源最為豐富的國家之一，在南至海南島，北達黃河流域，東起台灣，西迄西藏錯那和雅魯藏布江下游的廣大地域內都有竹類分佈〔一〕，而歷史上其分佈範圍可能更廣。據考，由於氣候變冷與人類活動等因素，「自五千年前的仰韶文化以來，竹類的分佈的北限大約向南後退緯度一—三度。」〔二〕漢以前，地處長城以北的西河美稽（今內蒙古准格爾旗西北）還有竹生長〔三〕；黃河中下游渭河平原的盩厔（今陝西周至縣東）、鄠（今陝西戶縣北）一帶產竹量多質優，經濟價值很高，《史記·貨殖列傳》曾謂：「渭川千畝竹……其人皆與千戶侯等」，自漢代起那裡就成為官營竹園之一，設官管理，稱司竹長丞；太行山東麓淇水流域的淇園（距今河南淇縣西北一七·五公里），先秦時享有盛名，相傳商代即為官屬竹園〔四〕，《詩·衛風·淇澳》詠之：「瞻彼淇澳，菉竹猗猗」〔五〕，漢元封二年（前一〇九年）、河平元年（前二八年）兩次用淇園竹堵塞黃河決口〔六〕，到東漢初河內太守寇恂還可伐竹「為矢百餘萬」〔七〕，可見其地產竹之多。不過，北魏時期，淇園似已衰敗，酈道元行經此處，曾感歎「通望淇川，無複此物（竹林）」〔八〕。至唐時新興的河內（今河南沁陽縣）官竹園已取代淇園的地位，成為北方的又一處重要經濟林區〔九〕。

正因分佈廣泛，資源豐富，國人也成了最早認識且最善於利用竹的民族。據考古發現，距今一萬年前長江中下游和珠江流域的原始人類已開始栽培和使用竹類〔一〇〕。南朝宋人戴凱之所編《竹譜》記載了四十多種竹名及其性狀，而到了元人李衎的《竹譜》中，這個數字增加至三百三十四種。在對竹的認識不斷深入的過程中，竹也逐漸滲透到人們生活的方方面面。「斷竹，續竹，飛土，逐肉」，這首《彈歌》描述先民以竹製獵具捕獵的場景，是早期以竹為器的生動描述〔一一〕。而進入歷史時期，不論是修造建築、製造交通工具，還是用

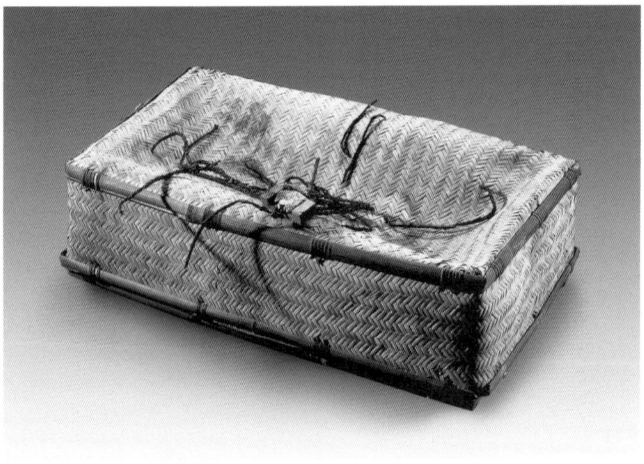

插圖一

作生產、生活用具，乃至飲食、服飾、樂器、文具等領域，竹的身影無處不在〔一二〕。甲骨文中「箕」、「笰」、「箙」等字均從「竹」〔一三〕，到了《說文解字》的時代，「竹」部已發展出一百四十多字，大多為日常生活用具名。文字的孳乳從側面表明了竹用之廣。而據晉人郭義恭臚列：「廣人以竹絲為布，甚柔美；蜀人以竹織履；可製篾編笆為籬笆；斷材為柱，為棟，為舟楫，為桶斛，為弓矢，為筒、盒、杯，為箔、席、枕、几，為笙、簧樂器；實可服食，汁可療病，筍可為蔬。其中恒多，莫可枚舉。」〔一四〕所指雖為交廣見聞，卻未嘗不可視為對竹之用的一個總體性概括。

而在以上種種不同功用下產生的竹製器物，慢慢增加了技術與審美方面的因素，於是這也就成為傳統最富特色的工藝門類之一——竹刻發展的嚆矢。

孕育期——明中期以前竹文化的積澱與竹刻藝術的緩慢演進

竹材易朽，史前期實物留存無多。據考古資料，目前已知最早的成形竹製品，為江蘇常州新石器時代早期（約一〇〇〇〇—四〇〇〇〇年前）的矛形竹器，以長形竹片製成，一端尖圓，一端平齊，鑽有圓孔〔一五〕。晚此之竹製品則以編織物為主。如西安半坡遺址中，曾發現陶器底部有竹編織物痕跡〔一六〕，而吳興錢山漾下層等長江流域遺址所出土的竹編器具已具有相當的精巧性〔一七〕。

春秋戰國時期的竹製品可以原屬楚國控制範圍的湖南、湖北、河南部分地區的考古發現為代表。其數以千計，品類亦較多樣，既有喪葬用大竹席、竹簾、竹網，日用器具竹笥（插圖一）、竹簍、竹籃、竹扇、竹席、竹箢箕、竹井圈、竹筒、竹夾、竹鼎蓋等，用作兵器的竹弓、竹矢杆、竹矢箙、戈矛的「積竹」柄〔一八〕、肩輿與車輿之構件，用作文具之竹筆桿、竹片、小竹筒，及排簫、篪、笙、竹相等，達二十六種〔一九〕。特別精美的還有髹漆裝飾，如江陵望山一號墓與九店四一〇墓出土的竹笥、馬山一號墓出土的竹扇等，篾細而薄，編做矩紋內填小十字形紋樣，漆色紅黑相映〔二〇〕，而湖北鄂城百子畈三號墓出土的一件竹

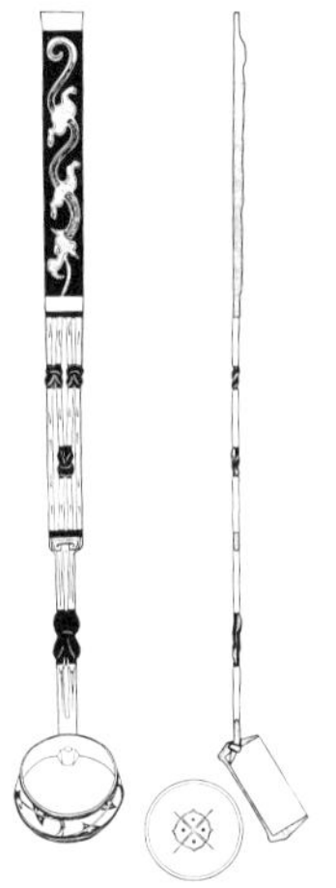

插圖二

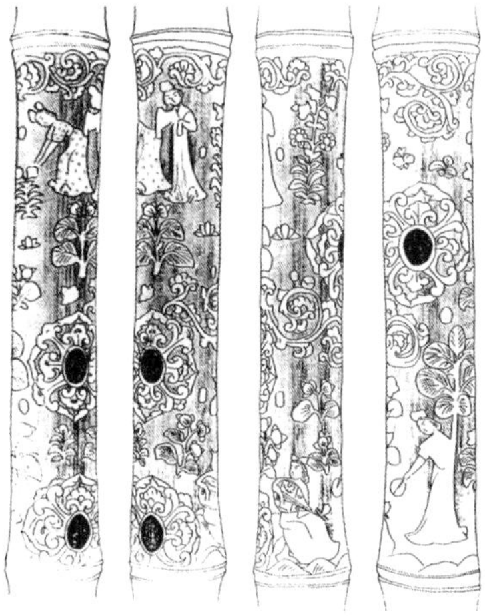

插圖三

筒與長沙劉城橋一號墓出土的矢箙上，還分別漆繪獸紋、雲鳥紋，比簡單的幾何裝飾更為醒目〔二一〕。尤為引人注意的是江陵拍馬山十九號墓出土的三個帶蓋竹卮，通體髹黑漆，配有雕成獸蹄狀的底足〔二二〕，被認為是「竹雕」之濫觴〔二三〕。而二〇〇七年在江西靖安李洲坳發現的一處春秋中晚期（距今約二五〇〇年）墓葬中，出土了包括竹笥、竹席、竹扇、竹勺等品種的竹木器數量達一四四件，是目前所見受楚文化影響而擁有發達竹工藝的南方青銅文化的最新例證之一〔二四〕。

而為以往竹刻研究者所公認的「現知較早有高度文飾的實物」〔二五〕，還是長沙馬王堆一號墓出土西漢早期的二件彩漆竹勺（圖一、插圖二），雖器表髹漆，但因竹胎運用了浮雕與鏤雕技法，故多被取作竹刻的珍貴例證。

在此後漫長的歷史時期裡雖然文獻中不乏笻竹杖〔二六〕、蘄簟〔二七〕等工藝名品的記載，但堪稱竹刻藝術品者卻不多見，而流傳實物更可說少之又少。

據《南齊書》載，齊高帝（四七九—四八二年在位）曾以「竹根如意」賜明僧紹〔二八〕，這是文獻中所見最早的竹製圓雕器物。北周庾信有「野爐燃樹葉，山杯捧竹根」的詩句〔二九〕，或同樣為以竹之地下莖為材料製作的酒具。

關於唐代竹刻的記載，以北宋郭若虛《圖畫見聞志》中所記德州刺史王倚家藏筆管為最著，其上刻《從軍行》詩意圖，「人馬毛髮，亭台遠水，無不精絕」，其畫「向明方可辨之」，已似微雕，云「用鼠牙雕刻」〔三〇〕。而實物則有江西南昌出土的竹根俑，造型粗樸，腳用竹根，身用竹莖，頭髮、左手另用竹簽插入〔三一〕，是已知最早的竹製圓雕人物。日本奈良正倉院則藏有最早的傳世竹刻品——留青「尺八」，器表留青鎸作陽文，有仕女、樹木、花蝶等，純為唐風〔三二〕（插圖三）。

至宋則終於有了第一位載名典籍的竹工匠人詹成：「詹成者，宋高宗朝匠人，雕刻精妙無比。嘗見所造鳥籠，四面花版，皆於竹片上刻成宮室、人物、山水、花木、禽鳥，纖細具備，其細若縷，而且玲瓏活動」〔三三〕。實物則只見寧夏之西夏陵出土竹雕殘片，浮雕人物，技巧熟練，推測「是盤類邊緣裝飾中的一段」〔三四〕。其產地尚待考證（插圖四）。

插圖四

而元人楊瑀記「家藏竹龜」，「首尾四足，皆他竹外來者。竅小，兩頭倍大，可轉動而不可出，故用縱橫之竹，紋理顯然。背載三截碑牌一，兩側有轉軸十，亦外來之軸。首大腰細，不知何法得入。偏叩匠者，莫能曉所謂。特以鬼工稱之。」至於時代，他認為「乃古人以老竹片所製」[三五]。

通過上引實物與文獻例證不難發現，在這一發展階段，除了那些窮工極巧、神乎其技者外，竹製品還難以得到文人士大夫等上層人士的關注。其囿於實用，以批量產出面目雷同的作坊作業為主，精緻的作品、著名的竹人、集中的產地都還不能形成規模，因此難以被稱為一個歷史意義上獨立的工藝門類。我們可以借用兩個傳統文學批評的術語來概括孕育期的竹刻發展——「串珠」式和「草蛇灰線」式的，其發展脈絡若隱若現、時斷時續，但卻始終在民間保持着旺盛的成長力，並為其自身的勃興準備了條件：首先，竹刻的各種技法，如圓雕、浮雕、陰刻等，甚至為其獨有的留青陽文法等都已賅備，且初步成熟。更為重要的是竹文化的積澱越來越深廣，而竹的象徵意義也日益豐滿[三六]，尤其是其「不剛不柔、非草非木」[三七]、堅挺、長青、中空、分節等自然屬性經過傳統思維模式轉化後，被比附於士人最高的人格理想「君子」，於是竹具有了「剛、柔、忠、義」和「本固、性直、心空、節貞」等儒家式美德——「竹之於草木猶賢之於眾庶」[三八]；另一方面，為文人們所熟知的王徽之「不可一日無此君」、蘇東坡「無竹令人俗」的宣導，以及「竹林七賢」、「竹溪六逸」等故實，又投射着道家式的自由精神，而儒道互補的二元結構，恰是古代知識分子的眾趨人格模型，可以說，竹完美地體現了這種看似矛盾實則和諧的生命律動，其意涵也深深植入一般知識人的精神世界。竹文化的影響流衍至文學、繪畫領域，詠竹的詩篇汗牛充棟，以畫竹名世的畫家亦代不乏人。因此，直接取竹為材製作工藝品必然會得到更多關注，當量變的積累到達一定程度時，竹刻的迅疾發展也就是順理成章的了。

勃發期——明晚期以嘉定地區為中心的竹刻藝術的興起

明代中葉正德（一五〇六—一五二一年）、嘉靖（一五二二—一五六五年）以來，竹刻獲得了長足的發展。金元鈺所撰《竹人錄》中推為開宗立派的祖師朱鶴、濮仲謙等，聲譽之隆，絕非孕育期之詹成等可比，「隨後或父子相傳，或師徒授受，或私自仿效，習之者眾，竟形成專業」〔三九〕，載名典籍的竹刻家達二三百人之多，與此前千年史料寥寥的局面相比真有天壤之別。雖然《竹人錄》、《竹人續錄》等系統專書時代偏晚〔四〇〕，但竹人軼事與竹刻名跡自晚明即不斷見諸各種筆記文集、方志里乘，卻也是不爭的事實。「歷史」對竹刻工藝的「前倨後愛」未免突兀，這當然應該歸因於史料留給我們的印象。早就有西方理論家反思過歷史寫作的局限，我們自不必如某些新歷史主義者般強調「歷史的文本性」〔四一〕，但從某種意義上說，歷史確「是被記錄下來的事件」〔四二〕，故撰史者當時時警惕——也就是說朱、濮等人並非從天而降，他們是自民間工藝環境中生出的代表，而竹刻在明代中晚期勃興式的發展也只是一個工藝傳統的水到渠成而已。

我們感興趣的是發生這種轉變的原因。一個可能的原因是竹刻在嘉定（今屬上海市）等地生根發芽，成為地方特產，而國人歷來最重鄉土，故而得到當地有識之士大力宣揚，自是理所當然〔四三〕。更重要的原因則與社會演進，商品經濟萌芽，思想禁梏鬆動，市民文化興起，某些知識分子價值觀趨向多元有密切關係。關於明代中晚期社會經濟方面的變化，中外學者已有大量研究，本文限於篇幅，只能舉出商業的發展帶動商人地位的提昇，士、商身份的消長，如多米諾骨牌引起連鎖反應，「明清社會結構的最大變化便發生在這兩大階層的昇降分合上面」〔四四〕。「四民」的界限有時已難以劃清，「四民不分」或「四民相混」成了這時的一個重要社會現象。「工」的地位也有相應提高。《松窗夢語》的作者張瀚在記述自己遊歷「燕中」的見聞時，特別提出「睹百貨充溢，寶藏豐盈，服製鮮華，器用精巧，宮室壯麗」，而「此皆百工所呈能而獻技」〔四五〕，高度肯定了工匠們對社會繁榮的貢獻。而其人有時「且與縉紳先生列坐抗禮焉」〔四六〕，甚至還有聯姻之事發生〔四七〕。「公安三袁」之一的袁宏道就曾慨歎：「古今好尚不同，薄技小器，皆得著名」，那些工藝佳品，「士大夫寶玩欣賞，與詩畫並重」，而「當時文人墨士名公巨卿，炫赫一時者，不知湮沒多少，而諸匠之名，顧得不朽」〔四八〕。著名的文人張岱更是指出看重這些工匠的理由是「蓋技也而能近乎道矣」〔四九〕。透露出的是一種舊的等級觀念被打破後的樸素的人本主義思想：「則天下何物不足以貴人？特人自賤耳」〔五〇〕。約與社會思潮的轉變同時發生的是工匠經濟依附關係的弛懈，明政府規定的輪班赴京服役的二十餘萬班匠，到嘉靖時已有約百分之八十通過折銀的辦法獲得了工作的自由〔五一〕。這些匠戶現實處境的改善，無疑進一步促進了工藝創造的能動性。階層壁壘的打破對居於上層的「士大夫」〔五二〕觸動最大，雖然思想領袖王陽明早有「古者四民異業而同道，其盡心一也」〔五三〕的教化，但他們面臨的身份認同危機還是前所未有的。一方面科舉之途壅塞，據顧炎武估計，明末全國生員有五十萬〔五四〕，而明初不過三—六萬，但科考錄取率卻不斷下降，以鄉試為例，嘉靖以後降至百分之四以下〔五五〕，這意味着有百分之六十至百分之七十的生員只能以此身份終其一生。另一方面，捐納入仕的方便之門卻洞開，因此「棄儒就賈」的情況頗不鮮見〔五六〕。而從商之外，更多士子的人生選擇趨向開放與多元，他們將才智與精力用於那些「不急之務」，與世風相鼓蕩，就成了消費時尚的引領者，如《長物志》之類大量指導手冊就是例證〔五七〕，其中充斥的雅俗判斷，則不乏對那些暴發戶兼模仿者的嘲諷和嗤笑，也表明至少話語權還在士的掌握中。這從他們對竹人的描述中也可見一斑，不論朱、濮，大多被刻劃成身懷絕技道德高尚的隱士，和那些懷才不遇的士子並無二致，我們從中自然看到了「滿街都是聖人」〔五八〕的陽明遺澤，但其間的取捨其實依然嚴格地被把握着，進入「歷史」的始終都是幸運兒。

具體到竹刻而言，士大夫的促進作用極為明顯。竹材價賤易得，不似金玉，其文化內涵須由士大夫給以鼓吹、傳揚，其創作更需士大夫贊助。而有些士人，像「嘉定四先生」之一的李流芳（一五七五—一六二九年），在書畫之餘能以刻竹自娛〔五九〕，錢大昕（一七二八—一八〇四年）、吳曆（一六三二—一七一八年）、惲壽平（一六三三—一六九〇年）等亦曾偶爾刻竹〔六〇〕，而筆者據《竹人續錄》統計，其所錄清代竹人中有十七人具

插圖五

諸生身份，佔總人數百分之二十二以上〔六一〕，他們的親身參與實為此種工藝加分不少。可以說，正是在他們的大力推動之下，竹刻的藝術性才能不斷提高，在各項藝術中的地位方有進躐之機，並能影響玉、牙、木等相關門類，也才有可能自日用竹工藝中分化出藝術化的竹刻創作。我們以下的敘述即圍繞後者展開。

若論竹刻則必自朱鶴始。雖然《竹人錄》將創始之功盡歸於他，顯系誇大之辭，但朱鶴為嘉定地區竹刻有影響力的先驅之一，當不成問題。鶴字子鳴，號松鄰，本安徽新安人，宋時遷居江蘇華亭，又六世始舉家東徙嘉定。約生於弘治中期（一四九七年前後），卒於嘉靖中期（一五五〇年前後）〔六二〕。工行草繪畫，通篆學印章。曾受聘為松江大族陸深（一四七七—一五四四年）門下館師，與劇作家鄭若庸等相友善。精於雕刻工藝，有人以為他身隸匠籍〔六三〕。以刻竹為主，兼刻犀、牙〔六四〕。其聲名「晚年始噪」〔六五〕，「所製簪匜，世人寶之，幾於法物，得其器者，不以器名，直名之曰朱松鄰」〔六六〕，故王鳴盛《練川雜詠》有句云：「玉人雲鬢堆鴉處，斜插朱松鄰一枝」〔六七〕。有人得其手製竹罌，便欣喜地名齋堂為「竹罌草堂」〔六八〕。而其竹刻品似以簪、匜、冠〔六九〕等日用為主，較之後世多與文人生活有關的器具頗有不同，也反映草創期之特點。朱鶴傳世作品極罕，本書所選松鶴筆筒（圖二）為爭議較少者〔七〇〕。

朱鶴長子朱纓繼承了乃父刻竹家法，而更勝一籌。纓字清甫，一作清父，號小松，生於正德十五年（一五二〇年），卒於萬曆十五年（一五八七年）〔七一〕。世傳其貌古神清（插圖五），高傲耿介，嗜酒放達，能詩，擅小篆、行草，繪畫造詣更高，在嘉定「自縉紳大夫以及鄉党鄰里，莫不以為有道之士」〔七二〕，因此得與「嘉定四先生」之婁堅（一五六五—一六三一年）、唐時昇（一五五一—一六三六年）及曾官至禮部尚書的徐學謨（一五二二—一五九三年）等相友善，而像李流芳（一五七五—一六二九年）更是可能曾學刻於小松〔七三〕。其雕刻造詣極高，所製竹木雕神仙佛像，「鑒者比於吳道子所繪」〔七四〕，「刀鋒所至，姑無論肌理膚髮，細入毫末，而神爽飛動，若恍然見生氣者」，可惜他「雅矜其伎，不肯輕為人露指」，「須興至始一運斤」，「非經歲月不能得」〔七五〕。故其作品傳世亦少，

插圖六

插圖七

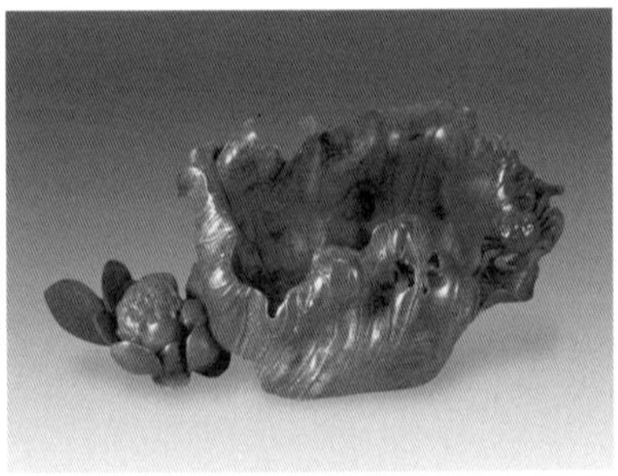

插圖八

但一九六六年上海寶山縣顧村鎮明代朱守誠墓出土的小松款劉阮入天台圖香筒（插圖六），卻為我們提供了一個可信的早期竹刻實例。此器在三・九釐米直徑的竹筒上，合鏤雕、深淺浮雕、陰刻及鑲嵌等工藝於一身，令人歎為觀止〔七八〕。另一件原藏王世襄先生儷松居的歸去來辭圖筆筒（插圖七），風格與前作極似，也應為小松真跡。結合本書所選幾件圓雕器物（圖四—六），則可看出其人物刻畫最具特點：比例短小，眉眼細長彎曲，鼻如蒜頭，而點景之松樹松鱗長圓，滿布樹身，松針成團或半側，山石無皴。

朱纓共有三子四女，第三子〔七七〕稚征繼承了家傳雕鏤技藝。朱稚征，號三松，生於嘉靖三十八年（一五五九年）前後，主要活躍於萬曆年間（一五七三—一六一九年），卒年不詳。亦工繪畫，善遠山淡石、枯木叢竹，尤長畫驢。在竹刻方面精益求精，故作品也不多，他去世不久以後，嘉定當地「好古士大夫所藏真三松製者，重如拱璧，不輕餉人」〔七八〕。今所見三松款作品卻不少，其中自然真贋雜出，本書所選仕女圖筆筒（圖七）及竹根和合二仙（圖九）均為名作，前者更有乾隆題詩稱賞。另一件殘荷洗（插圖八），流傳有序，也較為可信。而窺簡圖筆筒（插圖九），構圖與畫家陳洪綬（一五九八—一六五二年）為《張深之先生正北西廂秘本》「窺簡」一折所作插圖如出一轍，從中可見當時流行的木刻版畫對竹刻等工藝的深刻影響〔七九〕。

三松與祖、父並稱「三朱」，有人認為「疁城竹刻，自正、嘉間高人朱松鄰創為之，繼者其子小松纓，至其孫三松稚征而技臻絕妙」〔八〇〕，但也有人對「小松出而掩松鄰，三松出而名掩小松」的說法不以為然，而稱朱氏之名「至小松而盛，三松則繼其餘耳」〔八一〕。不論如何，「三朱」所共同探索出的吸收繪畫經驗，或自行繪製粉本，或將畫樣經調整移植於作品上，俾使構圖完整，留白適度的做法，以及「窪隆淺深可五六層」〔八二〕的多層雕鏤技巧，都是開創性的，「為他處所無」〔八三〕，而三松開始收徒傳藝，方使其得以發揚光大，也是不爭的事實。此後嘉定地區工匠「爭相摹擬，資給衣食，遂與物產並著」〔八四〕。竹刻一藝在嘉定地區經「三朱」開拓，繼之者日眾，遂成風氣，流傳不絕，歷數百年發展演變，始終為竹刻史之主流。嘉定與竹刻二者焦孟難離，

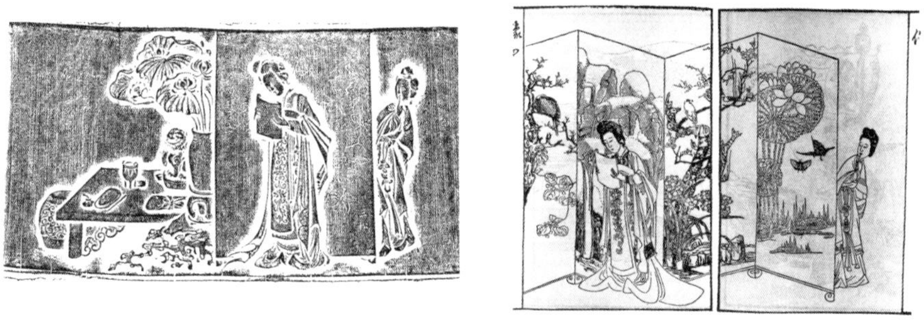

插圖九

插圖一〇

揆諸史籍，再無一地可相提並論。

三朱之後，嘉定地區知名的竹人還有侯崤曾、秦一爵（有的文獻誤作「秦一姐」）及沈氏兄弟漢川、大生，並漢川之子沈兼。其中侯崤曾出身士大夫之家，其堂兄峒曾為天啟五年（一六二五年）進士，反清領袖，竹刻不過是其餘事，故作品傳世絕少，竹根雕翼獸（圖二八）因缺少對比，未審款識確否。而沈兼與其父曾親隨三松學藝，「盡得稚征刀法」[八五]，因此赤壁泛舟圖筆筒（圖九九）雖有款識，但因風格不類，故難定為沈兼真跡[八六]。

這些竹人卒年多已入清，其創作風格自也延續下來，因此明末清初之作品面目有一脈相承之特點，未可判然分開，工藝之發展階段與朝代更迭之政治史不能重合之處多有，不必削足適履，這也是藝術史的常識。

而明代晚期嘉定地區之外，最重要的竹人為濮仲謙。他名澄，仲謙或為其號[八七]。一說複姓濮陽，略稱濮，籍南京。據錢謙益（一五八二—一六六四年）作於順治二至五年間（一六四五—一六四八年）的詩《贈濮老仲謙》中「君與余同壬午」的自注[八八]，可知濮氏生於萬曆十年（一五八二年），卒年當已在清初。史載其人貌不驚人，「粥粥若無能者」，但所製竹器巧奪天工，「一帚一刷，竹寸耳，勾勒數刀，價以兩計」，南京三山街上靠販賣他的作品得厚利者就有數十人之多[八九]。他還不止精通竹刻，「一切犀、玉、髹、竹皿器，經其手即古雅可愛，一簪一盂，視為至寶」[九〇]。其雕刻有獨特面貌，「用竹之盤根錯節，以不事刀斧為奇，經其手略刮摩之而遂得重價」[九一]，所以宋琬以「大璞不斫開新硎」句詠之[九二]，可知重視選材，隨形施刻，刀法簡潔是他的一個重要風格。而另一種風格則為所謂「水磨器」[九三]，推測應為極淺的浮雕或淺刻，若不向光紋飾幾不可見，故前人稱讚是「滅盡斧鑿痕」[九四]，表現內容多為折枝花卉，並配有詩詞[九五]。史稱其作品有扇骨、酒杯、筆筒、臂閣等不同種類[九六]，但傳世帶款器物既少且率多疑義，即如河北明墓所出的「仲謙」款竹扇骨（插圖一〇），亦被人認為「雕工平平」[九七]，「可信性大有問題」[九八]。本書所選松樹小壺（圖一一），雕鐫精密，風格與文獻所述有出入，卻仍不失為一件精品。

至於金元鈺將濮氏列為與「嘉定派」相頡頏的「金陵派」創始人，早有論者給予尖銳的評斷〔九九〕，我們不必過於穿鑿。雖然晚明時南京地區以精製扇骨著稱，其中自然包括竹製，也有李耀等竹刻家出現，但也僅此而已，既無風潮，也乏後繼，更遑論產生什麼派別了。

除去嘉定、金陵兩地，浙江、江蘇等地亦有竹人活動（實際上前述濮澄、李耀的主要活動地區也在吳中），嚴望雲（一作閻望雲）即為代表。據《蘿窗小牘》等文獻載，嚴為浙中名匠，善攻木，著名鑒藏家項元汴（一五二四—一五九〇年）賞重之，嚴為其「天籟閣」所製香几、小盒等諸器，傳世多被當作古玩珍藏〔一〇〇〕。從此可知，望雲僅偶為竹刻，但早期刻竹者實多兼擅各種材質，三朱、濮澄，莫不如是，遠不如後世竹人純粹，這似乎也是竹刻傳統形成與消費對象培育階段的一個重要特點。傳世望雲所製竹根雕荷葉式杯（圖一四），與著錄之形制、題詩、款識俱相吻合，這在已知竹刻作品中是極為少見的。

繁榮期——清前期竹刻藝術達到歷史的頂峰

大約從清康熙至乾隆中期（約十七世紀後期至十八世紀中期偏晚），嘉定竹刻迎來了歷史上的全盛時期。不僅完善了已有的兩個發展系統：一是「以竹筒刻人物、山水，若筆筒、酒杯、香筒諸器者，是就竹之圍圓而成，儼然名畫也」，另一是「以老竹根就其高卑、曲折、深淺之宜，刻為人物、山水、果蔬、花卉，名為陽文」〔一〇一〕。而且名家輩出，新創紛呈，也帶動了整個社會對竹刻的認識、欣賞和收藏。其聲名遠播之下，終至「與古銅、宋磁諸器並重，亦以入貢內府」〔一〇二〕。

被譽為朱稚征後「嘉定第一名手」〔一〇三〕的是吳之璠。他字魯珍，自號東海道人。生卒不詳。約活躍於康熙中晚期。早歲居南翔，後得天津一馬姓縣令賞識，延為上賓，乃遷居而去，不知所終。因此，吳氏之名在家鄉頗寡人知，直到乾隆四十年（一七七五年）高宗見內府有筆筒上鐫「槎溪吳魯珍」，於是遍詢侍臣，後於《南邨隨筆》中查知，從此才

插圖一一

聲名大噪[一〇四]。至金元鈺生活的時代，他的「人物、花鳥筆筒及行草秘閣（即臂擱），秀媚遒勁，為識者所珍」[一〇五]。今天能夠見到之璠傳世署款作品達三十餘器[一〇六]，不乏精工之作，所用創作技法既有繼承，如仕女並讀圖筆筒（圖三一）及黃楊木雕東山報捷圖筆筒（插圖一一。此器或許就是吸引高宗注意的那件筆筒）師法朱氏，作多層高浮雕；又有創造，如八駿圖筆筒（圖三二）、松蔭高士圖筆筒（圖三三）等，運用的是一種減地淺浮雕法，將竹表剔去一層，留下浮凸紋飾，能於較小高度內，表現物象微妙的凹凸變化，遊刃有餘，綽有餘裕。金元鈺特為命名「薄地陽文」[一〇七]，而諸德彝將此法與洛陽龍門石窟之淺浮雕相提並論，可謂推崇備至[一〇八]。他又善於在器物的某一局部精雕細刻，其餘大部分則刮去竹皮，任其光素，運用畫理中留白之法，明主次疏密，將原本以滿雕為主的竹刻傳統又向前推進了一步。還特別注重器物口足邊角的裝飾作用，凡他所製筆筒口足都光澤細膩。

吳氏生前雖姓名不彰，但傳其藝者卻不少，其婿朱文友及王之羽均得親炙，自不在話下，間接受其影響的竹人則更多。本書所選自王易款滾馬圖筆筒（圖三八）以下，有薄地陽文意蘊者無慮八九器，也難怪有人以為在康、雍（一六六二—一七三五年）之際曾形成一個以吳之璠為首的竹刻流派[一〇九]。

此外，吳氏為三朱之後自畫自刻的竹人翹楚，其粉本似頗有流傳，以致於以浴馬、滾馬為題的作品不之一見（如本書圖三八—四〇），其整體或局部構圖均如出一轍，這些作品不能簡單歸於仿偽牟利與粗製濫造，而與竹刻史上一個現象有關，即某些題材為竹人相互承襲，經反復創作實驗，形成固定程式，這當然不能排除商業上的考慮，但無疑也為竹刻的傳播與發展提供了一個方便之門。

與吳之璠同時而稍晚的嘉定竹人還有封錫祿。封氏一門皆能刻竹，錫祿（字義侯）與兄錫爵（字晉侯）、弟錫璋（字漢侯），號稱「鼎足」[一一〇]。由於聲聞於朝，康熙四十二年（一七〇三年）錫祿、錫璋入京供職於養心殿造辦處。但錫祿旋以病歸，「一時名流咸題詠以志其遇」[一一一]。封氏擅於用竹之地下莖圓雕人物立像，金元鈺即認為竹根人物「盛於封

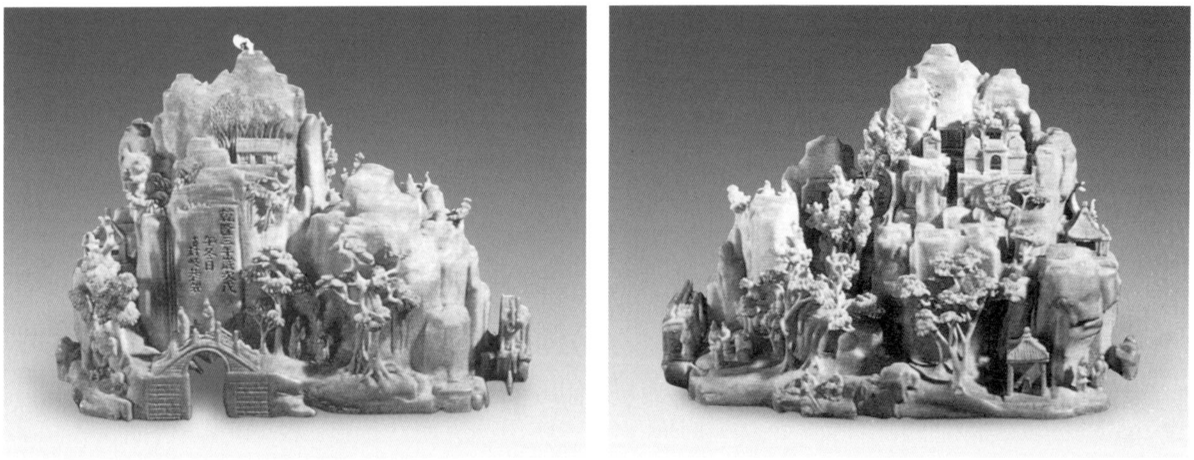

插圖一二

氏」，而「精於義俠」，其「摹擬梵僧佛像，奇蹤異狀，詭怪離奇，見者毛髮竦立；至若采藥仙翁、散花天女，則又軒軒霞舉，超然有出塵之想。世人競説吳妝，義俠不加采繪，其衣紋縹緲，態度幽閒，獨以銛刀運腕如風，遂成絕技，斯又神矣」[二一二]。我們從傳世封錫祿款竹根雕羅漢（圖五一）的生動傳神，即可領略一二。

而錫爵製白菜筆筒（圖五〇），題材新穎，刀法亦工，只是與錫祿之羅漢像相比，「藝術價值高低，不可同日而語」[二一三]。

封錫祿有三子，名始鎬、始豳、始岐，也能刻竹，其中始鎬、始岐於雍正初年即在清宮造辦處當差，在檔案中他們的名字分別是封鎬與封岐，雍正五年（一七二七年）時他們的身份還是「雕竹匠」，雍正九年（一七三一年）封岐已升為「牙匠」。乾隆初年，封岐得到高宗賞識，允其於乾隆三年（一七三八年）接家眷來京，「永為報效」[二一四]。今天所能見到的封岐製象牙山水人物山子（插圖一二），為清宮舊藏，即製於乾隆三年（一七三八年）。而未入宮之封始豳所製醉翁（圖八六），則仍為封氏典型之竹根人物。

與封錫祿的兩個兒子幾乎同時入值內廷為牙匠的還有他的弟子施天章。雍正時，天章紅極一時，曾為鴻臚寺序班（九品職），但乾隆以後不為高宗所喜，地位一降再降，致使他於乾隆五年（一七四〇年）「出走」，不久被拿獲，判於甕山（在頤和園）軋草養馬[二一五]。放歸原籍後，心灰意懶，「不復鏤刻，偶成一物，旋即焚棄，…故真跡流傳甚鮮」[二一六]。天章也擅長竹根人物，還能刻果蔬、花卉，可惜傳世作品太少，乾隆二年（一七三七年）製雞血石赤壁圖印料（插圖一三），得以保存宮中，流傳至今，是珍貴的實例。

繁榮期的嘉定竹人還有很多，我們可再舉一位開清中期繁縟之風的顧珏，據説他每製一器，必經一二載而成，風格纖巧細膩，金元鈺比之於「齊梁綺靡」[二一七]。迎駕圖筆筒（圖五三）是其風格的典型代表。

相形之下，嘉定以外的竹人就顯得寂寞多了，其實他們也為竹刻的繁榮與在各地的傳播做出了實績。其中最堪述及的是李希喬與張希黃。

李希喬，字遷於，自號石鹿，安徽歙縣人。以書藝游幕四方，曾於施閏章（一六一八—

插圖一三

插圖一四

一六八三年）家一住十年，得施氏欣賞，為其作傳，說到他「斫竹為臂閣及界尺，鏤刻燦然如寫生，捫之無毫髮跡，雖近世濮陽仲謙號竹工絕技，不是過也」[一一八]。據分析，其創作手法也應與濮澄近似，為淺浮雕或淺刻[一一九]。本書所收溪山行旅圖筆筒（圖三〇），為十分罕見的李希喬款作品，為我們進一步認識其風格提供了資料。

張希黃，生平不詳，可能名宗略，希黃為其字[一二〇]。里貫亦失考，或謂江蘇江陰人，或謂浙江嘉興人，或謂湖北鄂城人[一二一]。至於其活動年代，金西厓首倡其為明人[一二二]，此後論者多循此說，但由於較早提及其作品的文獻《前塵夢影錄》及《舊學庵筆記》均為晚清著作，也有人提出疑問，並根據其作品紋飾風格略具清初四王山水畫風，且常雕刻前代文人的著名篇章，推斷他「當為清前期竹人為宜」[一二三]。希黃刻竹另闢蹊徑，改革留青陽文工藝，將其推向高峰，成為史有明文擅刻留青的唯一一人。所謂留青，即在竹節的部分表皮層上做出紋飾，並去掉其餘，露出竹肌為地子的一種竹刻技法。竹皮色淺，而竹肌色深，使用愈久差別愈大，形成獨特的裝飾風格。這種工藝至遲在唐代已出現。不過從日本正倉院所藏唐代留青尺八上，可見其花紋青白分明，缺乏過度。反觀希黃之作，卻將極薄的竹皮切分層次，通過所留厚度的變化，烘托「墨分五色」的效果，過度自然，直如運筆渲染。而其雕刻題材則以近似界畫的山水樓閣為主，施於筆筒、臂擱之上，字學趙孟頫。已知張希黃款傳世作品不足二十件，可能為真跡的精品則不足十件[一二四]，而山水樓閣圖筆筒（圖二九）、岳陽樓記筆筒（插圖一四）正是其中的佼佼者。從這些作品來看，張希黃是又一位促使竹刻藝術不斷向平面化與文人化方向發展的重要人物，他的出現似乎也預示着一個新的時期的來臨。

轉捩期——清中期竹刻藝術發展的新趨勢

清中期竹刻發展依然興盛，嘉定地區竹人在繼承的基礎上更有所創新，不過，繁榮的背後亦胎孕着轉變之機，其關鍵人物[一二五]就是周顥。

周顥（一六八五—一七七三年），字晉（一作峻）瞻，號芷岩，又號雪樵、堯峰山

插圖一六

插圖一五

人，晚號髯癡。身材頎長，美鬚髯，世稱「周髯」（插圖一五）[一二六]。工書善畫，字學蘇東坡，畫則「問業於王石谷，得其指授」，「仿黃鶴山樵最工」[一二七]，「山水、人物、花卉俱佳」[一二八]，「尤好畫竹」[一二九]。似為職業畫家，「若謂刻竹家自朱氏祖孫以來皆能畫，乃竹人兼畫師，則芷岩實畫師而兼竹人也」[一三〇]。今天我們仍可見到他的少量繪畫與印章作品[一三一]，無論竹莖、竹根，都能製成作品，曾有人見所製竹根東方朔像「極精」[一三二]，但他最為人所稱道的還是在竹莖上以陰刻為主表現山水、竹石等，尤其是山水題材，前人描述為「不借稿本，自成丘壑，其皴法濃淡坳突，生動渾成，畫手所不能到者，能以寸鐵寫之，當時以為絕品」[一三三]。更重要的是，金元鈺以為芷岩之前「刻竹多崇北宗」，而芷岩一出「合南北宗為一體」[一三四]。此話怎講呢？我們從本書所選作品上（圖九一—九三）看，其表現皴點，多一剔而就，深淺輕重，無不遂意，不但發展了一種簡筆刻法，刀痕快利，勁於屈鐵，仿佛斧劈，而且更以細密陰刻，描繪南方山水朦朧濕潤的特點，故能獨樹一幟。加之他重視神韻，不求形似，往往人無耳目，屋無窗欞，可謂深得文人畫三昧。也許這些特點就是金氏推崇他為「二百餘年首屈一指」的原因吧[一三五]。芷岩可以說是竹刻史上畫刻結合最為成功的人物之一，他所留意探索的以刀痕再現筆墨趣味的途徑，對後來者影響深遠。即從有限的材料看，周笠、嚴煜、吳嵩山、杜世綬、徐樞、孫效泉等或直接受教，或私淑其風，都使這種技巧傳播更廣[一三六]。也正因在清代中晚期竹刻轉向過程中，芷岩為一里程碑，我們才將這位高壽且早熟的竹人列於轉捩期來論述。

周顥之外，鄧氏一門父鄧孚嘉、叔鄧士傑、了鄧渭亦有名於時。其中鄧渭，字得潢，號雲樵、雲樵山人，活躍於乾嘉年間，早期以刻人物、果蔬、花卉為主，晚期多在筆筒、臂擱上陰刻長篇詩文，以行楷為常見（插圖一七），與早期竹人的「大字深刻」[一三七]不同，其所刻文字細小整飭，功力甚深，故張廷濟謂「嘉定竹器刻字」，以之「為最」[一三八]。而這種技法顯然也帶有轉捩期特點，是開清中晚期竹刻風格之先的。

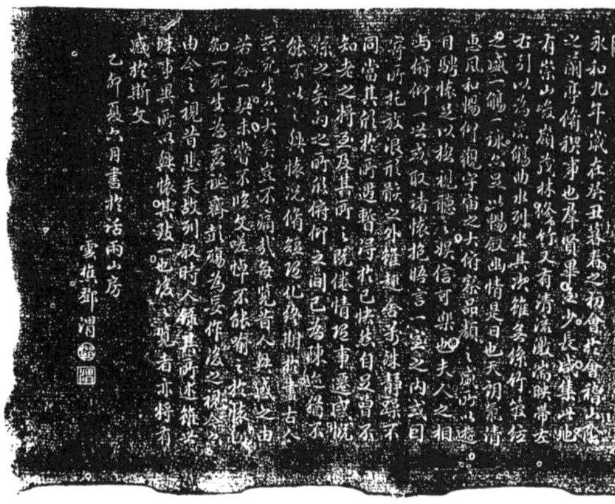

插圖一七

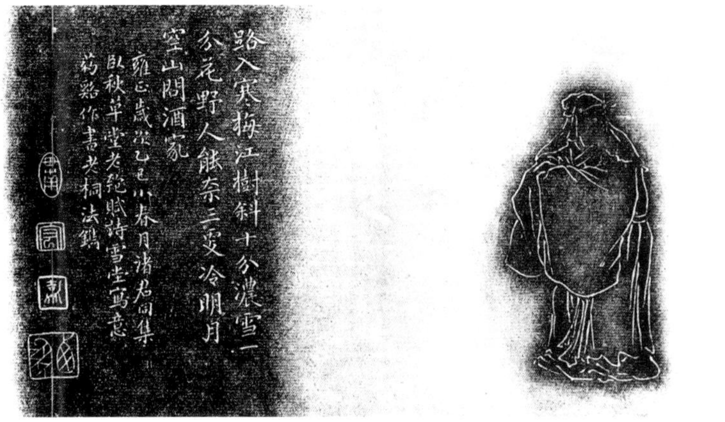

插圖一八

王氏則是另一數代有竹人湧現的世家。最早的王之羽，字謂韶，從吳之璠遊，盡得其奏刀之法，傳子王質、侄王鑒，而質子王玘，字席珍，活躍於乾隆至嘉慶初期，金元鈺撰《竹人錄》時尚在世，工刻花卉，尤擅折枝蘭，本書所選蘭花圖臂擱（圖九七）用陷地深刻法，惜被妄刻「芷岩」二字，但也可見王玘之風格正有與芷岩相似之處。席珍之侄王恒，字茂林，號梅林[一三九]，約乾隆後期至道光初期人，工刻小楷，本書所選《愛蓮說》筆筒（圖一一六）可為證，而放鶴圖筆筒（圖一一五）用較淺之浮雕，具有此一階段的典型風格。

而沈全林與周顥並稱[一四〇]，其所作草蟲白菜圖筆筒（圖九九）也用陷地深刻法。據說此種技法正是自清中期才開始流行[一四一]，而陰陽消長間所蘊恐正是竹刻史的新變。

這一時期嘉定還有一位重要竹人張宏裕，約活動於乾隆晚期至嘉慶年間，他最為人稱道的是「以三寸竹為人鏤照」[一四二]，雖然沒有證據顯示這是他所開創，但至少金元鈺認為嘉定竹刻至此「別開生面矣」[一四三]。不過，目前我們還沒有見到張宏裕的竹刻寫真作品傳世，本書所選竹根雕壽星（圖一三三）雖屬生動，卻似不足以稱「弄異標新」[一四四]。

嘉定以外，此時各地均出現不少有成就的竹人，其中最重要的無疑為潘西鳳。

潘西鳳，字桐岡，自號老桐，別號尚多[一四五]，浙江新昌人，僑寓揚州，約活動於雍正至乾隆初期[一四六]。本為飽學之士[一四七]，曾於雍正二年（一七二四年）入年羹堯幕，後辭去，矢志以布衣終亡[一四八]。因困居揚州既久，乃以刻竹為生，並與鄭燮等文人相友善，故其傳世作品如刻蔡嘉繪人物紫檀筆筒（插圖一八），署「雍正歲次乙巳小春月，諸君同集臥秋草堂，老匏賦詩，雪堂寫意，蘗溪作書，老桐法鐫」，按乙巳為雍正五年（一七二七年），老匏即朱冕，雪堂為蔡嘉，蘗溪名汪宏，合作者皆為揚州一時之選，這也是一般竹人難以望其項背之處。其法為淺刻，此外，老桐還擅長取天然之材，略加剪裁，即成佳構，如竹根天然式筆筒（圖九五），而此二種風格恰與濮仲謙相近，故鄭燮贊其為「濮陽仲謙以後一人」[一四九]，也使論者目之為金陵派傳人。其實，老桐所擅何止二端，如摹刻文字，有「竹簡十七帖」，嘉慶間入內府珍藏[一五〇]，見者評為「精妙無匹」[一五一]；留青陽文[一五二]；製作竹琴[一五三]等等。當然，最可注意的

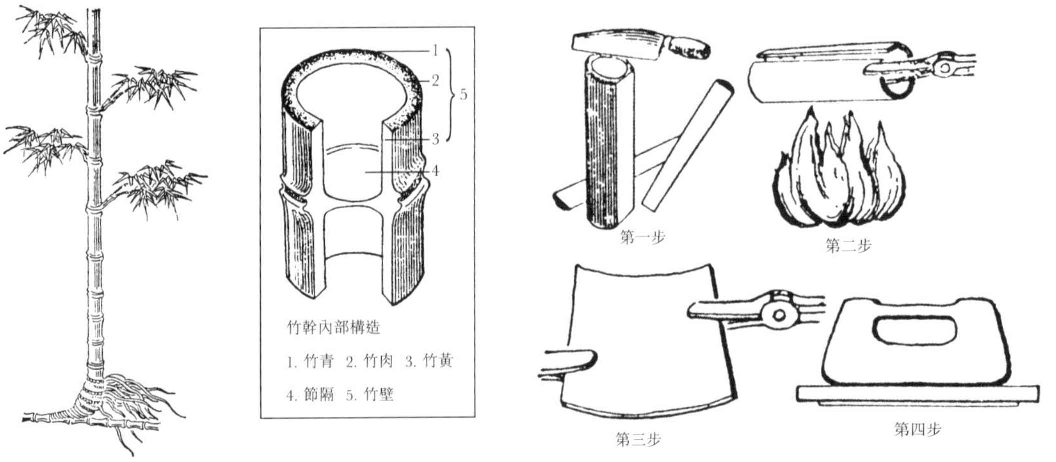

插圖一九

還是其淺刻作品，除人物、花卉[一五四]外，尚有山水題材[一五五]，可知轉捩期風格不僅見於周顥等嘉定竹人之作品也。

本書中所選還有一類特殊的竹刻品（圖一五〇—一六六），以商周青銅器等古代器物為藍本，或取其形，或取紋飾，巧妙融會，主要用竹根剪裁，嚴謹規整，雕鏤精美，流、柄、活環等俱全，頗見匠心。這些器物均為清中期宮廷造作，今傳世數量不少，其出現之原因，似應聯繫當時社會文化潮流、宮廷審美趣味，特別是皇帝個人的喜好來分析。雍、乾等朝均曾有意識地建立一種理想的宮廷工藝審美范式，尤以乾隆干預最力、效果最著，竹刻當亦是其中一分支。有學者根據這批器物與《西清古鑒》等宮中譜錄所載有相近處，推測多製於內府造辦處[一五六]。

筆者曾試歸納乾隆時期仿古工藝特點為：自覺性與針對性、嚴謹性、雜糅性、廣泛性[一五七]，本書所選諸器亦有所印證。值得一提的是，這些作品上最多見的是將不同時代工藝的造型、裝飾等構成因素，進行抽繹，然後創造性地組合出具有時代特色的樣貌，傳達出一種陌生化的新的裝飾意匠。這種混合各時代工藝特徵的做法，似乎有悖於乾隆對宮廷仿古工藝嚴謹性的要求，但歸根結底，他更為重視的是一種古典主義審美品格的確立，在這個原則下，他允許工匠作適度的想像性發揮，而另一方面，工匠們若試圖出新，也只有使用這樣的手法，才能為自己的創造找到合法的依據。其間所形成的審美張力，恰是這一類作品最富特色之處。

還有一類作品更為特殊，那就是竹黃器物。竹黃，又稱「貼黃」、「翻黃」[一五八]等，清宮中則稱為「文竹」，或取其雅[一五九]。其工藝是將竹節內壁約三毫米厚的黃色皮層，切割下來，經蒸煮軟化後翻轉壓平，粘貼於木製器物胎骨上，磨光並雕刻花紋（插圖一九）。木胎多用黃楊，取其色與竹黃接近之故。嚴格說來，該種工藝已不能算是竹刻之品種，但依慣例，還是納入本書範圍。

竹黃工藝約於明晚期出現於福建上杭，據載當時有竹匠名溫泰湖者，製一竹黃鎖，堅好似銅，鐘惺（一五七四—一六二五年）見而奇之，為作《竹鎖銘》[一六〇]。此後，竹黃工藝日益成熟，至清高宗於乾隆十六年（一七五一年）南巡時，以采備方物而入貢，並因「質似象牙而素過之，素似黃楊而堅澤又過之」的獨特美感而得到皇帝喜愛[一六一]，遂成為官吏恭進及內府採購、定製的重要品類，《貢檔》中江甯織造、兩江總督、兩淮鹽政、江西巡撫、湖北巡撫等都曾呈進竹黃煙壺等物[一六二]，正可說明這一點。由此也可知，宮中的這類製品多數來自地方，但亦不能排除「召匠入宮製造」，「或兼而有之」的情況[一六三]。而所謂「翻黃器皿，如几榻屏障之類，愈出愈奇」，可歸功於「乾隆南巡時」的說法[一六四]，也不能算是過甚其辭。竹黃器在宮中除作為一般陳設賞玩品外，很重要的用途是作為賞賜臣子與贈送外國的禮物[一六五]。

上杭的竹黃工藝聞名一時，逐漸傳播至多個地方，湖南邵陽最先引入，道光後期四川江安亦習得此技，甚至竹刻重鎮嘉定，也從邵陽學習竹黃工藝，並出現批量生產經營竹黃器的店鋪，著名的如時大經的「文秀齋」、張學海的「文玉齋」等，而韓玉的「雲霞室」因所製竹黃受到市場歡迎，引得各肆紛紛效仿[一六六]。不過，由於竹黃層甚薄，只宜淺刻，故其盛行後，圓雕、透雕、高浮雕、深刻等傳統技法完全無用武之地，一般竹人只願製作簡易而產量較大的竹黃器物，很少再去雕製費力難成的竹刻藝術品，所以時人慨歎：「吾疁刻竹，名播海內，清季道咸以後，漸尚貼黃，本意浸失。」[一六七]其結果是，竹黃工藝與周顥等所宣導之陰刻法一道，從內、外部分別擠壓傳統竹刻工藝，使其在清中期以後發生顯著轉向。

嗣後，浙江黃岩也於同治年間（一八六二—一八七四年）出現經營竹黃製品的名肆「師竹館」，繼之有「鄭益昌翻簧（黃）店」[一六八]，本書所選文竹刻人物題詩方筆筒（圖二二四）作者王勳正是該店合夥人之一。

民間製作的竹黃器物一般比較簡單，而本書所選為故宮博物院收藏的清宮遺留，精緻華美，形制豐富，除各式盒具外，還有仿古之爐、瓶、觚（圖一七五—一八一），仿家具之文具小櫃（圖二〇一、二〇二）、筆筒（圖二〇三—二〇五）、水丞（圖二〇六）、唾盂（圖二〇七—二〇八）、鼻煙壺（圖二〇九—二一〇）、冠架（圖二一一—二一五）、如意（圖二一六—二一八）、裁紙刀（圖二一九）等，工藝多樣，既有本色淺刻，也有結合火繪（圖一八〇）、玉石鑲嵌（圖一八一、一九一、一九四、二〇四）、拼配（圖二一四），還有自竹黃中衍生出的竹絲（圖一八七—一九一、二〇五、二一八）、棕竹（圖二二〇—二二一）鑲嵌等，其中蕉石紋長方盒（圖一八二）、竹節紋方筆筒（圖二〇三）等作品，藝術成就極高，置諸同時期任一工藝佳構前均不遑多讓。值得注意的是，這批器物「似全部為乾隆時期製品，此後宮廷未再製造或採辦」[二六九]，至於具體原因還有待進一步考證。

衰落期——清後期以降竹刻藝術的慣性延續及技法的單一化傾向

清中後期，竹刻藝術的發展進入延續與衰落階段。其表現是留名史冊的竹人較前更多，但自具面目、堪稱大家的卻罕有[二七〇]；作品的表現技法以低淺陽文與陰刻為多，擅長圓雕、高浮雕與鏤雕者寥寥；作為主導的嘉定竹刻逐漸勢微，雖然前述創始「文玉齋」的張學海和「文秀齋」的時大經人稱「兩美」[二七一]，卻不足以挽回時人對絕大多數「業者列肆以營生，則竹賈而非竹人矣」[二七二]的惡評。有論者以為弊端全在竹人不能自畫自刻，有賴於他人代為設計，已無力駕馭竹材，發揮竹刻工藝之長[二七三]。筆者則認為這仍是竹刻衰落之表現而非深層原因，究根溯源，其自身對藝術化的追求早埋下了伏筆。要知道，自來傳統中並沒有獨立的工藝評價系統，故而對竹刻的讚語多見「用刀如用筆」、「儼如名畫」等等，這就導致了竹人在創作中有意識地向書畫等地位更高的藝術形式靠攏，尤其是當各種技法已經成熟無從突破的情況下，更惟求於審美意韻上尋求出路，如果說像周顥這樣的大家尚可在工藝與書畫韻味間保持平衡的話，繼之者則不得不面對過猶不及的尷尬。要之，從立體到平面的傾向正是竹刻史發展內在邏輯的表徵，對清晚期的某些人來說，拓本效果的重要甚至已不下於實物本身[二七四]。而這種傾向與竹刻和文人士夫的關係相為表裡。因文人的參與、鼓吹與贊助，竹刻方得異軍突起，但正與文人畫相仿，作為業餘遣興，文人的介入要求降低技術門檻，提高文化內涵，因此清中晚期竹刻中流行摹刻金石文字，顯是乾嘉學風的影響。而

插圖二〇

插圖二一

《竹人續錄》中大量印人兼竹人的記載，也説明此時的竹刻已成為與治印性質相近的文人雅好的一個組成部分。從某種程度上説，這一階段的竹刻藝術，更多以一種悠閒生活附庸品的面目出現，其本身特性似正被逐漸侵蝕。成於斯，敗於斯，歷史的吊詭真令人始料難及。

這一時期有代表性的竹刻家可以舉出尚勳與方絜二人。

尚勳其人不見記載，生平、里貫亦不詳。學者據傳世作品推測其為嘉、道時人（一七九六—一八五〇年）。目前已發表作品在五件以上[一七五]，可知其留青技巧頗高，致有「希黃以後當推尚勳」的評語[一七六]。現藏上海博物館的桐蔭煮茗圖筆筒（插圖二〇）即是代表，而本書所收竹林七賢八駿圖筆筒（圖一一四）為浮雕而成，亦屬精能。

方絜，字矩平，號治庵，又號石夢生，浙江黃岩人[一七七]，據考至遲生於嘉慶六年（一八〇一年），主要活躍於道光前、中期[一七八]，曾流寓嘉興[一七九]，卒年三十九。能詩善畫，刻竹能自為粉本，最為人推重者亦如前述張宏裕，為寫真肖像。曾為釋達受、阮元（一七六四—一八四九年）等名流作小像，頗受稱道[一八〇]。想來市場需求的變化，帶動了清中期以後竹人鬻技方式的發展。其技法獨特，史稱「陰陽坳突，勾勒皴擦，心手相得，運刀如用筆」[一八一]，並有「方竹」[一八二]之譽。從傳世作品看，是一種去地淺浮雕法，輪廓邊緣下切肯定，內部線條隱起圓滑，在很小的高度內，突出立體感，有人名之「陷地淺刻」，並認為與黃岩盛行之竹黃工藝有關[一八三]。最可注意的是人物面部的處理，吸收了西方的素描寫生技巧，解剖準確，具有較強的真實感，可能受到了「波臣派」肖像畫法的影響[一八四]。這方面例子如刻於道光丙申年（一八三六年）的墨林先生小影扇骨（插圖二一），本書所選武侯像臂擱（圖一二〇）的衣褶刻畫亦很典型，而另一件蘇武像臂擱（圖一一九）則近似線刻，是他作品中另一種重要的表現形式。

關於本書

關於本書，有幾點須略作説明。其一，書雖冠「全集」之名，但編者深知，以竹刻精品之夥，絕非一二冊可概，兼之種種客觀條件限制，遺珠之憾所在多有，故此書之「全」僅就自《中國美術全集》延續之體例、框架與現有資源而言之，非巨細靡遺、一網打盡之意也，相信讀者賢明，不會求「全」責備；其二，圖版編排大抵以時代先後為序，但為照顧材質、器形等因素，排列時煞費周章，但恐仍未做到清晰合理、一目了然；其三，因早期遺物有限，故跳躍性較強，還請參照前言及插圖閱讀，或能稍減突兀之感；其四，竹根製仿古作品與竹黃器物較為特殊，製作時代相對集中，故分別排在清中期竹刻之後，其間以器形及用途為標準細分；其五，編排過程不可避免地涉及斷代及名家款識認定問題。對於竹刻這種為西方學者稱為「小工藝」或「次要藝術」（minor art）〔一八五〕的工藝類別，早有人慨歎「至今仍未有準確的方法來對竹刻進行科學鑒定，也沒有可靠的重要收藏記錄可依據」，「由於缺乏可靠的真憑實據，所以我們在探討竹刻的年代時，只能憑藉着經驗及參考其他年份可據的工藝品，作相關性的推測。」〔一八六〕本書從總體而言乃求謹慎，所標只及明、清，某些器物可以進一步判定詳細製作時間，則於小說明中言明，但先後順序中已不可避免地隱含時代判斷，其中不當之處，還望方家指正。至於名家款識作品，爭議更大，即以本書中所選為例，如竹雕泛舟圖筆筒（圖八）、竹雕八仙過海圖筆筒（圖一一二）〔一八七〕、竹根雕松樹小壺（圖一一一）〔一八八〕均遭學者質疑，而以上作品多為名作，編者未敢遽斷，仍系於各人名下，深入探討，則留待異日。

注釋

〔一〕 王乾《〈竹譜〉和我國早期竹文化》，《古今農業》一九八八年第一期。

〔二〕 竺可楨《中國近五千年來氣候變遷的初步研究》，《考古學報》一九七二年第一期。進一步研究成果還可參看文煥然《二千年來華北西部經濟栽培竹林之北界》，收入《中國歷史時期植物與動物變遷研究》，重慶出版社，二〇〇六年；王子今《秦漢時期黃河流域的竹林》，收入《秦漢時期生態環境研究》，北京大學出版社，二〇〇七年。也有的學者不同意竹類具有氣候指示意義，對其分佈北限南移的結論也存異議，參牟重行《黃河流域竹類分佈與資源萎退》，收入《中國五千年氣候變遷的再考證》，氣象出版社，一九九六年。

〔三〕這當是據《後漢書·郭伋傳》：「始至行部，到西河美稷，有童兒數百，各騎竹馬，道次迎拜」的記載所作的推論，詳注二引文煥然文及王子今文。

〔四〕戴凱之《竹譜》：「淇園，衛地，殷紂竹箭園也。」《影印文淵閣四庫全書》第八四五冊，頁一七八，（台灣）商務印書館，一九八六年。

〔五〕歷來有人以為此「竹」非筍竹，蓋因後世其地已難覓竹林，詳見錢鍾書《管錐編》的引述與批駁，第一冊，頁一五三——一五四，三聯書店二〇〇七年第二版。

〔六〕分別見《史記》卷二十九《河渠書》與《漢書》卷二十九《溝洫志》，中華書局校點本。

〔七〕范曄《後漢書》卷十六，中華書局校點本，一九七三年。

〔八〕酈道元《水經注》卷九「淇水」，《影印文淵閣四庫全書》第五四三冊，（台灣）商務印書館，一九八六年。

〔九〕以上對竹分佈北界重點產區的歸納詳見注二文煥然文。

〔一〇〕張之恒《中國原始農業的生產和發展》，《農業考古》一九八四年第二期。

〔一一〕語出《吳越春秋》卷五，此據《藝文類聚》卷六十轉引，汪紹楹校本，上海古籍出版社，一九八二年。

〔一二〕詳何明、廖國強《中國竹文化研究》相關章節，雲南教育出版社，一九九四年。

〔一三〕中國科學院考古研究所《甲骨文編》卷五，頁二〇五——二〇六，中華書局，一九六五年。

〔一四〕郭義恭《廣志》語，轉引自注一。

〔一五〕吳蘇《圩墩新石器時代遺址發掘簡報》，《考古》一九七八年第四期。

〔一六〕中國科學院考古研究所、陝西省西安半坡博物館《西安半坡》，文物出版社，一九六三年。

〔一七〕浙江省文物管理委員會《吳興錢山漾遺址第一、二次發掘報告》，《考古學報》一九六〇年第二期。

〔一八〕郭沫若《說戟》：「據《考工記·廬人》文，戈戟之柲皆為廬器，廬器以積竹為之。揣其制當取竹之青皮而去其黃，細撕而再加以膠合，則較木高貴而有彈性……」轉引自陳振裕《楚國的竹器手工業初探》，收入《楚文化與漆器研究》，頁一五八，科學出版社，二〇〇三年。

〔一九〕詳前揭《楚國的竹器手工業初探》。

〔二〇〕詳見陳振裕《楚國的竹編織物》，收入《楚文化與漆器研究》，科學出版社，二〇〇三年。

〔二一〕陳振裕《東周楚國竹器的裝飾藝術》，收入《楚文化與漆器研究》，科學出版社，二〇〇三年。

〔二二〕湖北省博物館等《湖北江陵拍馬山楚墓發掘簡報》，《考古》一九七三年第三期。

〔二三〕劉楚邕《嘉定竹刻藝術簡史》，收入鄭孝同主編《嘉定竹刻藝術》，頁六，學林出版社，一九九〇年。

〔二四〕江西省文物考古所等《江西靖安李洲坳東周墓發掘簡報》，《文物》二〇〇九年第二期。

〔二五〕王世襄先生語，見《竹刻簡史》，收入《錦灰堆——王世襄自選集》（壹卷），頁二七一，三聯書店，一九九九年。

〔二六〕《竹譜》：「竹之堪杖，莫尚於笻。」參注四，頁一七六。早在西漢時，笻竹杖已通過西南絲綢之路銷往海外，見《史記》卷一百二十三《大宛列傳》。然有學者以為「笻竹」非竹而為棕櫚科之「省藤」，即今所謂「廣藤」也，參任志強校注《華陽國志校補圖注》卷四附三《蜀布、邛竹杖入大夏考》，頁三二六—三二八，上海古籍出版社，一九八七年。

〔二七〕唐代開始名重一時，曾為貢品，明清時仍為「蘄州三絕」之一，參注一二《中國竹文化研究》，頁六五—六七。

〔二八〕蕭子顯《南齊書》卷五十四，中華書局校點本，一九七二年。

〔二九〕詩名《奉報趙王惠酒》，見（北周）庾信撰，（清）倪璠注，許逸民點校《庾子山集注》上冊，頁二八六—二八七，中華書局《中國古典文學基本叢書》本，一九八〇年。又注引王韶《南雍州記》載劉宋時名士辛宣仲，截竹為罌，自謂：「我惟愛竹好酒，欲令二物常相並耳。」則當為竹筒製作的簡易酒具。

〔三〇〕郭若虛《圖畫見聞志》卷五「盧氏宅」條，《影印文淵閣四庫全書》第八一二冊，頁五六〇，（台灣）商務印書館，一九八六年。按，文中未注明為何種材質所製，但考慮到當時筆管通用竹材，故歷來研究者均引述之。王世襄先生且以為其技法為留青，同注二五。

〔三一〕見注二三，頁七。

〔三二〕傅芸子《正倉院考古記》，頁三八，遼寧教育出版社「新世紀萬有文庫」本，二〇〇〇年。

〔三三〕陶宗儀《南邨輟耕錄》卷五，頁六三，中華書局，一九五九年。

〔三四〕寧夏回族自治區博物館《寧夏八號陵發掘簡報》，《文物》一九七八年第八期。

〔三五〕楊瑀撰，余大鈞點校《山居新語》卷一，頁二〇七，中華書局，二〇〇六年。又，該書還記載了另一件相似的竹龜，見卷三，頁二一九—二二〇。

〔三六〕詳參注一二《中國竹文化研究》。

〔三七〕戴凱之《竹譜》語，見注四，頁一七三。

〔三八〕語見劉岩夫《植竹記》、白居易《養竹記》，轉引自《佩文齋廣群芳譜》卷八三，《影印文淵閣四庫全書》第八四七冊，頁二八二，（台灣）商務印書館，一九八六年。

〔三九〕注二五，頁二七二。

〔四〇〕金元鈺《竹人錄》自序末有「嘉慶丁卯夏六月」字樣，則成書在一八〇七年前，見黃賓虹、鄧實編《美術叢書》二集第五輯，江蘇古籍出版社據神州國光社一九四七年增訂第四版影印，第一冊，一九九七年；而儲德彝作《竹人續錄》，可能更晚至二十世紀初，筆者所見為一九三〇年儲氏自印本。

〔四一〕美國歷史學家芒特羅斯（Louis A.Montrose）語，轉引自盛甯《人文困惑與反思——西方後現代主義思潮批判》，頁一五六，三聯書店，一九九七年。

〔四二〕（英）布萊德雷著，何兆武、張麗豔譯《批判歷史學的前提假設》，頁一八，北京大學出版社，二〇〇七年。

〔四三〕嘉定人金元鈺在所編《竹人錄》中即言明：「是編非吾邑人概不錄」，見注四〇，凡例；而儲德彝在《竹人續錄》中反其道行之，專收嘉定以外竹人。

〔四四〕余英時《中國近世宗教倫理與商人精神》，見《士與中國文化》，頁五二八，上海人民出版社，一九八七年。

〔四五〕張瀚撰，盛冬玲點校《松窗夢語》卷四，頁七七，中華書局，一九八五年。

〔四六〕張岱撰，馬興榮點校《陶庵夢憶》卷五「諸工」條，頁四二，中華書局，二〇〇七年。

〔四七〕沈德符《萬曆野獲編》卷二六「新安制墨」：「新安……方于魯名最著，汪太函司馬與之聯姻，……名震宇內。」中華書局本，下冊，頁六六〇，一九五九年。汪道昆出身新安商人家庭，思想較為開明，其背景可參看注四四引日人藤井宏《新安商人の研究》，頁五三〇。

〔四八〕袁宏道撰，錢伯誠箋校《袁宏道集箋校》卷二十「時尚」，中冊，頁七三〇—七三一，上海古籍出版社，二〇〇七年第二版。

〔四九〕注四六《陶庵夢憶》卷一「吳中絕技」條，頁九。

〔五〇〕同注四六。

〔五一〕參李紹強等《中國手工業通史·明清卷》上編第二、三章，福建人民出版社，二〇〇四年。

〔五二〕關於士大夫的界定，通常泛指官職經歷者和未入仕而具功名者（包括舉人、監生、生員等），參巫仁恕《品味奢華——晚明的消費社會與士大夫》中引宮崎市定的說法，頁五五，中華書局，二〇〇八年。

〔五三〕王陽明《節庵公墓表》，轉引自注四四，頁五二五，余先生推許此篇為「新儒家社會思想史上劃時代的文獻」。

〔五四〕顧炎武《顧亭林詩文集》卷一《生員論上》，頁二一—二二，中華書局，一九五九年。

〔五五〕宮崎市定甚至估算約為百分之一，參注五二，有統計列表，頁五六—五九。

〔五六〕參注四四之例舉，頁五三三。

〔五七〕參看毛文芳《晚明閑賞美學》中的細緻分析，（台灣）學生書局，二〇〇〇年。

〔五八〕引自注四四，頁五一六。

〔五九〕見注四〇《竹人續錄》卷上「李流芳」條轉引《竹個叢抄》。

〔六〇〕參李軍《明清竹刻》前言，頁六—七，寧波出版社，二〇〇五年。

〔六一〕一般而言，明清時將諸生也歸入士大夫階層，參注五二，頁五六。此項統計並沒有在總數中減去僧人與科考已廢的晚清時人，就該書所收來說，比例可能還更高一些。

〔六二〕嵇若昕《明清竹刻藝術》，頁四〇，（台灣）故宮博物院《故宮叢刊》甲種之四十一，一九九九年。

〔六三〕同前注，頁四一。又，關善明《虛心傲節——明清竹刻史話》也說松鄰「似為工匠出身」，頁二六，香港大學美術館出版，二〇〇〇年。但這一點似還可探討，目前還無明確證據證明此說。

〔六四〕注二五，頁二七二。

〔六五〕毛祥麟撰，畢萬忱點校《墨餘錄》卷十五，頁二四五，上海古籍出版社，一九八五年。

〔六六〕注四〇《竹人錄》卷上，「朱鶴」條。

〔六七〕轉引自注二五，頁二七二。

〔六八〕宋琬《竹罌草堂歌》，見辛鴻義、趙家斌點校《宋琬全集》頁三六七，齊魯書社，二〇〇三年。

〔六九〕同注六六，金氏藏有松鄰製竹冠。

〔七〇〕王世襄先生在《有關朱小松史料三則》中認為此器題識中的年份也有疑問，見《錦灰堆——王世襄自選集》（壹卷），頁二八七，三聯書店，一九九九年。

〔七一〕據徐學謨《朱隱君墓誌銘》，轉引自前注《有關朱小松史料三則》，頁二八五—二八六。

〔七二〕唐時昇《壽朱母蔡孺人七十壽序》，轉引自注六二，頁四三。

〔七三〕王鳴韶《嘉定三藝人傳》：「小松亦善刻竹，與李長蘅、程松圓諸先生游」，顯然有誤，因小松去世時，李只十三歲，或有為尊者諱之意？參看注六〇《明清竹刻》圖三「明李流芳《蝶戀花》詞臂擱」說明，頁六九。

〔七四〕注六六，卷上「朱纓」條。

〔七五〕見注七一，頁二八五。

〔七六〕安奇《朱小松的「劉阮入天臺」竹刻香熏》，《文物》一九八〇年第四期。

〔七七〕《竹人錄》記為「仲子」，此據注六二之考證，頁四三。

〔七八〕趙昕《竹筆尊賦》，轉引自《竹人錄》卷下，注四〇。

〔七九〕《中國竹刻研究》，載譚志成、葉義編《中國竹刻藝術》上冊，頁四七，香港藝術館出版，一九七八年。

〔八〇〕陸廷燦《南邨隨筆》卷六，《四庫全書存目叢書·子部》第一一六冊，頁三一三，齊魯書社，一九九五年。

〔八一〕同注六五。

〔八二〕見注七八。

〔八三〕王應奎《柳南隨筆》，轉引自俞樾《茶香室叢鈔》，收入《筆記小說大觀》第三十四冊，江蘇廣陵古籍刻印社影印本，一九八三年。

〔八四〕注七八。

〔八五〕程國棟修纂《嘉定縣誌》卷十，轉引自注六二，頁四七。

〔八六〕但也有的編者將這種風格的作品認可為沈兼真跡，見黃玄龍《竹器——嘉定竹刻海外遺珍》，上海科學技術出版社，二〇〇八年。

〔八七〕六十年代河北明墓曾出二件「仲謙」款竹摺扇，陰刻篆體印「可登」二字，推測應為其字。見李世霞

《介紹兩件濮仲謙刻竹扇骨》，《文物》，一九九〇年第二期。又，筆者在整理故宮博物院藏文物時，曾發現有一件留青竹刻上有「仲謙」款及「可登」印，姑不論其真偽，至少又可增加一可資比較的例證。

〔八八〕該詩收入錢謙益《牧齋有學集》卷一（詩集，起乙丑年盡戊子年），《四部叢刊》本。

〔八九〕均出《陶庵夢憶》卷一「濮仲謙雕刻」條，頁九，參注四六。

〔九〇〕《太平府志》中語，轉引自李放《中國藝術家徵略》卷二，一九一一年義州李氏鉛印本。

〔九一〕注八九。

〔九二〕見注六八。

〔九三〕見劉鑾《五石瓠》，轉引自鄧之誠撰，鄧珂點校《骨董瑣記全編》，頁二七一，北京出版社，一九九六年。

〔九四〕儲德彝《竹刻脞語》，注四〇，《竹人續錄》卷下。

〔九五〕參注六二，頁三八。

〔九六〕同注九三。

〔九七〕注六二引王世襄先生語，頁三七。

〔九八〕注六三關善明文認為該扇並非考古發掘所得，屬晚清風格，頁三〇。

〔九九〕對於金元鈺所謂金陵派，王世襄先生以為「不過是製造一個對立面來抬高他本鄉的嘉定派而已」，見《論竹刻的分派》，《錦灰堆——王世襄自選集》（壹卷），頁二八一，三聯書店，一九九九年。相比之下，儲德彝在《竹刻脞語》中提出以不同材質所用圓雕、平刻等不同技法來分派，似更合理些，詳注九四。

〔一〇〇〕轉引自《骨董瑣記全編》，頁二〇五，參注九三。

〔一〇一〕王鳴韶《嘉定三藝人傳》，轉引自《竹人錄》卷上「周笠」條附錄，見注四〇。

〔一〇二〕錢詠撰，張偉點校《履園叢話》卷十二，上冊，頁三三五，中華書局，一九七九年。

〔一〇三〕金西厓《刻竹小言》語，收入王世襄《竹刻藝術》，頁一一，人民美術出版社，一九八〇年。

〔一〇四〕程其班修，楊震福纂《嘉定縣誌》卷二十，清光緒七年（一八八一年）尊經閣刊本。

〔一〇五〕注六六，「吳之璠、朱文友」條。

〔一〇六〕據注六二，頁六九。

〔一〇七〕同注一〇五。

〔一〇八〕注九四，《竹刻脞語》。

〔一〇九〕王世襄先生有此看法，見注二五，頁二七五。嵇若昕則認為此說值得商榷，傳世無年款作品可能是晚至乾隆時吳氏出名之後的仿作。參注六二，頁七三。

〔一一〇〕注六六，「封錫爵、封穎穀」條。

〔一一一〕注六六，「封錫祿、封錫璋」條。

〔一一二〕同前注。

〔一一三〕注二五，頁二七五。

（一一四）以上詳參嵇若昕《十八世紀宮廷牙匠及其作品研究》，載《故宮學術季刊》第二三卷第一期（二〇〇五年秋季）。

（一一五）施天章在宮中之地位昇沉，亦參前注。

（一一六）注六六，「施天章」條。

（一一七）注六六，「周顥」條。

（一一八）施閏章《石鹿山人傳》，載何慶善等點校《施愚山集》文集卷十七，第一冊，頁三四八—三四九，黃山書社校點本，一九九二年。

（一一九）注六二，頁八二。

（一二〇）此據傳世實物上款字推測，見注六二，頁八〇。

（一二一）詳前注。

（一二二）見注一〇三。

（一二三）同注一二〇。關善明氏則連此說一併否定，認為張希黃為晚清道、咸時人，見注六三，頁四〇—五〇。此問題爭議之大，可以想見。

（一二四）詳細臚列參注六二，頁九九—一〇一，注一一一。

（一二五）見注二五，有「竹刻史上芷岩乃一關鍵人物」之語，頁二七六。

（一二六）蔣寶齡《墨林今話》卷三「周芷岩臨石谷枯樹圖」條，頁八四，黃山書社，一九九二年。

（一二七）注一〇一《嘉定三藝人傳》。

（一二八）錢大昕《周山人傳》，轉引自注六六，「周顥」條附錄。

（一二九）注二五，頁二七六。

（一三〇）上海博物館收藏有《溪亭瀟湘圖軸》等近十幅他的繪畫作品，見莊永貴《周顥的竹刻藝術》，《上海博物館集刊》第四輯，上海古籍出版社，一九八七年九月。

（一三一）同注一二六。

（一三二）注九四《竹刻脞語》。

（一三三）注一二八。

（一三四）同注一二八，「周顥」條。

（一三五）關於金元鈺的評語，王世襄先生曾有詳細分析。詳注二五，頁二七六。

（一三六）《竹人錄》卷上相關各條，見注六六。又參注六二，頁七七—七九。

（一三七）金西厓《刻竹小言》述例九「清王若芳蘇東坡嶺南氣候説筆筒」條，注一〇三，頁五二。

（一三八）張廷濟《清儀閣所藏古器物文》，轉引自注六二，頁一一三。

（一三九）參注六二，對其姓字有考證，頁一〇九。

（一四〇）注六六，「沈全林」條。

〔一四一〕注二五，頁二七七。

〔一四二〕注六六，「張宏裕」條。

〔一四三〕同前注。

〔一四四〕同前注。

〔一四五〕參注七九，《中國竹刻藝術》下冊，頁九四——九五。

〔一四六〕注六二，頁八三。

〔一四七〕從鄭燮《贈潘桐岡》詩可知其學富五車，可惜困居揚州。見《鄭板橋集》「詩鈔」，中華書局，一九六二年。

〔一四八〕江啟淑《續印人傳》卷二，一九一〇年葉氏存古叢書本。

〔一四九〕鄭燮《潘西鳳》詩，見注一四七。

〔一五〇〕注一四八。

〔一五一〕見注四〇《竹人續錄》卷上「潘西鳳」條。

〔一五二〕注六二，頁八六。

〔一五三〕注一四八。

〔一五四〕如傳世有梅花臂擱，見王世襄《此君經眼錄》，收入《錦灰堆——王世襄自選集》（壹卷），頁二五五，三聯書店，一九九九年。

〔一五五〕《刻竹小言》中載有老桐刊秋聲賦筆筒，見注一〇三，頁一七—一八。

〔一五六〕王世襄先生語，見注二五，頁二七八。

〔一五七〕拙作《玩物仍存師古情——試談乾隆時期宮廷工藝仿古風格的成因與特點》，載《邃古來今：慶祝故宮博物院建院八十周年清宮仿古文物精品特集》，澳門藝術博物館，二〇〇五年。

〔一五八〕有人將「黃」寫作「簧」，是想當然耳，已為王世襄先生所辨正，詳注二五，頁二七九。

〔一五九〕注六二，頁一五一。因本書所收大多為清宮遺留，故具體文物定名例用「文竹」，特此說明。

〔一六〇〕轉引自張漢等修《上杭縣誌》卷三十一，一九三九年啟文書局排印本。

〔一六一〕同前注，卷十「竹器」條。

〔一六二〕楊伯達《鼻煙壺的繁榮》，收入《珍玩雕刻鼻煙壺》，頁二〇一，（台灣）幼獅出版公司，一九九三年。

〔一六三〕見注二五，頁二七九。

〔一六四〕徐珂《清稗類鈔．工藝類》「竹器之製造」條，中華書局校點本，第五冊，頁二四一二，一九八六年。

〔一六五〕詳注六二，頁一五三——一五四，有根據光緒朝《會典事例》所編的禮單列表，可參看。

〔一六六〕參注六二，頁一五七。

〔一六七〕張鴻年《竹人錄》跋，《美術叢書》本無，轉引自注二五王世襄文，頁二七九。

〔一六八〕羅啟松《黃岩翻簧簡史》，收入《黃岩史學會刊》，引自黃岩在織，網址：http://www.05760576.com/Article/Is/wh/200905/2650.html。

〔一六九〕注二五，頁二八〇。

〔一七〇〕此評語見注二五，頁二七七。

〔一七一〕《竹人錄》附錄張雲棟注，注四〇。

〔一七二〕見注一六七張鴻年跋。

〔一七三〕注二五，頁二七七。

〔一七四〕如《墨林今話》稱方絜「嘗遊禾城，每一藝出，則手拓以贈同好，人爭寶之」，而《白嶽庵詩話》作者余楙只見其「竹刻拓本一冊」，即稱「真無上逸品」；儲德彝論蔡照，也談到他刻「箑邊一百件拓本」，又論周之禮刻金石文字「可作拓本觀」，均顯示出這種觀念。參注四〇，分別見《竹人續錄》卷上「方絜」、「蔡照」、「周之禮」條。

〔一七五〕詳注六二，頁一二一—一二二。

〔一七六〕《此君經眼錄》三二中語，見注一五四，頁二五六。

〔一七七〕《墨林今話·續編》「矩平鐵筆」條，參注一一六，頁四八〇。

〔一七八〕注六二，頁一一八。

〔一七九〕許瑤光修，吳仰賢纂《嘉興府志》入「流寓類」，清光緒四年（一八七八年）刊本。

〔一八〇〕徐康《前塵夢影錄》卷下，見黃賓虹、鄧實編《美術叢書》初集第二輯，江蘇古籍出版社據神州國光社一九四七年增訂第四版影印，第一冊，頁一一九，一九九七年。

〔一八一〕同注一七七。

〔一八二〕見余楙《白嶽庵詩話》，轉引自注四〇《竹人續錄》卷上「方絜」條。

〔一八三〕注二五，頁二七八。

〔一八四〕《明清竹刻》前言，頁五〇，見注六〇。

〔一八五〕索姆·真寧斯（R.Soame Jenyns）與沃特森（William Watson）合著論中國藝術的專著中有一專冊，但他們也承認「所知甚少」。見R.Soame Jenyns & William Watson,Chinese Art II:Minor Art，New York: Universe Books,Inc.,1963,p.7。

〔一八六〕《中國竹刻研究》，注七九，頁四七。

〔一八七〕均詳王世襄《竹刻款識辨偽》，收入《錦灰堆——王世襄自選集》（壹卷），三聯書店，一九九九年。

〔一八八〕詳注六三，頁三〇。揣摩關氏文意，似覺本書圖四五竹枝圖筆筒更接近濮仲謙真跡風格，但王世襄先生以為該器款字拘謹，必為後刻，見《此君經眼錄·續錄》十二，注一五四，頁二六三—二六四。

圖版

一　竹胎彩漆龍紋勺　西漢

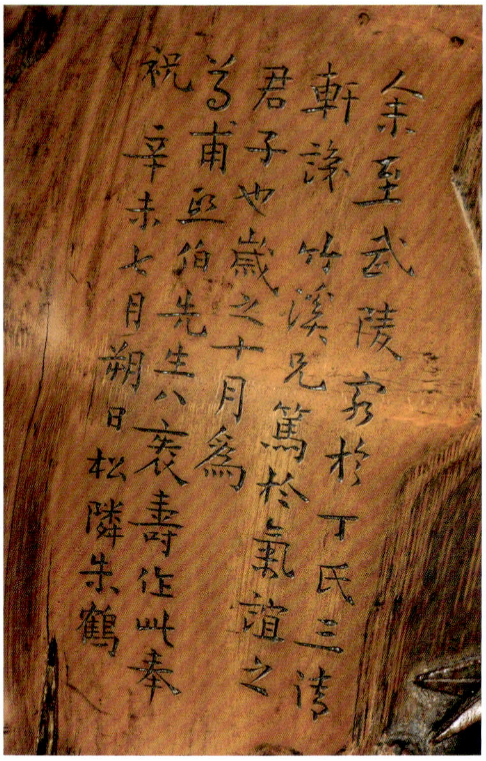
余至武陵寓於丁氏三清
軒諸竹溪兄篤於氣誼之
君子也歲之十月爲
蕭甫亞伯先生八袠壽作此奉
祝 辛未七月朔日松隣朱鶴

二　竹雕松鶴圖筆筒　明

三　竹根雕佛手　明

四　竹根雕海蟾仙人　明

五　竹根雕張果老　明

六　竹根雕戲猴人　明

七　竹雕仕女圖筆筒　明

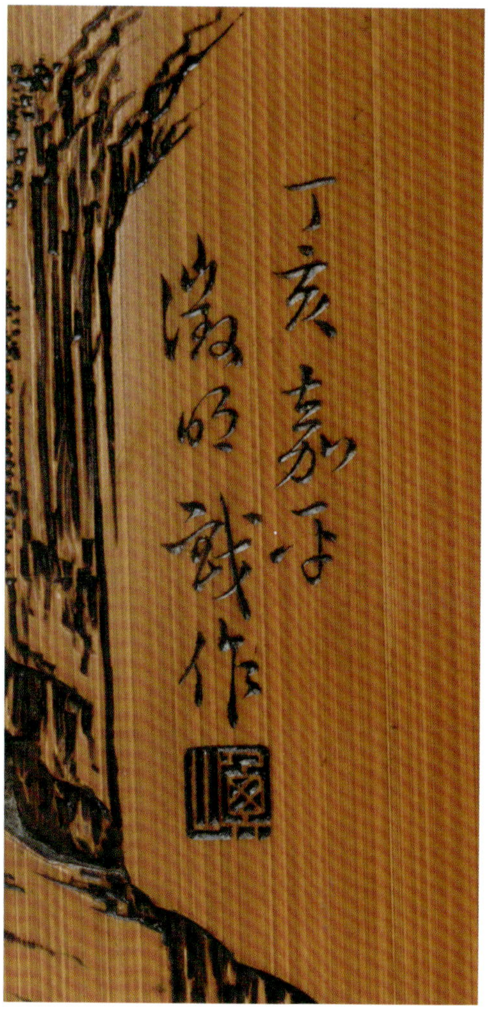

八　竹雕泛舟圖筆筒　明

九　竹根雕和合二仙　明

一〇　竹根雕漁翁　明

一一　竹根雕松樹形壺　明

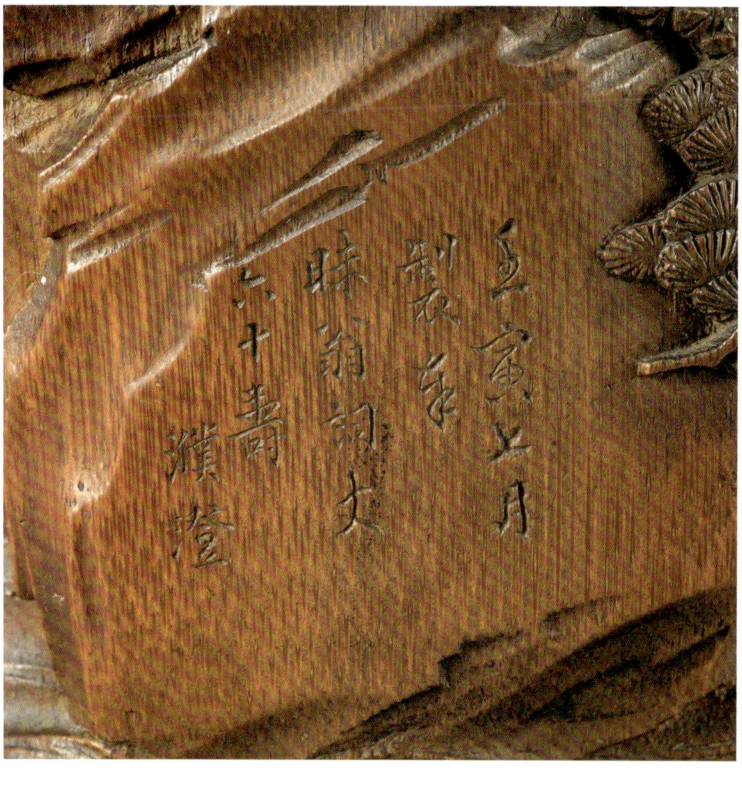

一二　竹雕八仙過海圖筆筒　明

一三　竹雕荷塘小景圖香筒　明

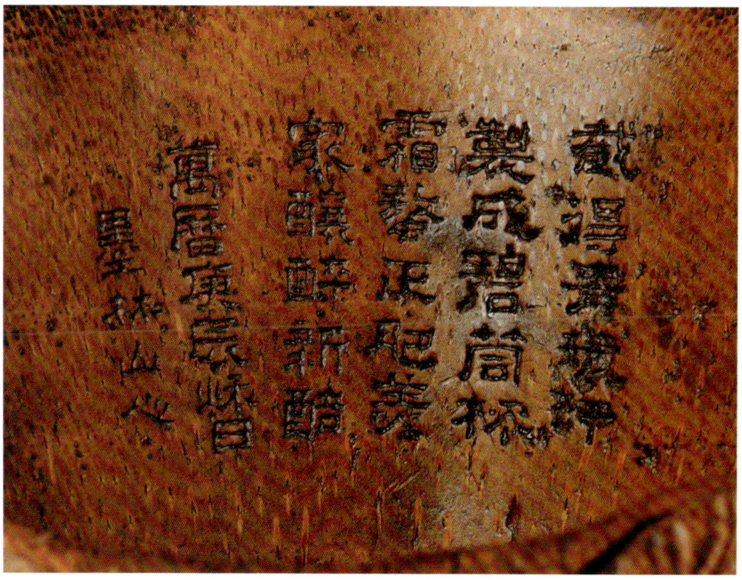

一四　竹根雕荷葉式杯　明

一五　竹根雕松紋杯　明

一六　竹根雕騎馬人　明

一七　竹根雕戲獅羅漢　明

一八　竹根雕采藥老人　明

一九　竹根雕臥獅　明

二〇　竹根雕麒麟　明

二一　竹雕鍾馗掏耳圖筆筒　明末清初

二二　竹雕劉海戲蟾圖筆筒　明末清初

二三　竹雕雅集圖筆筒　明末清初

二四　竹雕戲劇故事圖筆筒　明末清初

二五　竹雕聽泉圖筆筒　明末清初

二六　竹雕赤壁圖筆筒　明末清初

二七　竹雕西園雅集圖筆筒　明末清初

二八　竹根雕翼獸　明末清初

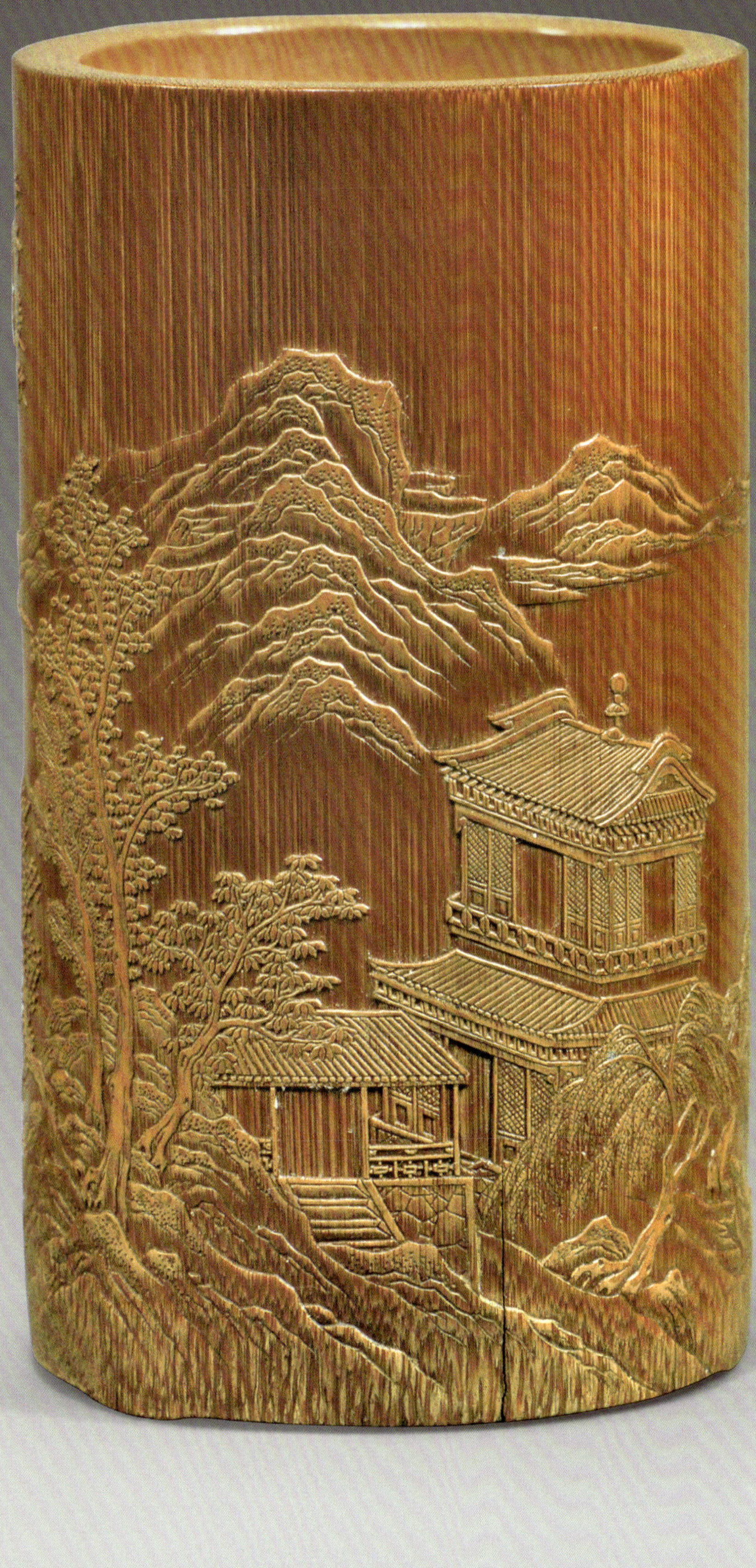

二九　竹雕留青山水樓閣圖筆筒　清

三〇　竹雕溪山行旅圖筆筒　清

三一　竹雕二喬並讀圖筆筒　清

三二　竹雕八駿圖筆筒　清

三三　竹雕松蔭高士圖筆筒　清

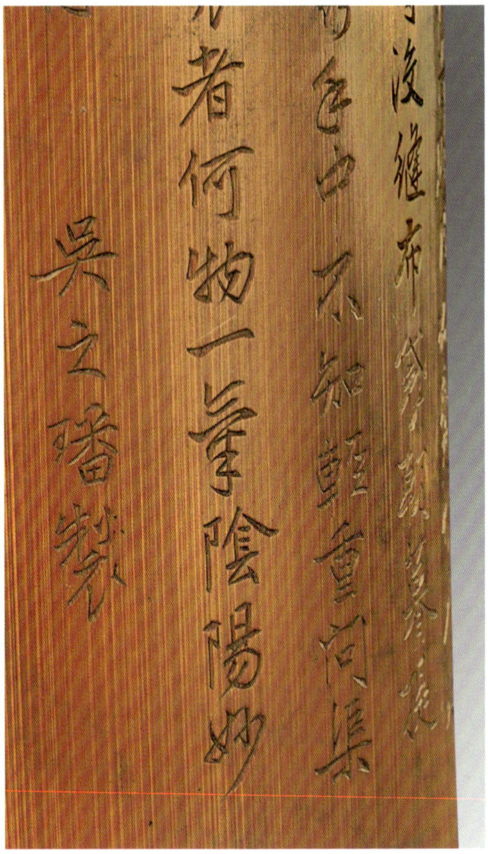

三四　竹雕僧人圖筆筒　清

吳之璠製

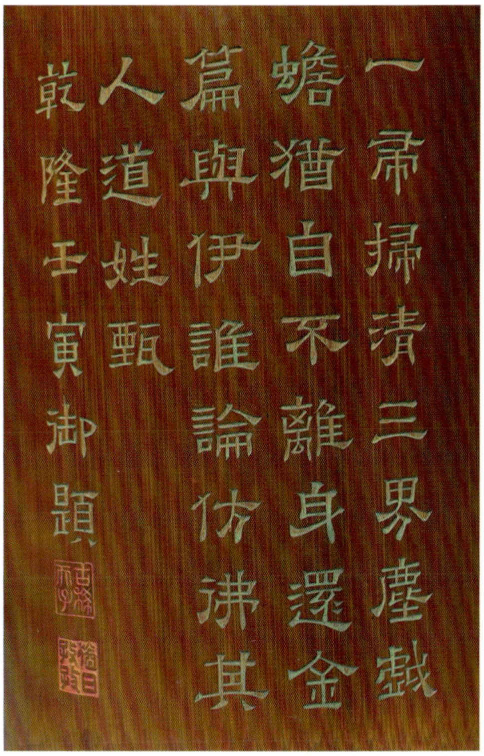
一帚掃清三界塵戲
蟾猶自不離身還金
篇與伊誰論彷彿其
人道姓甄
乾隆壬寅御題

三五　竹雕劉海戲蟾圖筆筒　清

戊午夏日吳之璠製

三六　竹雕對弈圖筆筒　清

三七　竹雕松下高士圖臂擱　清

三八　竹雕滾馬圖筆筒　清

三九　竹雕松蔭飼馬圖筆筒　清

四〇　竹雕八駿圖筆筒　清

四一　竹雕捕魚圖筆筒　清

四二　竹雕呂仙醉酒圖筆筒　清

四三　竹雕和合二仙圖筆筒　清

四四　竹雕仕女並讀圖筆筒　清

四五　竹雕竹枝圖筆筒　清

四六　竹雕騎士圖筆筒　清

四七　竹雕滚馬圖筆筒　清

四八　竹雕秋葵圖筆筒　清

四九　竹雕白菜筆筒　清

五〇　竹雕指日高昇圖筆筒　清

五一　竹根雕羅漢　清

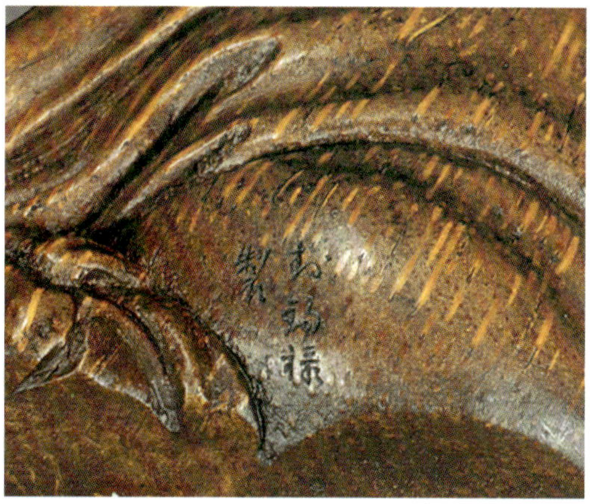

五二　竹根雕布袋和尚　清

五三　竹雕迎駕圖筆筒　清

五四　竹雕八駿圖筆筒　清

五五　竹雕五老圖筆筒　清

五六　竹雕狩獵圖筆筒　清

五七　竹雕教坊伎樂圖筆筒　清

五八　竹雕修書圖筆筒　清

五九　竹根雕松鶴天然式筆筒　清

六〇　竹雕竹林七賢圖筆筒　清

六一　竹雕觀瀑圖筆筒　清

六二　竹雕仕女圖筆筒　清

六三　竹雕劉海戲蟾圖天然式筆筒　清

六四　竹雕西園雅集圖筆筒　清

六五　竹雕爛柯圖筆筒　清

六六　竹雕竹林七賢圖香筒　清

六七　竹雕人物故事圖香筒　清

六八　竹雕赤壁圖香筒　清

六九　竹雕羲之題扇圖筆筒　清

七〇　竹雕留青人物樓閣圖筆筒　清

七一　竹雕留青煉丹圖筆筒　清

七二　竹雕留青柳蔭洗馬圖天然式筆筒　清

七三　竹雕留青仙人圖臂擱　清

七四　竹雕留青山齋待月圖臂擱　清

七五　竹根雕松紋杯　清

七六　竹根雕松紋洗　清

七七　竹根雕松紋水丞　清

七八　竹根雕松紋水丞　清

七九　竹根雕寒蟬葡萄洗　清

八〇　竹根雕殘葉海棠洗　清

八一　竹根雕荷葉洗　清

八二　竹根雕采藥老人　清

八三　竹根雕海蟾仙人　清

八四　竹根雕東方朔坐像　清

八五　竹根雕東方朔臥像　清

八六　竹根雕醉翁　清

八七　竹根雕和合二仙山子　清

八八　竹根雕劉海戲蟾山子　清

八九　竹根雕蟾蜍　清

九〇　竹根雕麒麟吐書　清

九一　竹雕松壑雲泉圖筆筒　清

九二　竹雕竹石圖筆筒　清

九三　竹雕山水雲蘿圖筆筒　清

九四　竹根雕天然式筆筒　清

九五　竹雕白菜圖筆筒　清

九六　竹雕草蟲白菜圖筆筒　清

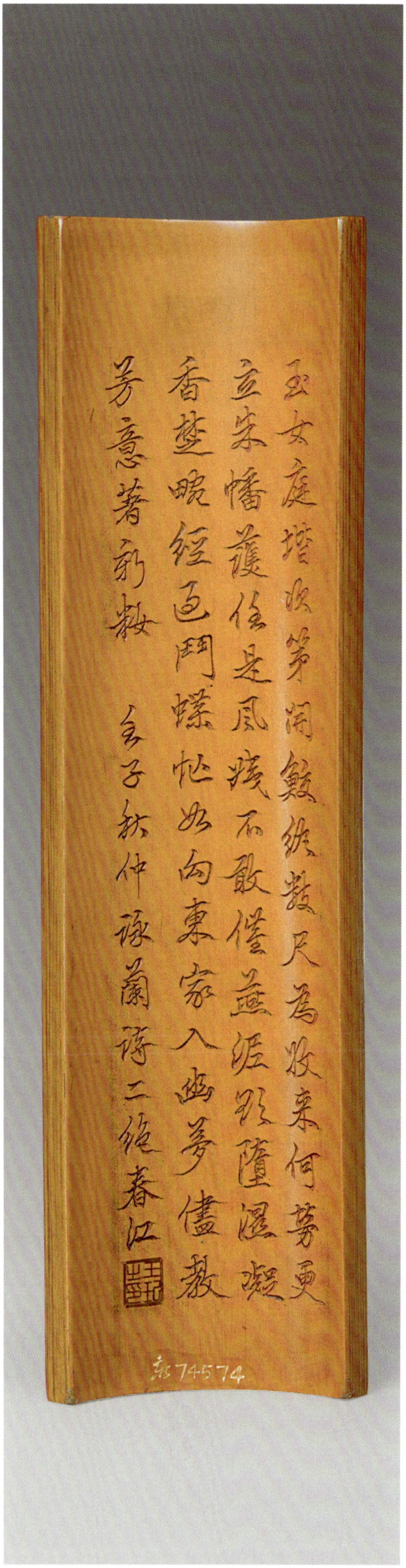

九七　竹雕蘭花圖臂擱　清

九八　竹雕池塘小景圖筆筒　清

九九　竹雕赤壁泛舟圖筆筒　清

一〇〇　竹雕牧牛圖筆筒　清

一〇二　竹雕桐蔭仕女圖筆筒　清

一〇三　竹雕松蔭雅集圖筆筒　清

一〇四　竹雕赤壁圖筆筒　清

一〇五　竹雕戲劇故事圖筆筒　清

一〇六　竹雕泛舟圖筆筒　清

一〇七　竹雕東山報捷圖筆筒　清

一〇八　竹雕竹林七賢圖筆筒　清

一〇九　竹雕松溪放牧圖筆筒　清

一一〇　竹根雕梅花圖筆筒　清

一一一　竹雕文會圖筆筒　清

一一二　竹雕十二生肖圖筆筒　清

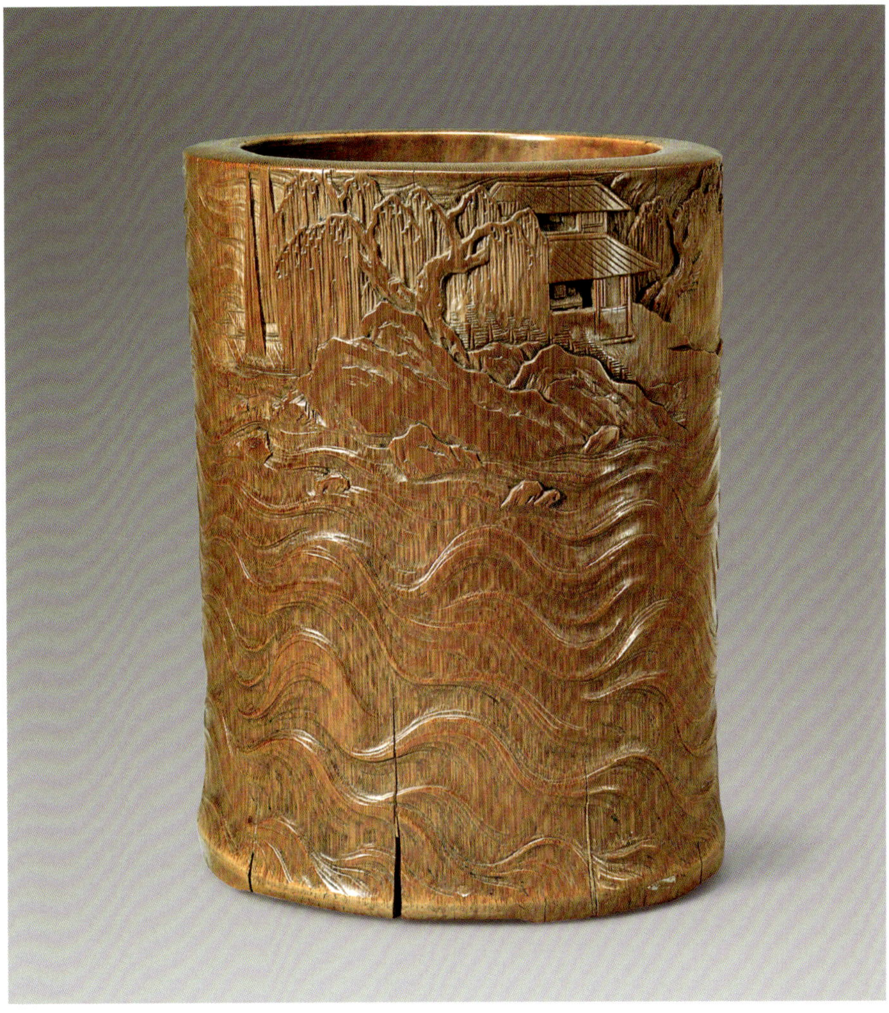

一一三　竹雕赤壁泛舟圖筆筒　清

一一四　竹雕竹林七賢八駿圖筆筒　清

一一五　竹雕放鶴圖筆筒　清

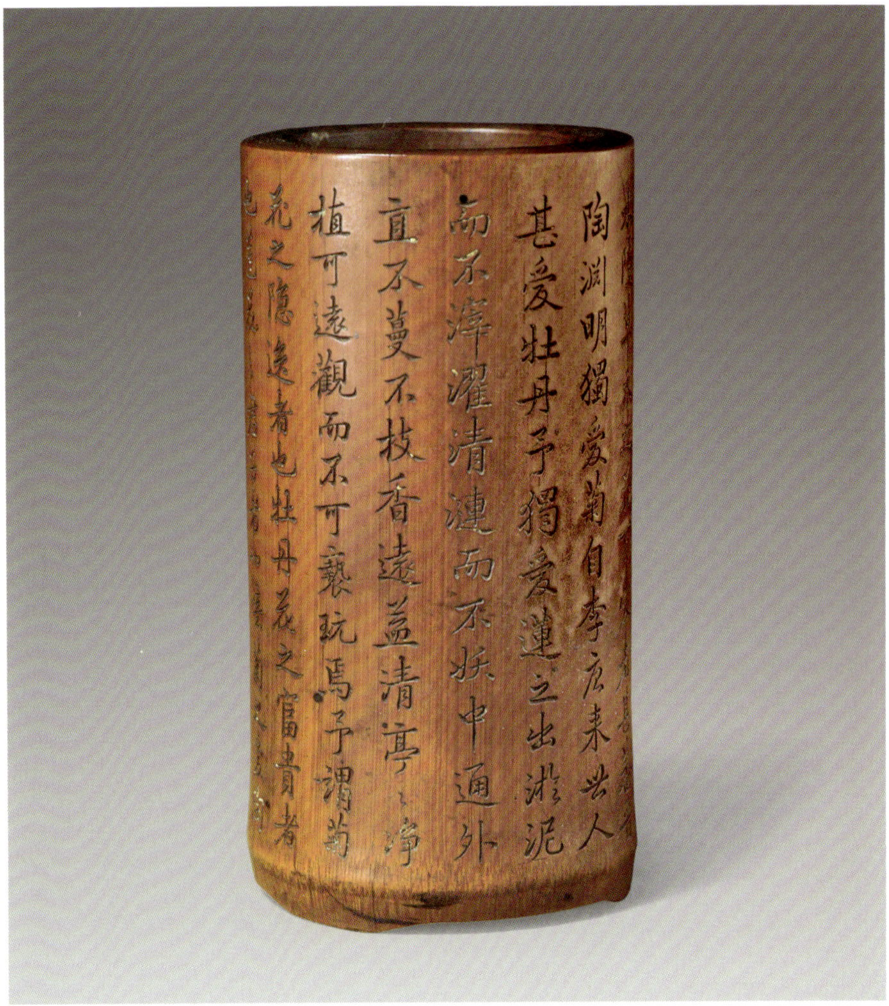

一一六　竹刻《愛蓮説》筆筒　清

一一七　竹雕白菜圖筆筒　清

一一八　竹雕梅花圖筆筒　清

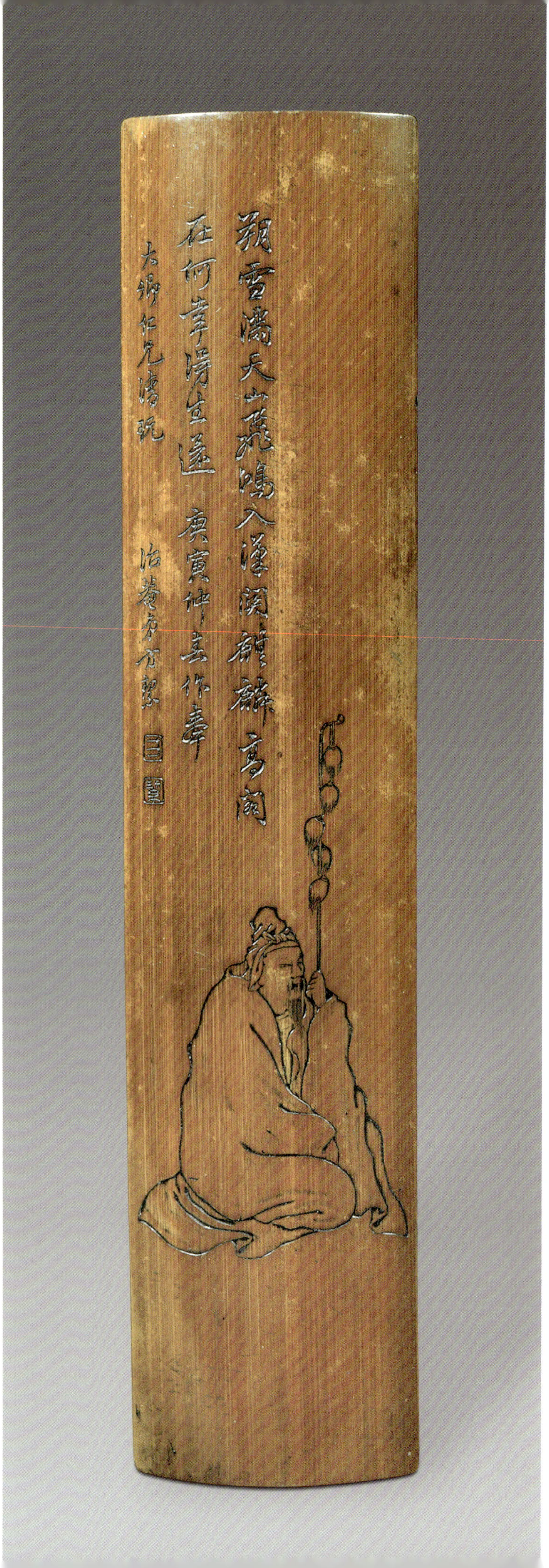

一一九　竹雕蘇武像臂擱　清

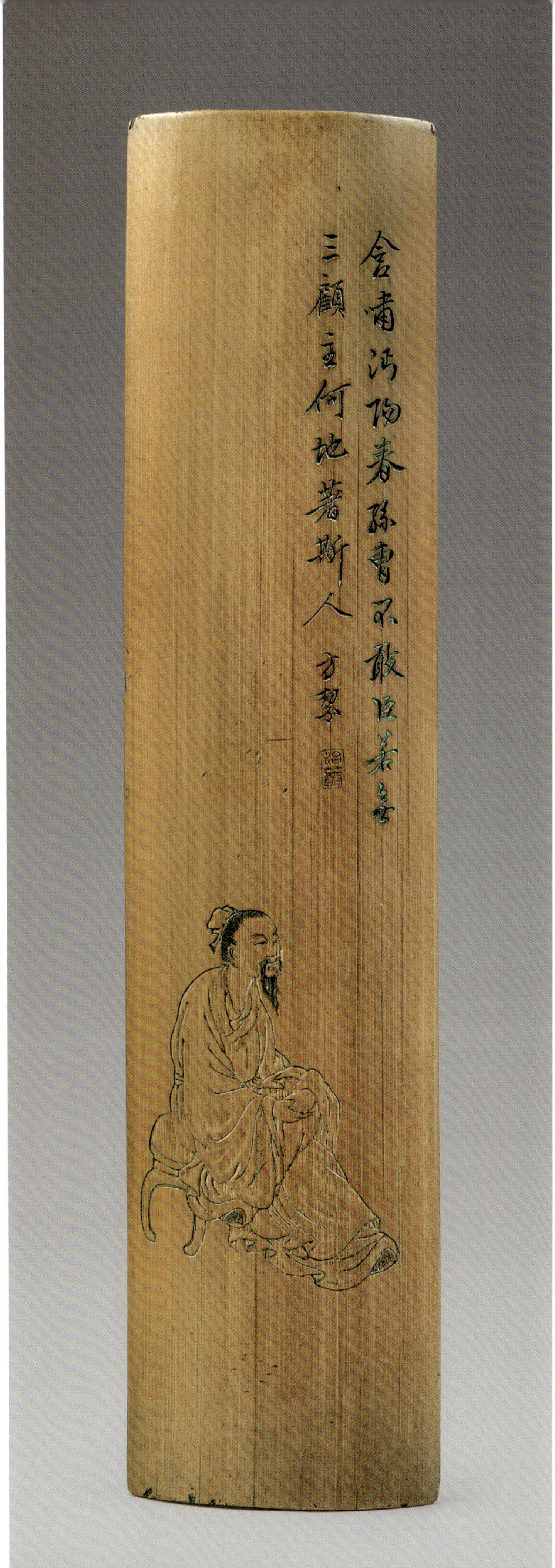

一二〇　竹雕武侯像臂擱　清

一二一　竹雕紫氣東來圖筆筒　清

一二二　竹雕留青攜琴訪友圖天然式筆筒　清

一二三　竹雕留青九獅圖竹節式筆筒　清

一二四　竹雕留青松鶴圖竹節式筆筒　清

一二五　竹雕留青松下老人圖竹節式筆筒　清

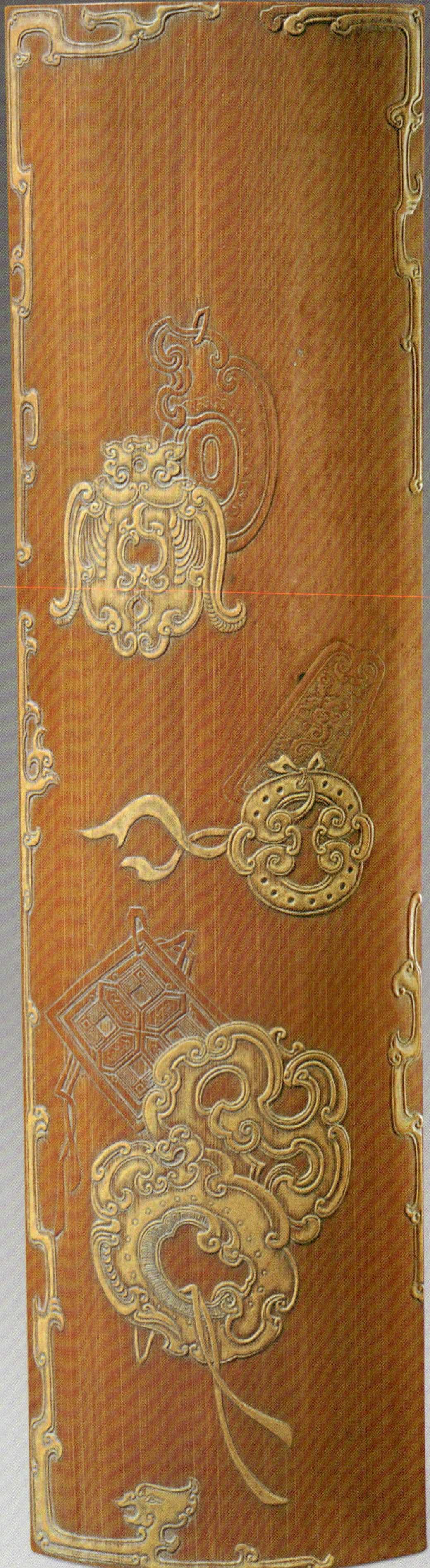

一二六　竹雕留青古佩紋臂擱　清

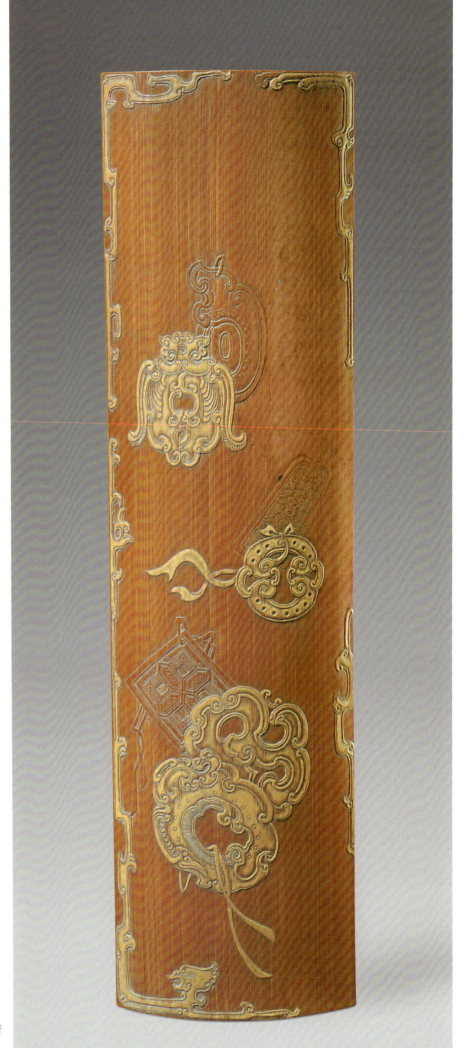

一二七　竹雕海水遊魚圖臂擱　清

一二八　竹雕菊花圖臂擱　清

一二九　竹雕松下牧牛圖臂擱　清

一三〇　竹雕臥鹿　清

一三一　竹根雕麻姑獻壽仙槎　清

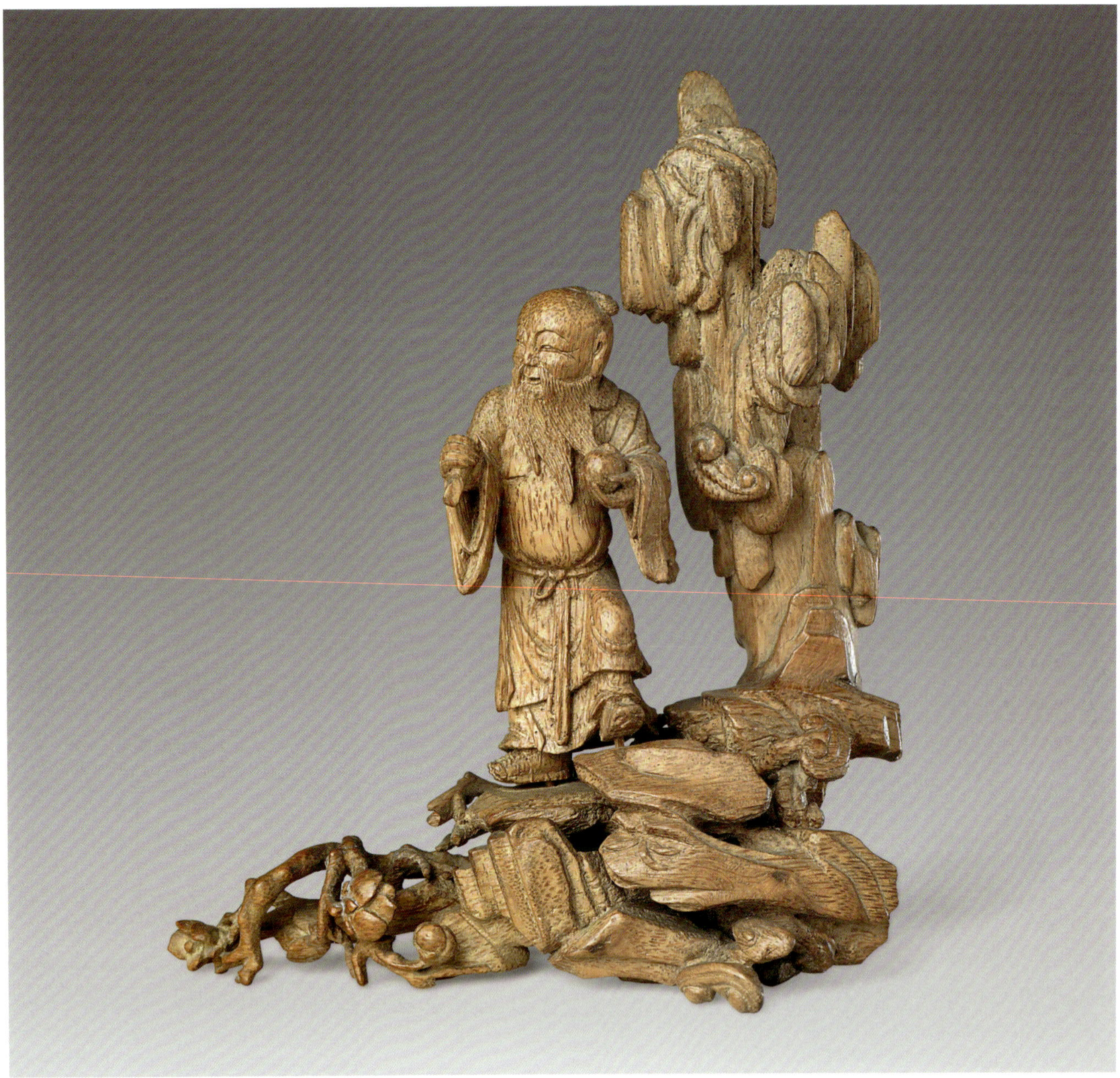

一三二　竹根雕東方朔山子　清

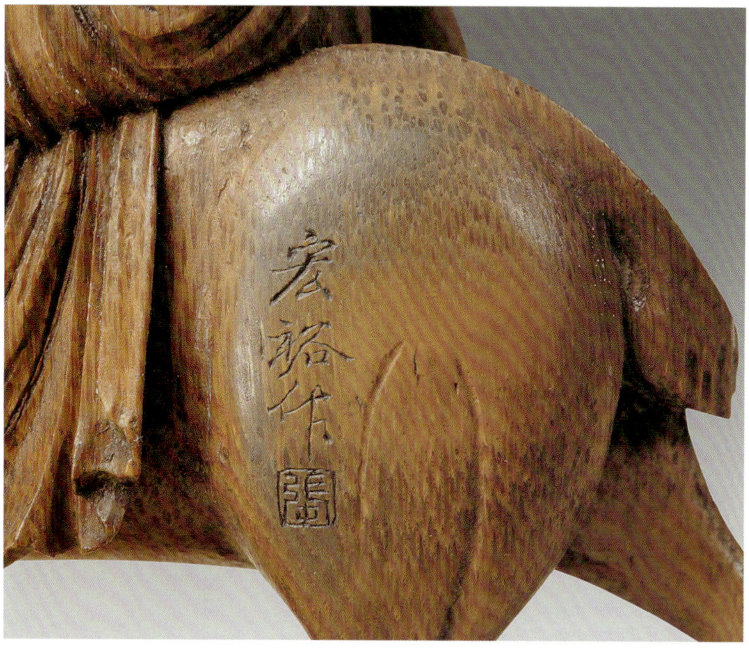

一三三　竹根雕壽星　清

一三四　竹根雕壽星　清

一三五　竹根雕壽星　清

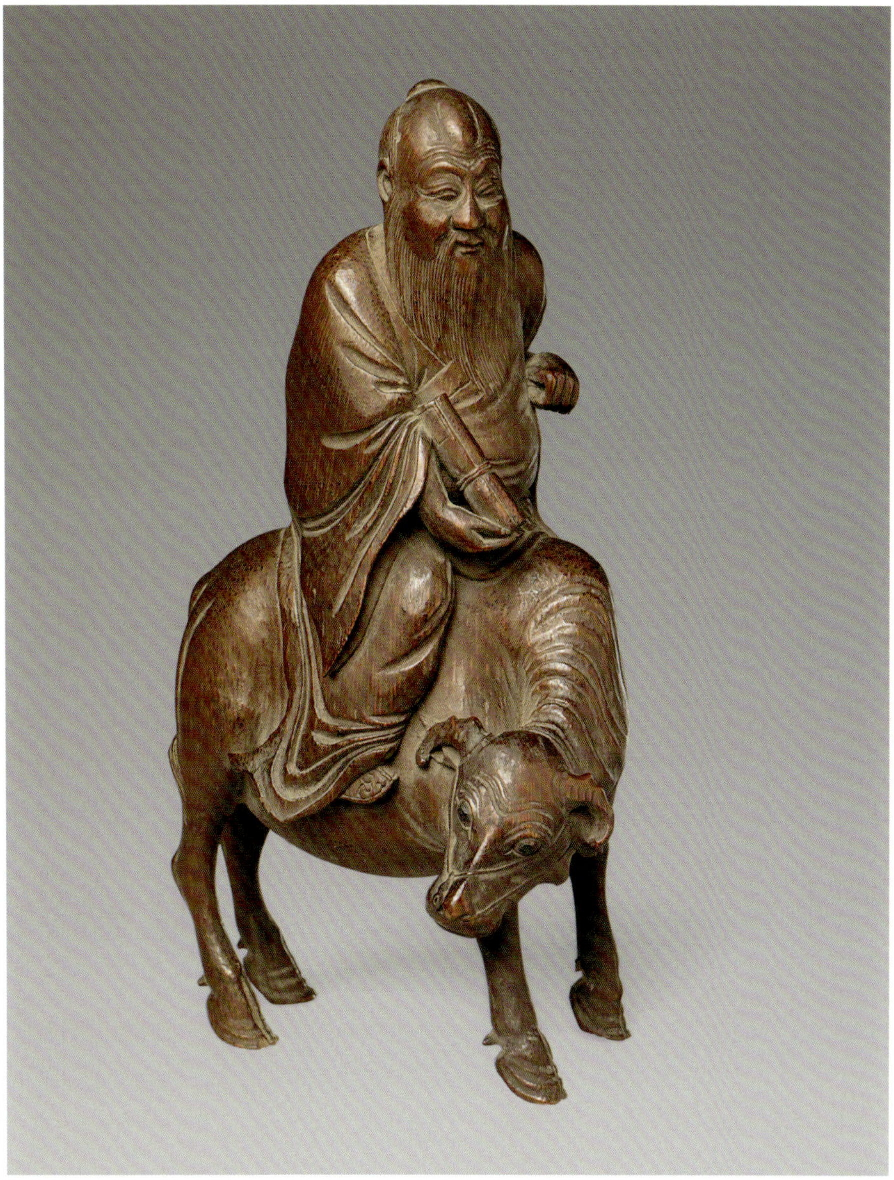

一三六　竹根雕老子騎牛　清

一三七　竹根雕太白醉酒水丞　清

一三八　竹根雕海蟾仙人　清

一三九　竹根雕和合仙人　清

一四〇　竹根雕和合仙人　清

一四一　竹根雕蕃人進寶　清

一四二　竹根雕二童牧牛　清

一四三　竹根雕漁家嬰戲　清

一四四　竹根雕漁船　清

一四五　竹根雕群仙祝壽圖山子　清

一四六　竹根雕三羊　清

一四七　竹根雕太獅少獅　清

一四八　竹根雕太獅少獅　清

一四九　竹根雕梅菊綬帶鳥　清

一五〇　竹根雕獸面紋活環提梁執壺　清

一五一　竹根雕夔紋提梁卣　清

一五二　竹根雕夔龍紋活環提梁扁壺　清

一五三　竹根雕獸面紋扁壺　清

一五五　竹根雕提梁蓋尊　清

一五四　竹根鏤雕勾蓮紋提梁花籃　清

一五六　竹根雕獸面紋出戟尊　清

一五七　竹根雕獸耳扁壺　清

一五八　竹根雕獸面紋雙系壺　清

一五九　竹根雕螭耳匜　清

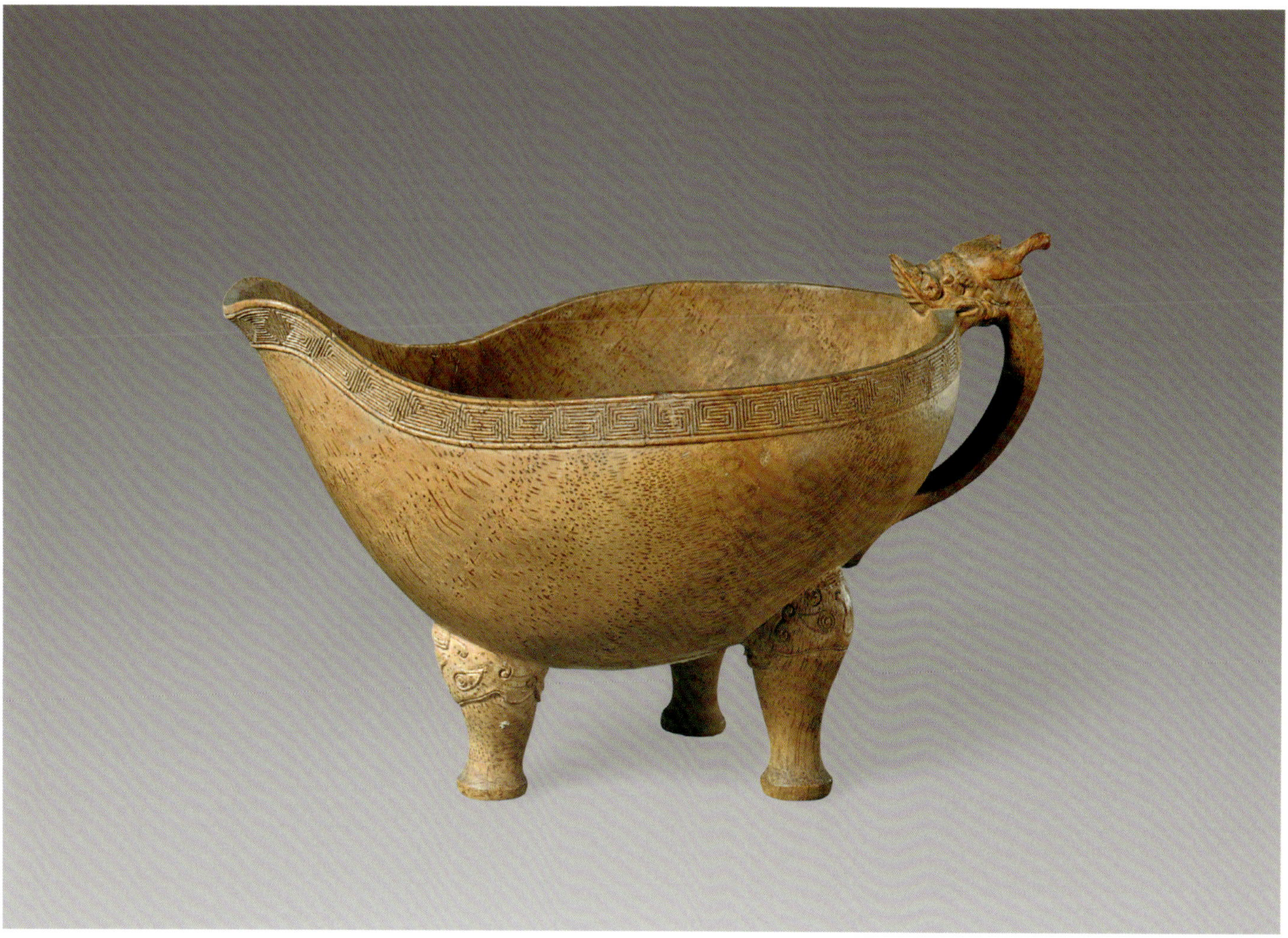

一六〇　竹根雕雲雷紋鼎　清

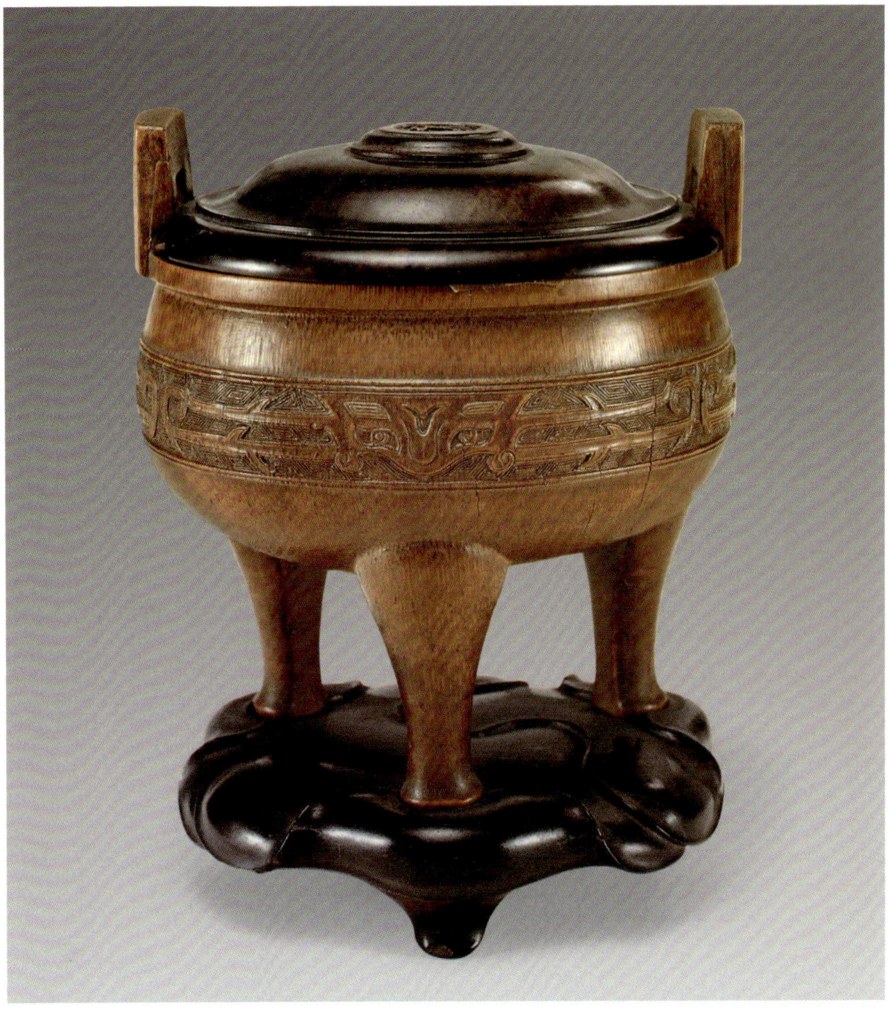

一六一　竹根雕獸面紋鼎　清

一六二　竹根雕獅鈕蓋爐　清

一六三　竹根鏤雕薰爐式香盒　清

一六四　竹根鏤雕纏枝花紋香盒　清

一六五　竹根雕蝠紋瓶　清

一六六　竹雕蟠螭紋水丞　清

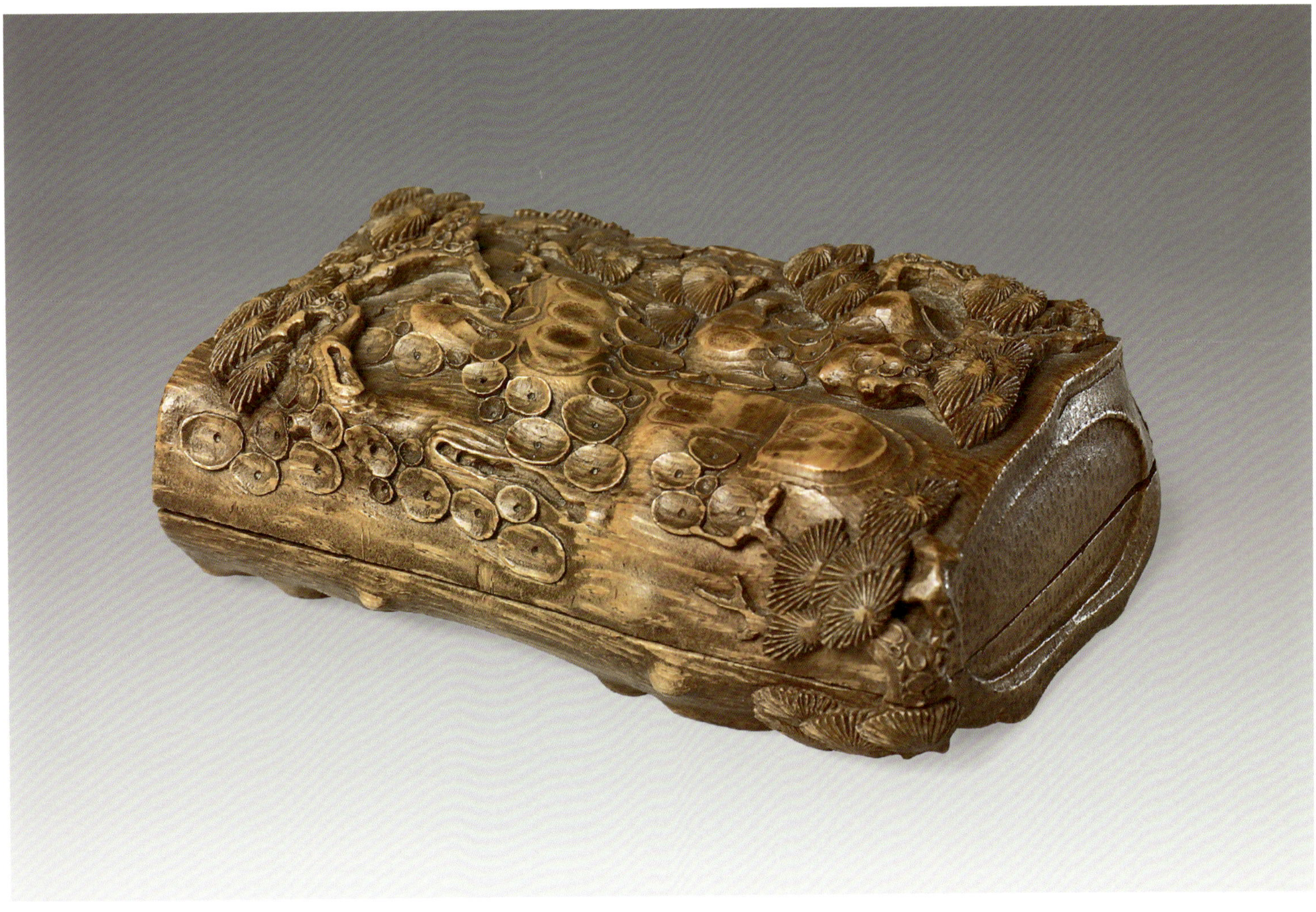

一六七　竹根雕松紋盒　清

一六八　竹雕葫蘆式盒　清

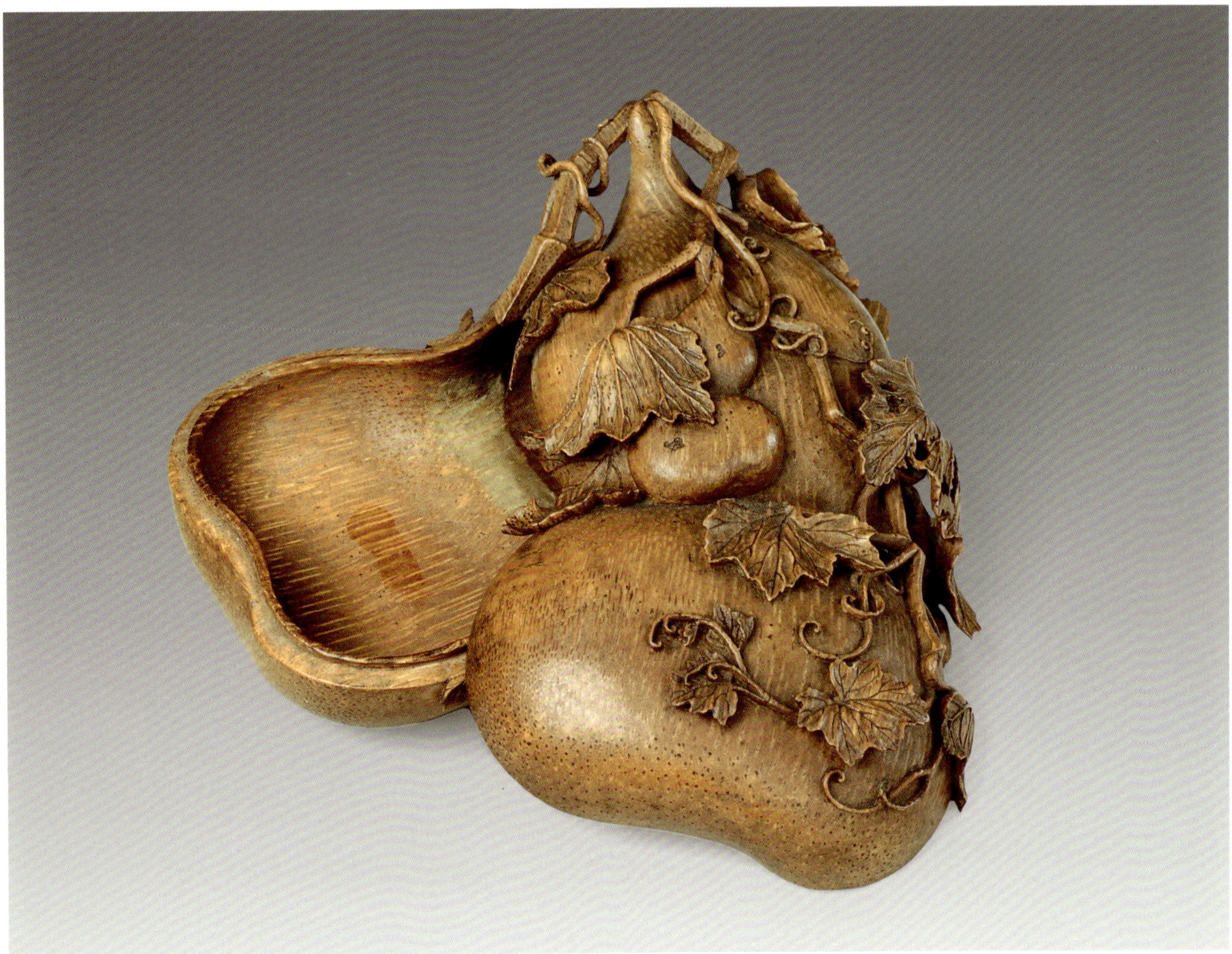

一六九　竹根雕佛手式盒　清

一七〇　竹根雕荸薺式小盒　清

一七一　竹雕桃蝠紋如意　清

一七二　竹雕三多紋如意　清

一七三　竹雕荷花如意　清

一七四　竹雕靈芝如意　清

一七五　文竹蟬紋方爐　清

一七六　文竹夔紋爐　清

一七七　文竹菊瓣式爐　清

一七八　文竹獸耳方瓶　清

一七九　文竹蕉葉紋瓶　清

一八〇　文竹獸面紋方觚　清

一八一　文竹嵌玉方瓶　清

一八二　文竹蕉石紋長方盒　清

一八三　文竹團花海棠式雙層盒　清

一八四　文竹鏤空海棠式罩盒　清

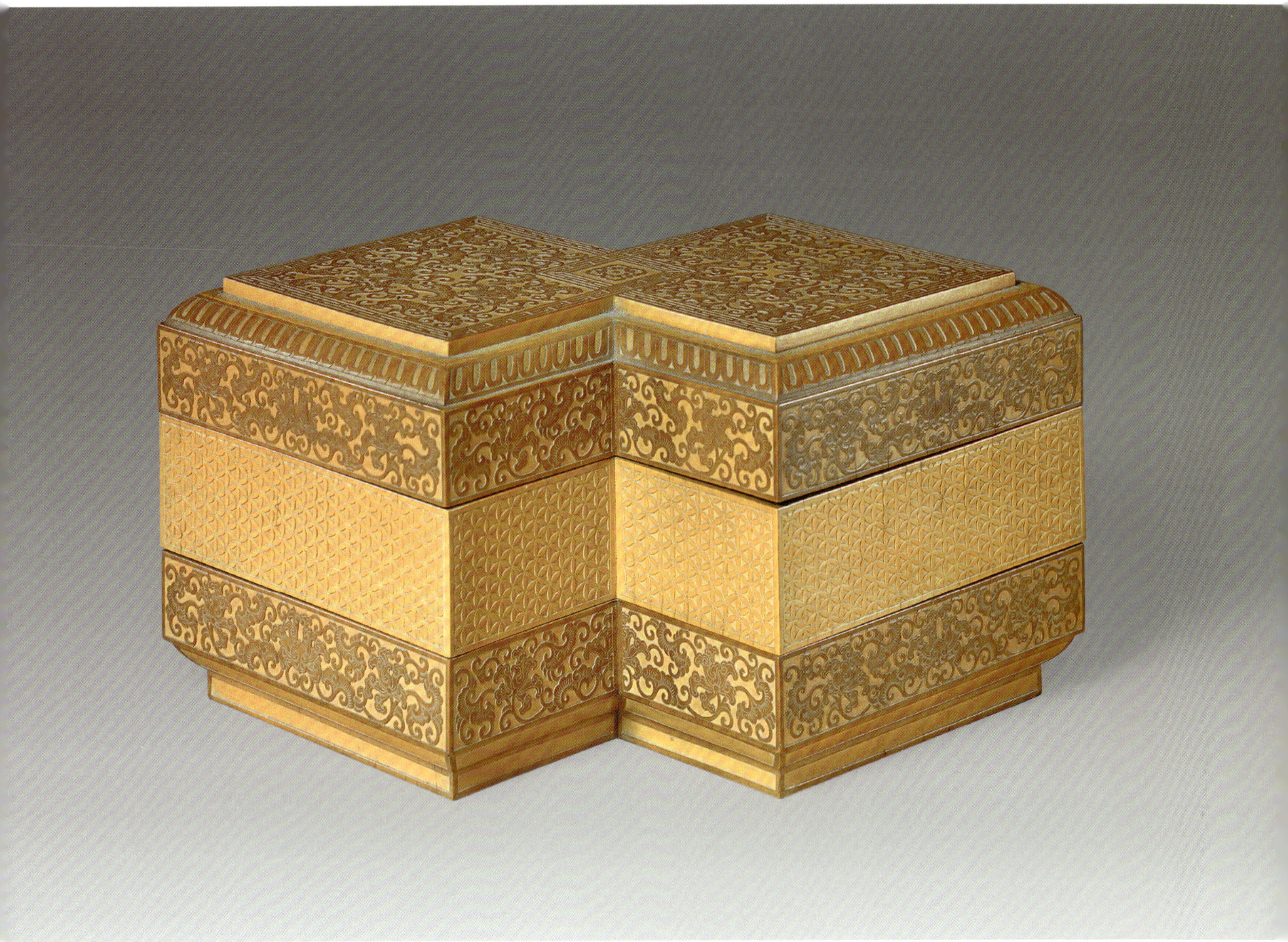

一八五　文竹方勝式雙層盒　清

一八六　文竹春字四子盒　清

一八七　文竹嵌棕竹絲三層委角方盒　清

一八八　文竹嵌竹絲委角長方盒　清

一八九　文竹嵌棕竹絲暗八仙紋葵花式盒　清

一九〇　文竹嵌棕竹絲方勝式盒　清

一九一　文竹嵌竹絲鑲玉雙連盒　清

一九二　文竹雙蓮蓬式盒　清

一九三　文竹柿式盒　清

一九四　文竹嵌染牙雙桃式盒　清

一九五　文竹嵌玉佛手式盒　清

一九六　文竹嵌玉石八寶紋盒　清

一九七　文竹嵌玉雙層方盒　清

一九八　文竹嵌玉几式文具盒　清

一九九　文竹多寶格式文具盒　清

二〇〇　文竹書卷式盒　清

二〇二　文竹提梁小櫃　清

二〇一　文竹小四件櫃　清

二〇三　文竹竹節紋方筆筒　清

二〇四　文竹鏤空嵌玉方筆筒　清

二〇五　竹絲嵌文竹龍戲珠紋筆筒　清

二〇六　文竹良茗葉紋水丞　清

二〇七　文竹嵌棕竹絲唾盂　清

二〇八　文竹嵌玉石冰梅紋唾盂　清

二〇九　文竹壽字鼻煙壺　清

二一〇　文竹夔龍紋六方瓶式鼻煙壺　清

二一一　文竹良茗紋海棠式盤　清

二一二　文竹夔紋四合如意式冠架　清

二一三　文竹嵌玉靈芝寶瓶八方冠架　清

二一四　文竹嵌牙夔鳳紋菊瓣式冠架　清

二一五　文竹嵌竹絲冠架　清

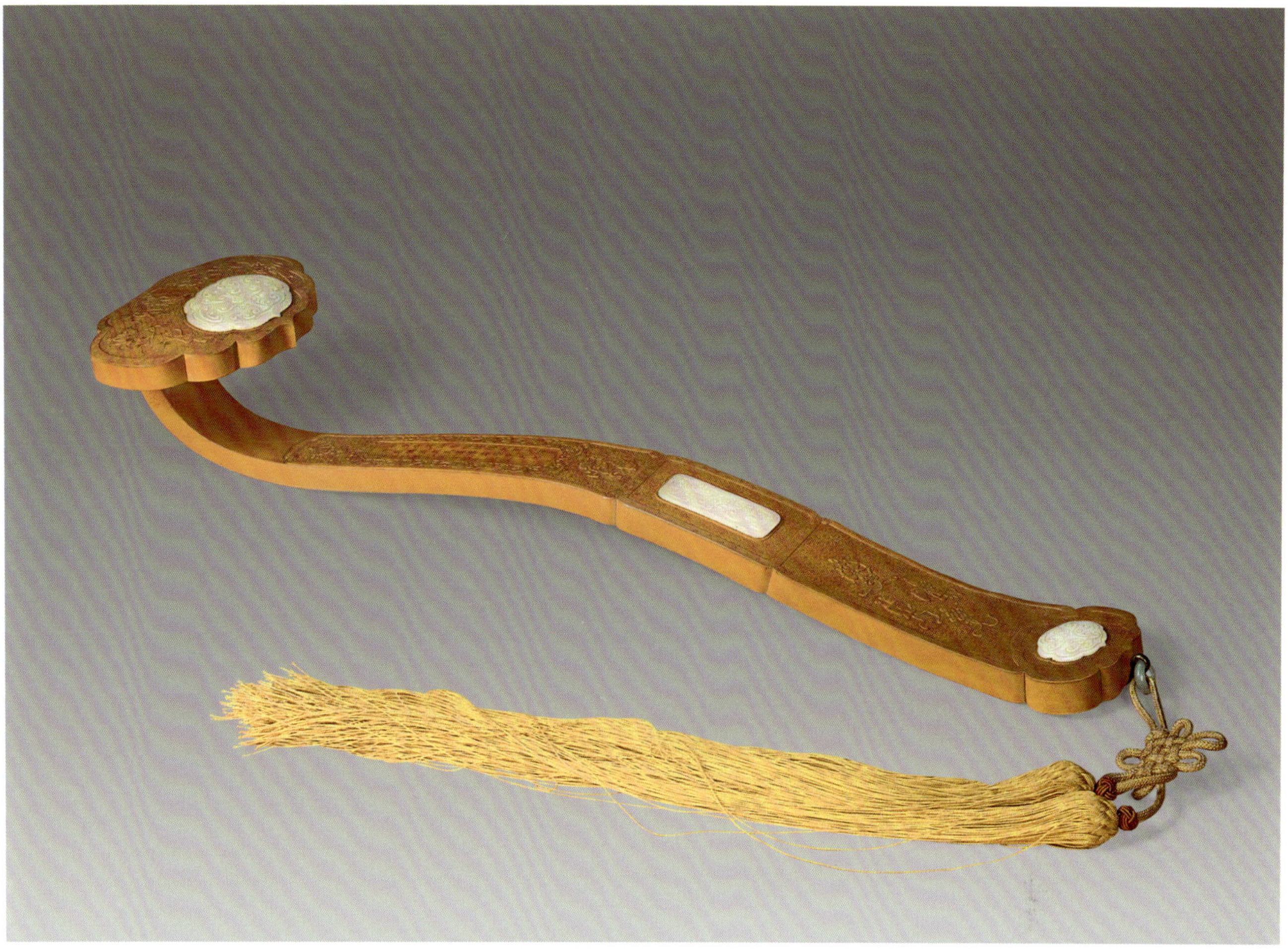

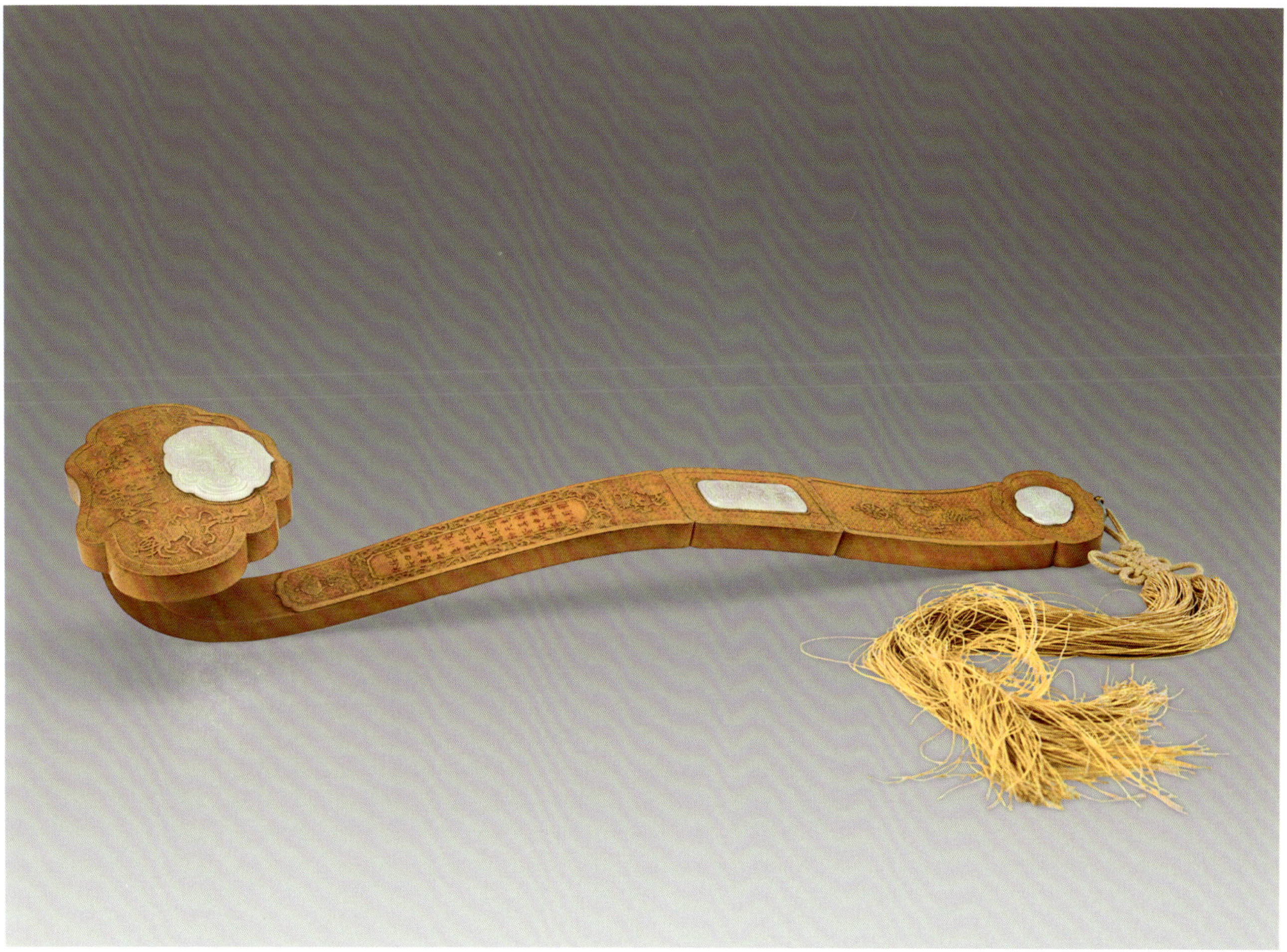

二一六　文竹嵌玉刻御製《福星贊》如意　清

二一七　文竹嵌竹絲冰梅紋兩鑲如意　清

二一八　文竹嵌竹絲鑲玉如意　清

二一九　文竹纏枝蓮紋鞘象牙裁刀　清

二二〇　棕竹嵌玉葵花式盒　清

二二一　棕竹葵花式盒　清

二二二　棕竹大筆筒　清

二二三　棕竹七佛缽　清

二二四　文竹刻人物題詩方筆筒　清

圖版説明

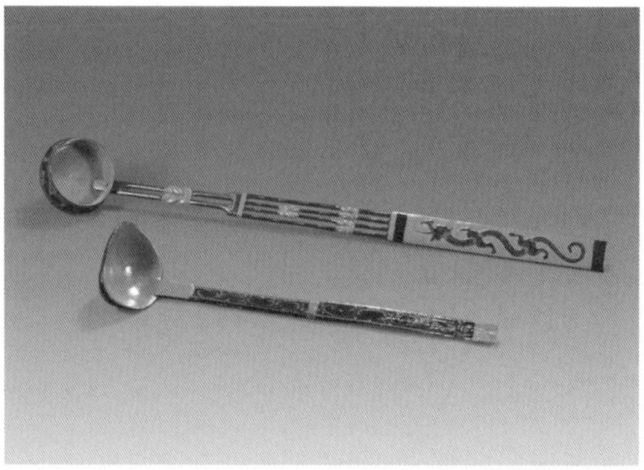

一　竹胎彩漆龍紋勺　西漢

長六四・二釐米

一九七二年長沙馬王堆漢墓出土

湖南省博物館藏

漆勺，為現知時代最早之竹雕，一器兼備浮雕、透雕兩種技法。明清竹雕每用竹節橫膈作器底，亦已見用於此時。

《長沙馬王堆一號漢墓・上集》描述此勺甚詳，錄引如下：二件。出土於北邊箱。竹胎。鬥以竹節為底，成筒形；柄為長竹條製成，接榫處用竹釘與鬥相聯結。鬥內紅漆無紋飾，外壁及底部黑漆地，分別繪紅色幾何紋和柿蒂紋。柄的花紋分三段。近半一段為一條形透雕，上為浮雕編辮紋，髹紅漆。中部一段為三條形透雕，上有浮雕編辮紋三個。柄端一段紅漆地，上面浮雕龍紋；龍身繪黑漆，鱗爪描紅，作奔騰狀。

（王世襄）

二　竹雕松鶴圖筆筒　明

通高一七・八、口徑一四・九釐米

南京博物院藏

扁圓形，整體呈蒼松巨幹之橫截段。雕刻松皮斑駁，癭節顯突。主幹上攀附松枝數竿，粗細不一，皆蟠屈勁道。松針層層疊翠，鬱鬱蔥蔥。兩鶴立於松枝間，隔枝相對。整件作品刀法純熟洗練，紋飾細膩逼真。充分體現了朱松鄰竹刻藝術造詣之深湛。背面松皮卷脱處，刻陰文行楷款識：「余至武陵，客於丁氏三清軒，識竹溪兄，篤於氣誼之君子也。歲之十月，為尊甫熙伯先生八秩壽，作此奉祝。辛未七月朔日，松鄰朱鶴。」

（楊海濤）

三　**竹根雕佛手**　明

高一一釐米

故宮博物院藏

色作深褐，為折枝式雙佛手，均仰立，枝葉相連。佛手雖只二枚，但高低錯落，轉側不同，指裂開合，變化精微。兼之對竹根肌理善加利用，有巧作之妙，為同類題材工藝品中佼佼者。枝幹刻楷書「小松」款識。下承雲紋木座。

四　**竹根雕海蟾仙人**　明

高六釐米

故宮博物院藏

圓雕劉海以右臂為支撐，斜坐於地，寬衣右袒，咧嘴大笑，左手拈銅錢，似正逗引右膝上金蟾，動態、神情俱刻劃準確。右膝上金蟾後有剔地陽文篆書「小枀」款識。

目前已知有「小松」款的圓雕作品不止一件，雖真贗難辨，但其間有一些在表現技法及人物的開臉、神態的捕捉等方面有統一之處，似乎可看作為代表了朱纓的典型風格，或至少是接近晚明清初朱氏一脈圓雕之特點。

五　**竹根雕張果老**　明

通高一〇·二、像高九·五、寬七釐米

故宮博物院藏

圓雕張果老頭戴員外巾，手持漁鼓，穿平頭方靴，倒騎於毛驢上，身右側轉，毛驢亦作側首回應狀，雙目髹漆點睛，炯炯有神。在張果老的左腿衣衫處有「小松自玩」篆書方印。

（張林傑）

六　竹根雕戲猴人　明

高六·七、長七·五、寬三·五釐米

故宮博物院藏

圓雕一人，探首，含胸，斜挎囊橐，衣袂飛揚。觀其耳戴圓環、巾幗纏頭之裝束，似為婦人。右肩荷一小兒，挽袖跣足，手持蓮蓬。左手平伸，似本持物，臂上斜搭繩索，縛於大猿頸項。猿猴前爪牽扯繩索，扭身掙紮，而眼神則似在觀察周邊情況，警惕跳脱之狀，活龍活現。此作當依某故事或圖像而來，所本待考。其雕刻精細，人物形象、比例等刻畫，頗具特點。陰刻行書「小松」款，細如米粒，鐫於猿猴右臂上。

七　竹雕仕女圖筆筒　明

高一四·六、口徑七·八釐米

故宮博物院藏

色澤深紅，圓筒式，下承三矮足。外壁鏤雕仕女，頭戴風帽，手拈蘭花，傍石而立，身周洞石壁立，通透異常，古松穿岩而出，蟠曲矯健。松下石臺上淺浮雕杯、硯、盆景等案頭清供。石壁上陰刻行書：「萬曆甲寅（即一六一四年）秋八月」，旁刻「三松作」款識。另一側石上陰刻隸書填綠乾隆御題詩一首並「乾隆丁酉新月御題」九字，下有「乾」、「隆」二小印。按丁酉即一七七七年，該詩見《御製詩集》四集卷五十五，原題《詠三松竹刻筆筒》，全詩及原注如下：「不期精細期蒼古，以樸因之歷久存（萬曆甲寅至今蓋一百六十餘年矣），生面略殊倚修竹，幽蘭在手默無言（刻美人把蘭朵），創為鄰鶴有來由（鄰鶴，朱松字，三松之祖也），善畫而今畫少留，刻竹依然傳片羽，可思業亦貴箕裘。」

朱三松，名稚征，與其父小松、祖松鄰（乾隆誤為朱松）合稱「嘉定三朱」，均為竹刻史上里程碑式的人物，而以三松成就最高，有出藍之譽。僅以此器論，集鏤雕、浮雕、陰刻等技法為一爐，精益求精，確實不同凡響。

八　竹雕泛舟圖筆筒　明

高一六・二、口徑一〇・九、底徑一一釐米

故宮博物院藏

圓體，三矮足，色深紅，器表潤澤光滑。外壁淺浮雕並陰刻漁村群賢遊船集會圖景，遠水彌望，雲煙繚繞，山峰夾岸，中景高帆勁鼓，似乘風疾行，與前景橋上縴夫之逆向用力恰成對照。岸邊有竹籬茅舍，老翁倚桌而坐，小兒憑窗，如眺景色。岩壁上陰刻行書「丁亥嘉平徵明戲作」，並剔地陽文篆書「衡山」印。左下方剔地陽文篆書「三松製」方印。外底陰刻單方圈篆書雙行「詒晉齋藏」印一。

詒晉齋主人為著名皇室書家成親王永瑆（一七五二——一八二三年）別號，此物或曾為其所藏。

其陰刻技法極精，能傳達筆墨之韻味。勾勒山石之線條，屈曲有力，如頓挫描畫而成，局部皴點、柳條與糙麻樹葉的處理，都極富表現力，而以横向棱道表現遮擋視野的雲霧的手法，更是以刀代筆的成功嘗試。加之曾經染色，凹陷處色澤沉着，對比強烈，畫意更濃。其構圖則在竹刻史上頗為流行，相似作品不之一見，不知是否如此作所示，本諸文徵明畫稿。

九　竹根雕和合二仙　明

高五・二釐米

故宮博物院藏

竹根圓雕二僧，乘於蓮瓣舟上。一僧坐船頭，手捧蒲扇，一僧踞船尾，以帚為槳。二僧滿面笑容，憨態可掬。蓮舟外側陰刻行書「三松」二字。雕工圓潤細膩，二仙不同凡俗之處躍然於觀者眼前，確非高手所不能為。

依人物之裝束、神態，可推知二僧乃唐貞觀年間台州奇僧寒山、拾得二人。據宋《高僧傳》所載，二僧狀若顛狂，寒山常「布襦零落」，「以樺皮為冠，曳大木屐」，動輒「呼喚淩人」，「望空漫罵」；拾得曾以杖擊伽藍神像，有「呵佛罵祖」之風。傳説中還有很多關於二人神跡的軼聞。民間造型藝術中，寒山常手捧一盒，拾得持一荷，以諧「和」、「合」二字音，寓同心和睦之意。清雍正十一年（一七三三年），朝廷賜封寒山為「和聖」，拾得為「合聖」，以示官方對民間信仰的認可。

一〇　竹根雕漁翁　明

高一三．五、足距五．六釐米

故宮博物院藏

竹根製，頭戴斗笠，身披蓑衣，足穿草履，手提小籃，籃中盛鮮魚一尾。一邊躬身冒雨前行，一邊舉起手於頦下，似正以長袖揩抹雨水。

此作刀工渾厚精湛，人物刻畫得細緻入微，栩栩如生。背後蓑衣上刻剔地陽文篆書「三松」款識。（劉靜）

一一　竹根雕松樹形壺　明

高一二．三、最大口徑八．四、最大底徑八．五釐米

故宮博物院藏

壺呈天然樹樁狀。作者採用深浮雕技法，以一節老松樹幹作為壺身，一側有枝沿樹身盤附而上蟠屈成柄，斷梗作流。壺蓋巧雕成枝葉狀，曲折如鈕且又與壺身枝幹相連。根據材料的自然形狀，精心設計，巧鏤細刻，樹身蒼古老屈曲，滿布鱗皮，並配以枝葉，精緻古雅。壺柄下方陰刻楷書「仲謙」二字款。

依款識，此壺當是金陵名匠濮仲謙的作品，約製成於明代萬曆，天啟時期（一五七三—一六二七年）。其雕刻較繁，與文獻中所記濮氏不施斤斧自然天成的風格稍有出入，但構思巧妙，工藝高超，還應歸入較為可信之列。（劉靜）

一二　竹雕八仙過海圖筆筒　明

通高一五·九、口徑一七·四釐米

南京博物院藏

筆筒主畫面為「八仙過海」圖。八仙以古松為槎，松枝為槳，雖處波濤洶湧之境，而泰然自若。盡顯仙風道骨。上端峰巒疊翠，怪石嶙峋。雲端裡壽星正乘鸞飛來，兩童子持杖相隨。背後山石刻款：「壬寅七月製奉昧翁詞丈六十壽。濮澄。」壬寅當為萬曆三十年（一六〇二年），此為濮澄早期作品的代表作。刻法用高浮雕，層次分明，構圖豐滿，刀工精細，技法雖與稱雄當時的嘉定朱氏相接近，風格卻豪放雄奇。濮澄中年以後，風格大變，喜淺刀簡刻，隨形賦意，創「金陵派」竹刻，這種豪放雄奇的高浮雕作品再也見不到了。（楊海濤）

一三　竹雕荷塘小景圖香筒　明

通高二三、口徑五·一釐米

故宮博物院藏

圓體，應用深淺浮雕、鏤雕等技法表現池塘小景，紋飾層次多至五六重，卻繁而不亂，穿插、避讓調度合理，主次分明。踞於荷葉上的小蟹為點睛之筆，為畫面增添了生趣。筒身兩端鑲牛角，並配花梨木頂托，一以蠟粘接，一留凸榫，可插接。此器雕刻圓熟，磨製細膩，不露刀痕，帶有鮮明的時代特點。

一四　竹根雕荷葉式杯　明

高八·三、口徑九·五釐米

故宮博物院藏

杯以竹根雕作折枝荷葉形，近底處雕一朵荷花。荷葉翻卷，花瓣舒張，蓮蓬飽滿。花葉淺雕，筋脈隱現。花瓣間隱一螃蟹，斂螯舒腿，如欲攀爬，頗有生趣。底足由荷花及葉莛盤曲而成，巧妙自然。杯內壁陰刻隸書五言題詩：「截得

青竹杆，製成碧筒杯，霜螯正肥美，我釀醉新醅。」及「萬曆庚辰（即一五八〇年）秋日墨林山人」款。近底處刻陽文「望雲」篆書印章款。

「望雲」當即嚴望雲（一作閻望雲）。據《蘿窗小牘》等文獻載，嚴為浙中名匠，善攻木，著名鑒藏家項元汴（號墨林）最賞重之，嚴為其「天籟閣」所製香几、小盒等諸器，傳世多被當作古玩珍藏。此杯亦曾見諸著錄，形制、題詩、款識俱相吻合，是竹雕作品中非常少見的。又，「碧筒杯」之來源，據唐段成式《酉陽雜俎》云，三國魏鄭公慤避暑於厲城，取荷葉為杯，以簪將葉刺穿，使與葉莖相連，從莖的末端飲酒，因而「酒味雜蓮氣，香冷勝於水」，稱為「碧筒」、「碧筒飲」，後世多有仿效。工藝中化用此意匠者亦常見，嚴作即為其中代表。

一五　竹根雕松紋杯　明

高九、最大口徑一〇·二、最大底徑七釐米

故宮博物院藏

杯身做古松老幹，浮雕松皮鱗片，節疤瘿瘤，底部生虬勁松枝，附著於其上，似為鋬形，其松針碩大，團簇相疊，縱貫大半杯身。此器風格灑脫豪放，刀工老練，粗中有細，是典型的明代風格。

（張林傑）

一六　竹根雕騎馬人　明

通高一九·九、長一四·九釐米

故宮博物院藏

圓雕一文士頭戴風帽，雙手掩於袖中，聳肩縮頸騎於馬背之上，馬兒雙目圓瞪，四足叉開，雙耳直豎，似遇極大阻力而裹足難行。根據表現內容推測其靈感應受韓愈詩「雪擁藍關馬不前」啟發。

（劉靜）

一七　竹根雕戲獅羅漢　明

高一九釐米

故宮博物院藏

羅漢坐於蒲團上，面容豐腴，隆眉高鼻，咧嘴而笑，憨態可掬。其耳戴金環、腕戴手鐲、袒胸披帛的形象，頗有胡人特點。一小獅伏於其腿上，靈巧可喜。人物形象誇張，而神態不失生趣，雕刻刪繁就簡，概括性較強。

一八　竹根雕采藥老人　明

高一八·四、底最寬一三·五釐米

故宮博物院藏

圓雕一老者坐於石上，額髡顴凸，弓眉漆睛，鬚髮細密，巾帕裹髻，着樹葉披肩及葉裙、芒鞋，腰系葫蘆，藥鋤斜倚身側，右手提籃，籃中滿盛靈芝。人物動態生動，雕工圓熟。這類采藥老人形象一說即漢代「不二價」之韓康。

一九　竹根雕臥獅　明

高四、長七·五釐米

廣東民間工藝館藏

臥獅豐顱闊鼻，瞋目而視。長尾歧分兩股，一股盤旋於胯側，一股橫貫獅口而迴轉於腮頰。造型古拙而意匠新奇。竹色深紫，稜角泯滅，自是數百年前物。

（王世襄）

二〇　竹根雕麒麟　明

高六·五、長八·九釐米

故宮博物院藏

竹根圓雕並染色。擷其前躬後踞，正欲起立之勢。其首向左側偏轉微昂，雙目凸出，張口作嘶鳴狀。腹部陰刻行書「三松」款。（張林傑）

二一　竹雕鍾馗掏耳圖筆筒　明末清初

高一五、徑一〇釐米

故宮博物院藏

圓體，三矮足。鏤雕及浮雕山石倒掛，松竹掩映，一老者斜坐於坡上，戴樸頭着朝服，一手執笏，一手拈小枝正在掏耳。但見其眉眼攢聚，目光斜睨，嘴角抽動，全神貫注，意甚陶醉，神態捕捉妙到毫巔。細審人物形貌，弓眉突顴，長髯及胸，耳毫逆生，神情放誕不羈，似為傳說中之鍾馗。

此作鏤雕工藝極佳，人物塑造尤其出色，已非一般文房玩物可比。

二二　竹雕劉海戲蟾圖筆筒　明末清初

高一一、口徑四·九、底徑五釐米

故宮博物院藏

筆筒較小而細瘦，平口，內外沿之間鏟出凹槽一周，下承三矮足。筒身以浮雕並鏤雕技法表現劉海仙人乘於三足蟾上，其下水浪翻卷，背後山岩嶙峋，溪瀑飛濺。鏤空人物輪廓，將其從背景中突出出來，頗具匠心。雕鏤層次清晰，刀法爽利，磨工精到，蟾蜍之口以陷地深刻為之，中含一珠，可左右滾動，十分巧妙。

二三　竹雕雅集圖筆筒　明末清初

高一三·四、口徑一二·九、底徑一二·七釐米

故宮博物院藏

圓體，口部內傾，下承三矮足。筒身鏤雕山間松下文人雅集事，共老者十人，童子三人，分作品畫、合奏、對弈三個場景。人物形象稚拙，雕刻簡潔有力，粗獷質樸，大面積鏤雕運用裕如。有陰刻隸書「王元作」款識。

二四　竹雕戲劇故事圖筆筒　明末清初

高一五·八、口徑一〇·四釐米

故宮博物院藏

筆筒為鏤空雕刻，內容或為戲劇故事，待考。松蔭下，丈夫於妻子身後，一手撫鬚髯，轉而回顧同行友人；妻子則攏袖垂首，依依惜別之情溢於言表。另有侍童手捧托盤，盛細軟物品，正回首招呼另一童子，那童子正提箪匣急奔而來。

此作品刀法渾厚，圓刀、平刀運用自如，顯示了作者高超的雕刻功力。

（張林傑）

二五　竹雕聽泉圖筆筒　明末清初

高一五、口徑九釐米

故宮博物院藏

筆筒鏤雕一老叟立於古松下，凝神側耳，不遠處山泉急勢而下，傾瀉於岩石上，激起浪花，似有泉水叮咚之聲。老叟身邊石上置書函、筆、硯、杯等，旁有一僕正揮扇烹茶。

用大片留白作山石之隔斷，山石作斧劈效果，松針細密，層次豐富，松幹則疏獷處理。整體藝術氣息濃厚，有較強的感染力。

（張林傑）

二六　竹雕赤壁圖筆筒　明末清初

高一三・九、口徑一〇・四釐米

故宮博物院藏

聳石峭壁，古松蟠虯。赤壁下，蘇東坡與佛印及友人圍坐舟中，品茗暢談。船頭有二童子，一人捧壺侍立，一人圍爐煮茗。船尾，二艄公緩緩搖櫓。江水清流，浪花急湍，仿佛水流有聲，極具動感。

全器構圖精巧，刀法渾厚，深刻兼鏤雕，為典型的嘉定派技法風格。

（張林傑）

二七　竹雕西園雅集圖筆筒　明末清初

高一五・一、口徑一三・五釐米

故宮博物院藏

筆筒為鏤空雕刻，畫面以山石、古松分隔為觀畫、題壁、對談、行路等主題，其中又以觀畫為主。古松下，一老者一手執畫一端，一手指畫面，首微左傾，似正在講解繪畫的精妙之處，旁邊諸人或凝神觀摩，或專注傾聽，意興盎然。

此作運刀純熟，主次分明，意境幽雅，可謂此時竹雕中的佳作。

（張林傑）

二八　竹根雕翼獸　明末清初

高一八・五釐米

故宮博物院藏

竹根圓雕，後足撐踞人立狀，前爪當胸，扭身回首，雙睛圓瞪，耳垂類犬，鼻似如意，巨口微張，齒尖半露，脅生雙翅，背披長毛，腹部橫紋頗似蛇虺，形態奇異。或以為並非完整獨立之作品，而為某神像陪襯，如觀音座下金毛吼之類，但亦僅限推測而已。左足外側陰刻行書「峪曾」，並剔地陽文篆書「侯」字小印，當為嘉定竹雕名家侯峪曾款識。

二九　竹雕留青山水樓閣筆筒　清

高一〇·三、徑五·九釐米

上海博物館藏

山坡夾徑，形勢陡斜，一側垂柳欹石，一側夾葉樹三五株。迎面石臺高築，屋舍三楹。循廊右轉，層樓旁通，凡甍瓦、榱角、闌干、窗欞等，鏤刻皆精。遠景崇岡如屏障，氣象不凡。刻者悉用留青法，藉竹筠、竹肌質色之異，使筆劃分明，工細如畫。

（王世襄）

三〇　竹雕溪山行旅圖筆筒　清

高一一、口徑五·二、底徑五·五釐米

故宮博物院藏

圓體，筒身修長，有三矮足。外壁用去地浮雕法表現行旅圖，一面崇山峻嶺間山路盤曲，主僕二人迤邐而來，上有古木煙嵐，下有怪石溪澗，另一面木橋上亦有控轡緩行的騎者三人。人物刻劃只存其形，山岩勾勒刀痕直露，利用竹表與竹肌不同色澤，以及地子粗糙肌理的對比，來區分紋飾層次，十分巧妙。陰刻隸書「溪山行旅」並楷書「石鹿山人李希喬製」款識。

李希喬，字遷于，號石鹿山人，安徽歙縣人，主要活動於清初的竹刻家，作品傳世絕少。

三一　竹雕二喬並讀圖筆筒　清

高一五·四、口徑一二·四釐米

上海博物館藏

此筒一面為二喬並讀圖；一面刻陽文七言絕句一首。圖中二人，一坐榻前凳上閱讀，右手支頤，左手執書靠在椅背上，雙足並疊，神態貫注；一坐榻端，右手執紈扇，睇視書卷。榻上置有花瓶、書、筆、墨、紙、硯、水盂、爐和鼎等，層次分明。筒刻七言詩：「雀臺賦好重江東，車載才人拜下風。更有金閨雙俊眼，齊稱子建是英雄」，款「吳子璠」，下有「魯珍」陽文印，右上方還有橢圓形「賓」陰文印一方。吳之璠字魯珍，號東海道人，清代早期嘉定著名竹刻家。他刻竹善取浮雕技法，所製人物、花鳥生動有致。

（王世襄）

三二　竹雕八駿圖筆筒　清

高六、口徑一四·八、底徑四·九釐米

故宮博物院藏

筆筒外壁以通景方式，刻八匹駿馬、七個人物，可分浴馬、飼馬、相馬三組。第一組：一老者跣足持韁牽馬出溪，二老者則側身坐於山坡之上觀望，身旁二馬一立一臥，憩息於坡草間；第二組：一老者持盆，蹲地飼馬；第三組：三老者於松幹之旁，居高臨下觀二馬翻滾、跳躍。水清松茂，人馬栩栩如生。岩壁上陰刻行書「吳之璠製」款。

（劉靜）

三三　竹雕松蔭高士圖筆筒　清

高一五·二、徑七·四釐米

故宮博物院藏

圓體，三矮足，筒身高挑輕巧。外壁以去地浮雕法，表現三株老松斜插入雲翳，松針亭亭如蓋。松根處半倚半坐一老者，寬袍大袖，扳膝昂首，縱目天外，意極陶醉，而筆筒上部淺浮雕流雲遮月，與人物目光相呼應，情境清朗富於書卷氣。去地浮雕技法極為純熟，在有限的高度內，劃分層次，如三株松樹的相互關係，近實遠虛，疊壓轉折，一目了然，人物姿態表情，也都處處精確，而器表年深日久，有紋飾處色濃，無紋飾處色淺，如運筆墨於畫布之上。松幹旁陰刻隸書「吳之璠」款識。

三四　竹雕僧人圖筆筒　清

高一七．三、口徑九．四、底徑九．二釐米

故宮博物院藏

筆筒橢圓形，鑲紫檀口、底，下承四垂雲足。筒身一面去地浮雕一荷杖僧，面如滿月，笑容可掬，手持念珠，肩挑蒲團，跣足而立。餘皆留白。另一面陰刻行書詩：「和尚肚皮如甕，眼見笑得沒縫，布袋朝暮提攜，手中不知輕重，問渠袋者何物？一氣陰陽妙用」，末署「吳之璠製」款。

此作所用為吳氏最擅之「薄地陽文」法，技巧成熟，風格突出，惟味詩意，所刻者應為布袋和尚，但荷物不諧，令人費解。

（劉靜）

三五　竹雕劉海戲蟾圖筆筒　清

高一四．五、徑一一．四釐米

故宮博物院藏

圓體，三矮足。以去地浮雕法刻畫二株松樹旁，劉海信步緩行，一手搦錢串並擔負長帚，帚上伏三足金蟾，一手持葫蘆。劉海敞衣袒腹，圍豹皮裙，跣足披髮，回首與蟾蜍對視，咧嘴而笑，憨態可掬。雕刻技法有粗獷處，如衣褶、松枝、帚梢等，大開大闔，線條峻急有力；亦有精細處，如髮絲、松鱗等，特別是以黑漆點人物雙乳，極為寫實。人物部分色澤與鏟去背景色之間，由於年深日久對比越強，是有意為之的成功處理。有填綠色陰文行書款識：「吳之璠製」及隸書御題詩句：「一帚掃清三界塵，戲蟾猶自不離身。還金篇與伊誰論，仿佛其人道姓甄。」並「乾隆壬寅御題」與「古稀天子」、「猶日孜孜」二印。按乾隆壬寅即乾隆四十七年（一七八二年）。該詩收入《御製詩集》五集卷二十四丙午年（乾隆五十一年，一七八六年）下，題為《詠吳之璠竹刻海蟾筆筒》。

三六　竹雕對弈圖筆筒　清

高一五·二、口徑一〇·五釐米

故宮博物院藏

筆筒下承三矮足。外壁一側圖案雕蒼松掩映，石壁間，溪水旁，二人對弈，一人舉棋不定，一人凝神審度，還有一人背向觀棋。另一側松林後的洞府中有一小童搦扇於爐前烹茶，爐火正旺，小童偷閒回首窺視。內室几案上置食盒、盤、壺之類。山溪一側岩石上刻陰文「戊午夏日吳之璠製」行書款。

此器所用亦為典型薄地陽文技法，於毫髮之隙，見微妙起伏，確可稱工致。

三七　竹雕松下高士圖臂擱　清

長二三·三、寬七·五釐米

故宮博物院藏

長形，覆瓦式，以陰刻及去地浮雕的技巧，表現岩壁罅隙間，泉水流瀉，松枝斜出，松針亭亭如蓋，其下一老者，負手漫步於崖岸邊，意態悠閒。其構圖深諳「一角」、「半邊」的畫理，給人豐富的聯想，也使紋飾的書卷氣更為濃郁。去地浮雕工藝熟練，山、泉、樹等，層次清晰，虛實遠近，一目了然。側邊石壁上陰刻行書「吳之璠製」款識並篆書「吳」字印章。

三八　竹雕滾馬圖筆筒　清

高一三·九、口徑一〇·一、底徑一〇釐米

故宮博物院藏

筆筒圓體，有三矮足。外壁減地浮雕一馬翻滾仰臥，奮鬣昂首，前足左曲，後足蹈空。旁立一騎士，意態從容。一動一靜，增強了畫面的戲劇化效果。筆筒另一面陰刻行書「生桃林之野，出頗黎之穀」十字，並題款：「嘉定王易撫趙松雪本，作於墨香小築之南窗，時年七十有六」。

王易，字右白，是嘉定地區著名竹刻家。依題銘之意，王氏此作是以元代畫家趙孟頫的繪畫為粉本創作的，不過，類似題材在竹刻中也已經有人嘗試表現，清初竹刻家吳之璠就有滾馬圖筆筒傳世，兩相比較，構圖頗似，運用的技巧也很接近，表明當時竹刻發展到一定程度，某些題材為竹刻家所熱衷，開始形成固定程式。當然，此筆筒很好地將浮雕與陰刻結合起來，刀法流利，具備一定的創作個性，在流傳至今的清代嘉定派竹刻中亦不失為優秀作品。

三九　竹雕松蔭飼馬圖筆筒　清

高一五·二、口徑九·二、底徑九釐米

故宮博物院藏

圓體，三矮足。外壁雕刻古松山泉，松下立一健馬，圉人俯身推盆飼之。人、馬均選擇最難傳達的透視視角，卻能曲盡其態，顯示了竹刻借鑒繪畫後在造型方面所達到的高度。其主要表現技法為吳之璠所開創之去地淺浮雕——「薄地陽文」法，技巧精純；而其構圖也與前選吳作局部相近，可見竹刻粉奉的共通與傳承關係。

四〇　竹雕八駿圖筆筒　清

高一五·四、最大口徑一一·九、最大底徑一一·九釐米

故宮博物院藏

圓口，內傾，三矮足。通體去地浮雕紋飾，故口、足一周似微侈。紋飾為八駿圖，山間林地水草豐美之處，馬兒飲水、休憩、覓食，三人中一牽馬出水，二坐岸邊，意甚悠閒。畫面徐徐鋪展，過渡自然。構圖與前選吳之璠款作品十分接近，只是略去了飼馬、滾馬場景及一組人物，可能受到材料限制，亦可見此類題材中八駿是主要的，人物可以簡省。其技法亦用「薄地陽文」，但浮雕高度更突出，而岩洞深處，下剔多層，有陷地深刻之美。二作間之遞嬗變化關係，正體現了竹刻史發展的重要特點。

四一　竹雕捕魚圖筆筒　清

高二一、口徑七・三、底徑七・四釐米

故宮博物院藏

圓體，三矮足。筒身去地淺浮雕一漁翁弓身於水中以筌籠兜魚，腰懸魚簍，側首觀察似有所待。巾角微揚，與岸邊柳條飄拂正相呼應，熏風和暖中的田園野趣令人心醉。畫面簡潔，饒有韻味，薄地陽文技法精熟，而邊緣隱起雲氣、山巒並陰刻之鬚髯、柳條、遠處水紋等襯托紋飾主體，在很小的浮雕高度內顯出清晰的層次關係，所有淺槽均經細磨，融合為一整體，工藝極佳。此作雖無款識，但藝術水準較高，必是吳之璠一脈嘉定竹刻名手所製。

四二　竹雕呂仙醉酒圖筆筒　清

高一一・六、徑六釐米

故宮博物院藏

圓體，口微侈，三矮足。器身下部減地浮雕一老者，老者袒腹斜坐，酒甕傾倒，似未遺點滴。老者一臂搭酒甕，一手舉蒲扇，眯眼嘬唇，酒意正酣。人物神態刻畫生動幽默，場景集中，有大片留白，卻很好地突出了主題。另一面陰刻行書題銘：「昨夜群仙宴蓬島，霞漿瀲灩春光好，尋常一醉三千年，洞口桃花猶未老」，及「酉仙」款識。此類醉酒人物，一說即為八仙之一呂洞賓。

四三　竹雕和合二仙圖筆筒　清

高一四・七、口徑八・六、底徑九・四釐米

故宮博物院藏

筆筒圓筒式，內口剔去一周，成為雙層螺口狀，下配紅木底座，微突出，有三矮足。器表紋飾為減地浮雕和合二仙，以蓮瓣為舟，浮於波濤間。二仙髡首披髮，筋骨崢嶸，像貌高古。一右袒拄扇，跣足立於蓮舟上；一背向坐，揮帚為槳，水為之分。二仙相視而笑，如笑世人無知懵懂。筆筒另一面陰刻有「雲水逍遙人不識，蓮花一葉兩髯頭，辛卯秋日邵文右製」行書題識。

其減地浮雕法應用純熟，蓮舟人物陽起頗高，卻不嫌突兀，妙在雲氣水紋的自然過渡。恰到好處的陰刻與留白，增添了紋飾的層次感，也給觀者留下了豐富的聯想空間。

作者邵文右待考。觀其技藝，似有吳之璠「薄地陽文」韻味，恐即為其後嘉定名手。

四四　竹雕仕女並讀圖筆筒　清

高一五、最大口徑一〇．七、最大底徑一〇．六釐米

故宮博物院藏

圓體，三矮足。以去地高浮雕法刻劃芭蕉葉下二女並讀於繡榻之上，榻上擺設花觚、書函等物，閨中永日，借此消磨，其情其景，不失清雅格調。

此器構圖、技法與前吳之璠之作如出一轍，可見吳氏一派之影響。

四五　竹雕竹枝圖筆筒　清

高一四．六、徑六．九釐米

故宮博物院藏

圓體，頎長優雅，口沿過渡圓滑，略內傾，足卷唇式微凸。器身淺浮雕折枝竹枝一束，餘皆留白。竹葉多轉側重疊，而透視關係卻處理得清楚明確，葉片細部的蟲蝕缺損，均極傳神。雖只表現疏竹一蓬，卻富於動勢，總體效果如運筆墨線雙鉤而成，有宋代畫竹名家李珩法度。而其於極淺薄的高度內運籌豐富的層次和位置關係，刻工不俗。竹枝旁有陰刻隸書：「仲謙手治」款識。

「仲謙」即濮仲謙。其竹刻風格眾說不一，要之有二，一為「用竹之盤根錯節，以不事刀斧為奇」，即重視選材，隨形施刻，刀法簡潔；另一為「滅盡斧鑿痕」的「水磨器」，即淺浮雕而經細磨，紋飾若隱若現。此作與後一種記載接近，纖雅細膩，奏刀審慎，不失為一件精品。

四六　竹雕騎士圖筆筒　清

高一三·一、口徑七·二、底徑八·二釐米

故宮博物院藏

圓體，鑲牛角製底，三矮足。筒身減地淺浮雕一武士躍馬賓士的情景。駿馬四蹄掀動，武士挺身回首，雙手捧瓶傾倒，水流下注。馬蹄四周以淺陰線刻雲煙烘托聲勢，頗為精彩。紋飾線條洗練，動態準確，如手指、衣紋、樸頭雙腳等局部處理，亦具匠心。

四七　竹雕滾馬圖筆筒　清

高一四·四、口徑六、底徑七·二釐米

故宮博物院藏

圓體，近底一周微凸，三矮足。器表減地淺浮雕一健馬突睛奮鬣，前蹄轉側，後蹄蹈空，正翻滾歡嘶，旁立一人，戴樸頭，着長衣軟靴，面帶微笑，躊躇滿志，一動一靜，畫面頗有張力。運刀如簡筆畫般，點到即止。

這類滾馬題材在竹刻中較為常見，構圖均差相仿佛，使用技法亦接近，其問當有借鑒傳承關係。

四八　竹雕秋葵圖筆筒　清

高一三·七、口徑六·五釐米

故宮博物院藏

圓體，口唇微侈，三矮足。筒身去地淺浮雕折枝秋葵，花枝纖弱，花朵妍美，刻劃工謹準確。一面陰刻行書詩句：「不待春宮羯鼓撾，開成五色海天霞，劉家土地今何在，種得閒花是項家」。後署「辛醜春日，莫遠」。

四九　竹雕白菜筆筒　清

高一七·三、口徑九·四、底徑九·二釐米

故宮博物院藏

筆筒作白菜形，筒壁雕菜葉四重，內如剜出菜心，內壁有剔除之螺旋節痕。菜葉脈絡清晰，刀痕宛然，邊緣翻卷自如。平底，近圓形，雕作根鬚溢出土面狀。外底有陰文「封錫爵」三字圓形款印。

封錫爵為清早期竹刻名家，擅名一時，而作品存世極少，從這件白菜筆筒可略窺其雕刻造詣之一斑。

五〇　竹雕指日高昇圖筆筒　清

高一五·一、徑一〇釐米

故宮博物院藏

圓體，以去地高浮雕技法表現山水人物，溪水邊松蔭下二人相向而立，背向者一手虛指雲端，正向老者斜首作遠眺狀，旁有一小童負書觀望。依圖紋揣測，或有指日高昇的吉祥寓意。背面山石下角陰刻隸書：「壬寅五月侶梅居士清玩」及「封錫祿刻贈」款識。

此作去地浮雕法應用熟練，與陰刻法結合，可以鮮明地區分出高低不同的多個層次，狀物寫人均能應付自如。雕刻大刀闊斧，刪繁就簡，但刀不苟下，每個線條都具表現力。

封錫祿，字義侯，晚號廉癡，清康熙時嘉定縣人，是嘉定著名竹刻家。兄錫爵，字晉侯；弟錫璋，字漢侯，兄弟三人皆精竹刻，號稱鼎足，其中又以義侯為傑出。康熙四十二年癸未（一七〇三年），義侯、漢侯同時入京，以藝值養心殿，名乃愈噪。義侯擅長竹根人物，所刻梵僧佛像，就材設計，使人見到儀態凜然。所刻散花天女、采藥老翁，衣紋飄忽，神態瀟灑，優美動人。

五一　竹根雕羅漢　清

高一五釐米

上海博物館藏

羅漢坐石上，聳肩伸臂，叉指下按，張口閉目，困倦思伸，呵欠忽作，其一剎那之神態，竟被刻者盡攝刀下，以致足指叩、翹之微細動作，亦攫捉無遺。傳神之妙，嘆為觀止。款在背面左下石上，陰刻「封錫祿造像」五字。所見署名義侯之作，可信必眞者僅此一件，彌足珍貴。

封氏昆仲，金元鈺推崇義侯。取此像與晉侯晚崧形筆筒相比，其高下難易，判然易見。

（王世襄）

五二　竹根雕布袋和尚　清

高七・二、底徑一〇・四釐米

故宮博物院藏

布袋和尚盤膝曲腿，席地而坐。其神態縮頸聳肩，眯眼聳鼻，笑意滿面，十分生動。袈裟寬大，袒胸露腹。身側二小童，一伏布袋上，一向腹部攀爬。布袋和尚右手握一大珠，左手撫童背。陰刻行書「封錫祿製」款識在其背後左下側。

此作刻工精妙，人物形象掌握準確，尤其是布袋和尚眉、眼攢聚，似其癢難耐狀，惟妙惟肖，趣味盎然。

（劉靜）

五三　竹雕迎駕圖筆筒　清

高一六・四、最大口徑一〇・八、最大底徑一〇・九釐米

故宮博物院藏

筆筒呈扁圓形，下承三矮足。採用高浮雕技法，刻山巒重疊，壑深林密，溪水蜿蜒，奔流潺急，岸邊一文士攜童向空中拱手為揖，而青嶂翠壁間，雲煙騰湧處，華蓋車輦隱現，輦中貴婦或為王母，旁列眾女，或掌扇，或奏樂。空白處留有陰刻「己酉仲夏，顧宗玉製」雙行隸書款識。

顧宗玉，名玨，是清代早期嘉定地區竹刻名家。此作刀法靈透，構圖緊湊，層次分明，毫無滯澀之感，確是一件優秀作品。

（劉靜）

五四　竹雕八駿圖筆筒　清

高一六、口徑一四·八、底徑一四·九釐米

故宮博物院藏

圓筒式，鑲紫檀木口、底，下承三矮足。外壁浮雕峭壁流泉、松樹人物及駿馬。以山壁為界，將畫面分為浴馬、飼馬、相馬等三組，與前吳之璠等所刻屬同題之作，構圖極似，唯滾馬前多一立人，共得八駿八人，細節各擅勝場。浮雕較高，樹枝及馬腿等處運用鏤雕，層次更為多變，運刀靈活，刻工深峻，琢磨圓渾，也是清代早期竹雕中的精品。

（劉靜）

五五　竹雕五老圖筆筒　清

高一七·二、口徑一三·六釐米

故宮博物院藏

筆筒鑲口嵌底，有五矮足。外壁以高浮雕為主，輔之淺浮雕，陰刻等技巧，表現林泉深處五位高士的閒適而優雅的隱逸生活。其中二人立於松林中，一拄杖，一倚樹，視線所注則是另一側溪岸邊或提筆欲書、或展卷觀賞、或枕書回首的三人，又雕二童分別捧書抱琴，侍立一旁。

此筆筒人物、景物刻劃細膩，且通過表層及竹肌的不同色澤與紋理，恰如其分地表現出圖紋的豐富層次。特別值得注意的是倚松而立者，姿態極似舊題五代韓混所作《文苑圖》中的局部構圖，這給作品增添了更多可資玩味的細節。

五六　竹雕狩獵圖筆筒　清

高一七·三、口徑一六·二釐米

故宮博物院藏

筆筒鑲紫檀木口及底，下承三矮足。采通景形式，用高浮雕和鏤雕等多種技法，刻狩獵圖，將清初女真人的生活習慣與帝王貴族每年於秋冬季節在皇家園林圍獵的情景真實地記錄下來。圖中山深林密，怪岩重疊，古松奇藤蒼勁，楓桐濃茂，遠近疏密，錯落有致。獵手策馬馳騁，雄鹿驚竄，獵犬尋蹤。人物、馬匹、動物的神態表情，細緻入微，鬚眉毫髮畢現，栩栩如生，為嘉定竹刻高手所製。

（劉靜）

五七　竹雕教坊伎樂圖筆筒　清

高一四·六、外徑一四·四、內徑一一釐米

黃山市博物館

筆筒圓體，色作深紅，鑲木口。外壁紋飾滿密，以高浮雕為主，鏤刻深可數重，繁復精密。刻畫苑囿間，樹木繁茂，枝葉陰蔽，一老者斜坐於石臺邊，低垂眼瞼，似正出神，石臺後立三女各執笙、笛、拍板，演奏方酣，而面前空地上一盛裝女子旋身回首，飄帶輕揚，似趁樂疾舞。另一面欄桿曲折，二女緩步而來，樹下石畔有二兔相互嬉戲。人物動靜各異，頗能傳神。面部雖多側向，但因高起已近圓雕，故內面之側臉亦得以表現，增加了更多耐人尋味的細節，也可見其工藝之精能。

五八　竹雕修書圖筆筒　清

高一六·八、最大口徑一五·七、最大底徑一五·九釐米

故宮博物院藏

圓口，三足，鑲紫檀底，亦有三雲頭足。筒身浮雕庭苑中桐蔭匝地，松、竹、芭蕉茂盛，湖石高大，自軒窗中可見一書案，案上紙硯俱全，婦人坐於案後，搦管沉吟，似有萬語千言卻無從落墨。旁立一僕，屋側簷下一侍女奉茶，緩緩而來。其紋必有所本，一說為《西廂記》中場景。而其為敷演戲劇、小說情節而來，當無疑問。或竟有版畫插圖之類為依據，也未可知。

此作紋飾繁縟，密不透風，浮雕較高，人物已近圓雕，池水只用陰刻，層次豐富，對比強烈，刀法深峻，是一件具有清早期嘉定竹雕風格的作品。

五九　竹根雕松鶴天然式筆筒　清

高一六·八、最大口徑一四、最大底徑一三釐米

故宮博物院藏

取肥厚竹根隨形雕作一老松巨幹，松枝斜伸於口旁，二鶴立於松蔭下，有松鶴延年之吉祥含義。紋飾浮雕較高，局部運用鏤雕，風格粗獷有力。口部俯視呈不規則月牙形，不便使用，故其內特嵌入隨形錦屜，上留三孔，可以插筆。

六〇　竹雕竹林七賢圖筆筒　清

高一六、口徑一五·五釐米

故宮博物院藏

筒式，三矮足，雕山水人物景。人物或峭壁題詩，或蕉蔭松下揮毫，或竹林休息，或溪邊彈奏，各得其樂，表現了逍遙自在的隱逸生活。採用深刻兼鏤空的技法，以山石樹木分隔，高低錯落，人物雖多，佈局疏密有致，是清早期竹雕典型的表現手法。

（張林傑）

六一　**竹雕觀瀑圖筆筒**　清

高一五·五、口徑一二·一釐米

故宮博物院藏

筒身雕觀瀑圖。遠處雲端，紅日初昇，峭壁林立，山勢奇峻，一掛瀑布順勢而下，隱沒於山石間，又突然呈現於眼前，三位老者立於松下，以手點指，侍童緊隨其後。整幅畫面意境幽遠，令人神往，有很強的藝術感染力。（張林傑）

六二　**竹雕仕女圖筆筒**　清

高一四、口徑九·二釐米

故宮博物院藏

筒身雕庭院深深，美石玲瓏，曲欄玉砌，一女倚坐樹邊，右手持花，左手撫膝，其衣着華貴，雲髻高聳，華貴典雅。樹枝問，兩隻燕雀上下翻飛，如聞其鳴聲，其自由自在的歡悦，似正反襯了女子的孤單興落寞。

作品採用高浮雕技法，刀工熟練，特別是圓刀的應用更是精到，打磨滑潤，是清早期竹雕中的上乘之作。（張林傑）

六三　**竹雕劉海戲蟾圖天然式筆筒**　清

高一三·八、最大口徑一一·九釐米

故宮博物院藏

筆筒口部近「凹」字式，為取近根處竹幹隨形雕刻，外壁分別在兩個突出部分雕刻劉海與金蟾相對：一面樹蔭下，劉海足踏石上，手提衣襟，欠身前探，右手伸出，手捧銅錢，憨態可掬；另一面蟾蜍如被逗引，作勢欲躍，極為生動。

此器去地浮雕技法純熟，人物近於圓雕，樹枝採用鏤雕，局部空洞略加琢磨，巧妙利用了竹節的自然形態，增加了整體裝飾的趣味性。

六四　竹雕西園雅集圖筆筒　清

高一五・二、徑一二・八釐米

故宮博物院藏

圓體，後鑲木口，口沿嵌銀絲回紋帶為飾，三矮足。鏤雕西園雅集故事，人物共八人，並童子四人，仕女二人，可辨識者唯戴東坡巾之蘇學士與佛印二人。人物分作四組，或品畫，或題壁，或言談，或吟哦，間以松樹、巖石，其構圖、表現手法及人物設置均為同類題材作品中比較富於典型意味者。口沿頂部鑲嵌銅片隸書詩一周：「御製題西園雅集圖：諸賢高致遙堪想，二李風流近可尋，一例賢園會賓從，聲華底事到於今。」按該詩見《高宗御製詩集》二集卷五，為乾隆十三年（戊辰）作，原題為《題丁觀鵬西園雅集圖》。

六五　竹雕爛柯圖筆筒　清

高一〇・五、最大口徑五・五、最大底徑五・八釐米

故宮博物院藏

圓體，較細瘦，口邊內傾，三矮足。筒身以多層鏤雕法表現山林溪澗深處，二老者對弈，旁一青年觀棋，另面有小童煮茶奉盤。這類觀奕題材所表現的典故，以王質爛柯或趙彥求壽為最著，而此筆筒上旁觀者懷中長物應為扁擔，則其為樵者王質當無疑問。紋飾細節處理纖毫畢現，鏤雕技法亦精，表層手摩處與下陷諸層色澤已有深淺之別，層次遂更為清晰，立體感亦更突出。

六六　竹雕竹林七賢圖香筒　明

高一九・五、口徑五・八、底徑五・八釐米

婺源博物館藏

此香筒運用浮雕、透雕等技法雕刻魏晉時「竹林七賢」隱逸的生活場景。山前竹林深幽，枝繁葉茂。竹林中七賢或立或坐，聚於林中，神態安詳，栩栩如生，整體和局部達到了高度的和諧統一。

（詹祥雲）

六七　竹雕人物故事圖香筒　清

高二三·一、口徑四釐米

故宮博物院藏

香筒中部作鏤空滿雕，雕文武官員、番人引獅象、婦人騎行等，其間滿布各種樹木花草，所示故事待考，一說為文姬歸漢圖。邊緣以回紋為地，上飾螭虎紋。有「程聖瑞製」篆字方章一枚。配有紫檀木頂托。

此作品通景雕刻，佈局繁瑣，雕工極盡精細之能，顯示了較高的雕刻水準。

（張林傑）

六八　竹雕赤壁圖香筒　清

高二一·四、口徑四·二、底徑四·二釐米

婺源博物館藏

此香筒運用浮雕、透雕等多種技法雕成。傳神地刻劃用蘇東坡遊赤壁的情景，頂端鑲犀角，末端包銅片。刀法渾厚流暢，線條纖巧，精美絕倫，為嘉定派竹雕的代表作品。

（詹祥雲）

六九　竹雕羲之題扇圖筆筒　清

高一四·六、口徑九·九釐米

故宮博物院藏

圓體，筒壁較薄，鑲木口，微侈，缺底，原應配木座，尚留接榫痕一周。筒身滿飾紋飾，以鏤雕及淺浮雕為主要表現技法，一面刻畫一文士坐於榻上，一手持扇，一手搦筆，似正題字，旁女子奉茶侍立，另有鶉衣婦人提插扇竹器相候。背面雕池中二鵝遊弋，一小童洗硯池邊，一小童搧火烹茶，空中雲氣氤氳，白鶴翔舞。湖石上陰刻篆書「小松」款識。其內容似為敷演王羲之生平軼事而成。雕鏤雖淺而層次井然，大面積錦地屏風及松鱗、松針等表現手法，均較罕見。依風格而言，創作年代似為清中期或稍早。

七〇　竹雕留青人物樓閣圖筆筒　清

高一一、最大口徑六．五釐米

故宮博物院藏

略呈橢圓體，器表以留青法刻畫臺閣一角，欄板旁，一華服老者乘於馬上，背後立掌扇侍者，二人目光所聚為一背向捧劍侍者。臺閣大部為巉巖松柏所掩，遠處雲煙繚繞中尚有畫棟飛甍、樓臺望柱依約隱現。

其留青技法純熟，直以青筠為墨渲染潑灑，如雲霧以陰刻勾勒，用青筠沿竹表皮縱向肌理留出參差的邊緣，營造出水墨自然濡濕的效果。而山石的苔點、樹身的質地、人物的面部衣飾，都宛如筆劃，充分展現出留青工藝的魅力。

七一　竹雕留青煉丹圖筆筒　清

高一一．一、口徑五．五釐米

故宮博物院藏

圓體，口沿微內斜，三矮足。以留青法表現一老者抱膝坐於湖石上，面帶微笑，長髯及胸，廣袖寬衣，跣足着草鞋，羽扇置於身側，神態悠閒，衣着放曠。雙目注視石上三足獸耳爐及鼎鑊，水汽蒸騰而上，凝為雲霧，引得花鹿昂首仰視，似甚好奇。老者身背立一湖石，貫通構圖上下。

此作以青筠厚薄不同與反出之深色竹肌，形成複雜的層次關係，摹寫物象的透視疊壓靈活裕如，如人物面部結構，衣褶處理、扳膝斜坐的姿勢，鹿頸屈曲的動態，都十分準確自然。特別是根據材質本身的洞罅設計的湖石，變瑕疵而為焦點，是平面紋飾有了凸凹變化，其粗糙肌理也與留青的細膩構成對比，類似玉器工藝中「巧做」的意匠。其紋飾集中，以立石為界，戛然而止，富於畫意，在同類製品中是較為突出的一件。

七二　竹雕留青柳蔭洗馬圖天然式筆筒　清

高一三·七、口徑最大九釐米

故宮博物院藏

天然卷書式，截面近乎「凹」字形，左右對稱，曲線流轉，於選材上煞費周章。器口沿鑲嵌竹黃一周，顏色和諧，過渡自然。底部保留原有竹節橫膈，略加修飾，樸素卻非人工雕鑿可得。外壁以留青法表現柳蔭洗馬的情景。畫面於弧突部分徐徐鋪展，如畫卷般。柳樹旁，溪岸上，三匹健馬，或立，或臥，神態悠閒，動勢準確。溪水中一人高挽褲腿，手牽繮繩，馬則伸頸緩步，意態躊躇。以凹入部分為界，與浴馬畫面相對的是一馬垂首隱身於山巖之後，筆筒形制為裝飾紋樣增添了變化。

此器留青工藝極精，能於薄薄的青筠中區分出多個層次，表現物象的透視關係。某些局部的處理，如柳條、馬尾、溪水等部分，都禁得起推敲。特別是旋渦處輔以陰刻，草木中雜以淺浮雕，樹幹上略經染色等多種技法的配合，更為此器增色不少。

其題材可與前選吳之璠等作對比參照，從這種傳承借鑒中不難看到竹刻發展的某些規律。

七三　竹雕留青仙人圖臂擱　清

長二三·四、寬六·八釐米

故宮博物院藏

臂擱長形，覆瓦式，正面以留青技法描繪劉海、和合二仙等或浮沉波濤間，或坐於孤松下，或立於雲朵上，相互間互有呼應，並與背景的海水、崖岸、巉岩等構成完整的立軸式構圖，極富傳統山水畫的意境。

此作紋飾層次複雜，摹寫物件直似用筆墨點染鉤描，人物的衣褶及身體結構、樹木的枝葉、巖石的皴擦、水紋的流轉等部分，都刻畫得準確而傳神，充分展現出留青工藝與中國古代繪畫間的關係以及其本身獨特的藝術魅力。

七四　竹雕留青山齋待月圖臂擱　清

長二五・八、寬六・六釐米

故宮博物院藏

臂擱以留青法雕山水圖，峻峰突起，雲霧縹緲，下有茅舍一座，一位老者居其間。整體佈局得當，意境高遠，融繪畫於雕刻中，刀法純熟、老練，為留青中的佳品。

（張林傑）

七五　竹根雕松紋杯　清

高九・九、最大口徑一三・六、最大底徑八釐米

故宮博物院藏

略呈橢圓體，敞口，斂腹，隨形矮足，底微凹入。雕作松幹式，叫結勁健，老而彌堅，外壁高浮雕樹癭空洞甚醒目，鏤雕一枝呈杯把狀，向兩側伸延，松針密匝相疊，碩大如輪，鱗片大小錯雜，點綴空白。此器風格豪放瀟灑，運刀老辣，粗中有細。其造型則借鑒了當時較珍視的犀角杯之形態。

七六　竹根雕松紋洗　清

高九、最大口徑一一・九、最大底徑一〇・五釐米

故宮博物院藏

鉢式，口微斂，外底內凹，器表經染色，色澤深紅。身周浮雕松皮鱗紋，並鏤雕松枝虬勁，松針匝體，兩側松枝直深入口沿，使器型輪廓更多變化。在口邊及近底處的隙地，還雕松鼠六隻，若隱若顯，增添作品的趣味。

七七　竹根雕松紋水丞　清

通高七·二、最大口徑一·九釐米

故宮博物院藏

截取竹根雕為松幹式。略呈橢圓柱體，有不規則隨形起伏，平底，微內凹。口部較小，設計精巧，口邊陰刻及去地浮雕水紋，使其似樹椿積水的漩渦般開敞，引人遐思。又鏤雕松樹枝葉屈曲伸展，遮覆於口沿。針葉及鱗片雕刻纖毫畢現，富於質感。另一面則保留竹根天然形態，稍加打磨，恰成對比。

七八　竹根雕松紋水丞　清

高四·七、最大口徑三釐米

故宮博物院藏

以竹根雕成松幹局部，小口，狹長，如一處裂罅般。鏤雕枝葉三叢，布排於口兩側，有高有低，錯落有致，亦近於耳，便於拿取。下部似未經修飾，凸凹自然，竹根本身紋理與上部浮雕松鱗融合無間，極具裝飾意味。此器設計巧妙，裁剪得體，令人愛不釋手。

七九　竹根雕寒蟬葡萄洗　清

高五、最大口徑一五釐米

故宮博物院藏

葡萄葉形，微拳如掌，葉緣似指裂，成筆洗式樣。又於外底雕一小葉，以為底足，並雕折枝葡萄一束，藤枝相連。而其最吸引人處在於葉邊攀援的小蟬，蠢蠢欲動的足尖與輕薄的翼翅都刻畫得細緻入微。

此器靈活運用浮雕、鏤雕、陰刻等技法，工藝嫻熟，造型別致，是案頭清供中不可多得的佳構。

八〇　竹根雕殘葉海棠洗　清

高四・五、最寬八・五釐米

故宮博物院藏

竹根雕秋海棠折枝成柄足，一老葉捲曲成洗，內外葉筋分別陰陽細琢，真實自然。洗內鏤雕過枝海棠花朵綻放，佔據大半洗池。（張林傑）

八一　竹根雕荷葉洗　清

高三・八、最寬八・七釐米

故宮博物院藏

以竹根鏤雕捲曲荷葉一枚，並於其上雕蓮花、蓮藕、高粱、水草、螃蟹、青蛙、田螺等，雕工精湛，集多物於狹小空間之內，設計巧妙，動靜結合，充滿了愉悅和諧的生趣。（張林傑）

八二　竹根雕采藥老人　清

高一四・七、底徑一一・一釐米

故宮博物院藏

以竹根為材，運用圓雕和鏤雕等技法，表現一端坐的老者形象。老者挽髻長髯，容貌清臒，坐於玲瓏石上，衣擺下垂，露出健碩小腿，足蹬草履。其神態凝注，目視下方，似小憩，又似沉思。藥鋤斜倚身邊，一手持絛帶，一手扶花籃，籃中盛桃實、靈芝和花草等，似有吉祥寓意。

此作雕工精細，人物比例合宜，姿態傳神，雖無款識，當出自能工巧匠之手。

八三　竹根雕海蟾仙人　清

高一〇、最寬一二·五釐米

故宮博物院藏

竹根製，圓雕劉海戲蟾題材。劉海平頂披髮，斜眸大笑，右手撐地，左手捏錢，盤肱曲膝而坐，袒胸鼓腹，又與布袋和尚造型有相似之處。一三足蟾似被金錢所吸引，由其身左繞過葫蘆和靈芝，正向其膝上攀爬。

此像造型風趣精煉，衣紋舒展飄逸，技巧非常嫻熟，是竹雕藝術中的精品。

（劉靜）

八四　竹根雕東方朔坐像　清

高八·三、最大底座徑六·三釐米

故宮博物院藏

圓雕老者坐像，面容飽滿，隆頦彎眉，微含笑意，巾帕裹髻，廣袖深衣，一手支地，一手捧桃，一腿盤坐，一腿屈起。人物形象略有誇張簡化，但右肩因着力而高出，腰身略傾側的動態，把握卻極為傳神。而黑漆點睛，以細密陰刻線表現鬚髮等刻畫手法，也富時代特徵。

此種人物形象所表現者應即東方朔，據《漢武故事》載，東郡獻一侏儒，武帝召東方朔來看，侏儒指着他對武帝說：「王母種桃，三千年一結子，此兒不良，已三過偷之，失王母意，故被謫來此。」後世因有東方朔偷桃的典故，工藝美術領域作為吉祥題材引入，含有祈願長壽之意。

八五　竹根雕東方朔臥像　清

高九·三、最大底徑一一·七釐米

故宮博物院藏

圓雕東方朔斜坐於鏤孔湖石上，手持折枝仙桃。動態準確，衣紋流暢。陰刻鬚、眉、髮及額部皺紋，以漆點睛，眼眸斜睨，神情慈和，與作品之吉祥寓義恰相吻合。

八六　竹根雕醉翁　清

高六·九、最大底徑七釐米

故宮博物院藏

竹根製，以圓雕技法雕刻一老者，身着長袍，頭戴襆頭，滿腮長鬚，微闔雙目，左手搔耳，右手執杯，似醉非醉之狀躍然而出。人物所倚石壁後刻有篆體陽文「綿周」小方印，十分隱蔽。

封始豳，字綿周，號廉癡，是清代嘉定竹刻世家封氏傳人，著名竹刻家封錫祿之子。據載，其豪飲「如長鯨吸百川」，此像實有自況之味。其刻工縱逸流暢，不愧為高手之作。（劉靜）

八七　竹根雕和合二仙山子　清

高八·五、底徑七·三釐米

故宮博物院藏

竹根鏤雕玲瓏山石上，和合二仙嬉戲其間。一仙人坐於山石上，雙手持束蓮，俯身微探，笑容滿面；另一仙人則倚躺岩下，跣足疊腿，雙手握靈芝，左肘下靠圓盒。人物神態刻畫惟妙惟肖，顯示了作者的高超造詣。（張林傑）

八八　竹根雕劉海戲蟾山子　清

通高一二·二、高九·五、最大底徑五·三釐米

故宮博物院藏

圓雕小石山一座，其上斜生松樹一株，枝幹夭矯，山下空穴處，溪水汩汩而出，一蟾伏於岸邊，劉海斜坐於溪畔山下，笑容滿面，袒胸露肩，寬袍斜披，

神情、體態俱甚傳神。巖壁石紋層疊如斧劈，深具畫意。深紅竹色於象牙座映襯下，更顯沉着。此山子雖體量不大，但比例合理，修短適度，故意境開闊，不顯逼仄。

八九　竹根雕蟾蜍　清

高六·一釐米

故宮博物院藏

以竹根圓雕而成，突睛闊口，腮邊氣囊，頷下褶皺，誇張而傳神。踞地而坐，肌肉有力，似蓄勢待躍。眼瞳以深色木珠鑲嵌，炯炯有神。背後瘤凸依稀可辨，上負八隻小蟾，合「九」之數。小蟾姿態各異，在大蟾背上攀爬遊戲，初看似無規律，其實是對稱布排，足見作者的匠心。

九〇　竹根雕麒麟吐書　清

高一〇·七、最大底徑九·五釐米

故宮博物院藏

以竹根圓雕麒麟，立於山石座上，顧首回望，呼氣成雲，雲中托出書函。據《搜神記》中記載，孔子曾遇麒麟吐書並精讀之。故麒麟吐書是祥瑞的徵兆，寓意吉祥。

此作品精工細作，運刀自如，特別是祥雲的表現，玲瓏捲曲，動感十足。

（張林傑）

九一　竹雕松壑雲泉圖筆筒　清

高一四·九、徑一一·五釐米

上海博物館藏

石嶺嵯峨，洞窟深邃，山泉湧出，競瀉爭流，倏為大幅雲煙所蔽，自此瀰漫繚繞，盡情舒卷，谷為之盈，巖為之翳。構圖奇詭，丘壑不凡，自與疏林亭子，淺水遙山，大異奇趣，在芷岩所刻山水中，信是精心之作。

款識「乾隆甲子長夏，芷岩製。」甲子為乾隆九年（一七四四年）。

（王世襄）

九二　竹雕竹石圖筆筒　清

高一五·九、口徑一七·四釐米

南京博物院藏

此筆筒用寫意法淺刻竹石圖。山石嶙峋，芳草叢簇。數竿秀竹於山石間傲然挺立。背面襯托秋樹數株，葉落殆盡，更顯竹之生意盎然。畫面上端空白處陰刻行楷款識：「仿柯九思筆。芷岩製。」

周芷岩，名顥，字晉瞻，康熙二十四年（一六八五年）生，乾隆三十八年（一七七三年）卒。周芷岩自幼習畫，曾入王石穀門下，是清中期嘉定地區頗有影響的書畫家。他亦擅竹刻，能用刀如筆，不借稿本，隨意在竹上刻畫，皴法濃淡，自成妙景，創竹刻史上「平地花紋刻法」。

（楊海濤）

九三　竹雕山水雲蘿圖筆筒　清

高一四·二、徑一〇釐米

故宮博物院藏

圓體，下承三矮足。外壁純用陰刻技法，表現平湖漣漪，雲蘿滿坡，竹林叢生，臺榭掩映，人物憑欄遠眺。遠處山嶺連綿，雲霧低垂。以刀為筆，通過入刀深淺、輕重以及角度變化，配合精心打磨，傳達濃淡、幹濕、皴擦等筆墨效果。巖壁上陰刻「甲子夏月製於雲蘿深處」並「芷岩」行書款識。

周芷岩，工山水，善刻竹，尤長於陰刻技法，緣畫入雕，翻出新意，對清後期竹雕的發展深具影響，是一位里程碑式的人物。

九四　竹根雕天然式筆筒　清

高一一·五、徑四·五釐米

廣東民間工藝館藏

此件取材竹根數節，稍經裁剪揩磨，竟樸雅可愛。銘文刻在兩處蟲嚙瘢痕間：「虛其心，堅其節，供我文房，與共朝夕。」款「老桐」二字。潘西鳳號老桐，喜用廢棄竹材，削製成器。人謂濮仲謙治竹，「略刮磨之即巧奪天工」，亦可移贈老桐。

（王世襄）

九五　竹雕白菜圖筆筒　清

高一六·一、最大口徑一四、最大底徑一三·四釐米

故宮博物院藏

圓體，三矮足。一面以陷地深刻法刻劃白菜兩棵，菜葉舒卷有致，外無輪廓，有沒骨之意。表層磨光棱邊，與下陷之菜心部分的深峭刀法形成對比，加強了紋飾的表現力。另面陰刻行書詩句：「青青畦畔足娛情，試佐盤餐味最清，老去英雄思種爾，未妨學圃暫逃名」。末署「戊申夏日題，張陳典」。

竹質堅密熟舊，而運刀圓轉如意，物象雖簡，意蘊深湛，加之字體瀟灑暢快，文圖相得益彰，儼如名畫。

張陳典不知何許人，依筆筒圖文風格，推測戊申或為雍正六年（一七二八年）。

九六　竹雕草蟲白菜圖筆筒　清

高一四、最大口徑一〇·四、最大底徑一〇·六釐米

故宮博物院藏

圓體，底有三矮足。一面以陷地深刻法表現白菜兩棵，剔刻範圍自邊緣輪廓直至菜心，深可數層，透雕葉莖，三螳螂及小蟲藏於葉間，已近高浮雕，紋飾層次分明，玲瓏剔透，集中體現了陷地深刻「似陽實陰，陰中有陽」的裝飾效果，生動異常。另一面陰刻行書七言詩一首：「世人所畫我不愛，我所畫者惟有菜，宜濃宜淡本不拘，豈學臨窗用粉黛」，末署「西池沈全林」，並陰刻篆書「沈全林印」及剔地陽文篆書「榕盤」二方印，又陰文「華隱」引首印一。

沈全林，字榕盤，晚號西池老人，約活躍於乾隆年間，工刻花鳥，美髯而與周顥齊名，故有「榕髯花鳥芝髯竹，朱、沈風流續舊傳」的讚譽。

九七　竹雕蘭花圖臂擱　清

長二六·五、寬七·四釐米

故宮博物院藏

呈覆瓦式，正面陰刻蘭花一叢，根鬚裸露。在陰刻範圍內，又用去地浮雕法表現花葉的輪廓，巧妙地傳達前後疊壓的層次；花朵用陷地深刻，為視覺重點；地子的肌理與竹表的光滑有所區別，亦使紋飾的裝飾效果更為突出。不同深度與力度的陰刻構成對比，輪廓與花葉筋脈如濃墨勾描，而根鬚則似淡墨湮散，技法看似單調，實則精工細緻，顯示出竹刻在吸收繪畫的精神、表現筆墨的韻味方面所取得的高度成就。蘭花左下方陰刻行書「芷岩」二字。背面竹黃層上陰刻七言詩二首，其一：「玉女庭階次第開，鮫紈數尺為妝來，何勞更立朱幡護，任是風姨不敢催」，其二「燕泥影墜濕凝香，楚畹經過鬥蝶忙，如向東家入幽夢，儘教芳意著新妝」，後署「壬子秋仲詠蘭詩二絕」並「春江」及陰文篆書「王玘之

印」。

王玘，號春江，約為乾隆、嘉慶間人，《竹人錄》稱其工刻花卉，尤善折枝蘭，正與此作題材吻合，而其刻法與已知周芷岩作品卻頗有不同，故「芷岩」二字不可信可知矣。

九八　竹雕池塘小景圖筆筒　清

高一三．六、徑八．八釐米

故宮博物院藏

筒式，下承三矮足。外壁雕刻池塘小景，荷葉捲曲，立體感頗強，其中一片還伏一高浮雕螃蟹，生趣盎然。紋飾陽起卻並未高出筒壁，所用就是《竹人錄》裏命名的「陷地深刻」技法，似陽實陰，陰中有陽，配合局部的陰線刻及淺浮雕，變化多端，出人意表。加之摩娑日久，表面與下陷部分色澤有深淺之別，肌理有潤澀之分，更憑添一層趣味。此筆筒是文房用具中匠心獨運，別出心裁的作品。

九九　竹雕赤壁泛舟圖筆筒　清

通高一六、最大口徑七、最大底徑七．四釐米

故宮博物院藏

筆筒截面略呈不規則橢圓形，鑲木口，配三足木底座。筒壁一面刻畫赤壁夜遊圖景，巉巖峭壁下，雲水蒼茫，一葉小舟翩然駛入畫面，近岸處有竹葉數蓬。紋飾純以陰刻表現，線條長短、深淺、輕重等各不相同，如運筆墨，山岩勁挺如斧劈，水紋細淺似有似無，人物全無耳目，只勾勒輪廓，即如蘇學士，不過對東坡巾及鬚髯稍加強調而已。另一面陰刻楷書節錄《赤壁賦》，自「少焉，月出於東山之上」至「望美人兮天一方」止，後署「兩之」款。兩之為沈兼字，兼為明末清初竹刻名家，然依此作技法風格，似為清中期後，以陰刻法傳達筆墨畫意之潮流盛行時期的作品。

一〇〇 **竹雕牧牛圖筆筒** 清

高一四、最大口徑九·九、最大足徑一二·一釐米

故宮博物院藏

截取近根部竹壁較厚的竹節，保留天然形態，以高浮雕、鏤雕及留青等技法表現山坳中，石壁下，一牧童俯身坐於健碩的水牛背上，小牛犢臥於一旁，畫面技法多變，主次清晰，繁簡得宜，生趣盎然，細節的處理，如水牛瞳仁以犀角珠鑲嵌，極為傳神。雖無款識，卻是一件不可多得的精品。

一〇一 **竹雕竹林七賢圖筆筒** 清

高一五·八、最大口徑一四·四、最大底徑一四·四釐米

故宮博物院藏

筒式三矮足。外鏤雕蒼松叢竹，山石流泉，七賢或彈琴，或敘話，或閒步，侍者則煮茗、洗硯，追隨左右。山石上陰刻隸書七言詩一首：「嗣宗青眼攜子咸，叔夜舉白微醺酣，河內背立若後至，忘言之契遲何嫌？伶揮毫正訟《酒德》，秀罷佐鍛蒲葵拈，卿輩意複易敗耳，俗物由來有理談。」後署「乾隆庚辰（一七六〇年）御題」並填紅「古香」印。按該詩見《御製詩集》三集卷二，原題為《丁觀鵬竹林七賢圖》。

此作紋飾較繁，竹林鏤雕深密精巧，為清中期竹雕中有一定代表性的作品。

（劉靜）

一〇二 **竹雕桐蔭仕女圖筆筒** 清

高一五·一、最大口徑一四·五、最大底徑一四·一釐米

故宮博物院藏

圓體，平口，三矮足。外壁飾減地浮雕庭園景色，回欄曲折，水波瀲灩，繁茂樹蔭下，二女立於書案旁，案上陳列古琴、筆硯、香爐、花觚等博古文玩，頗

見雅趣。雕刻於口、底部最淺，而中部人物已近於圓雕，樹木則應用鏤雕來加強裝飾的層次和立體感。

一〇三　竹雕松蔭雅集圖筆筒　清

高八·九、最大口徑一〇·九、最大底徑一一釐米

故宮博物院藏

圓體，較矮，鑲木口、底。筒身浮雕文士五人，並童子二人，雅集於山林間，或揮毫，或展卷，或策杖徐行，或伏石臺觀書，以山巖、松樹、竹林為背景，竹竿處還使用鏤雕以增加變化。從構圖、風格等方面看，應為竹林七賢題材的一個變體。

一〇四　竹雕赤壁圖筆筒　清

高一三·三、口徑九·八、底徑一〇釐米

故宮博物院藏

圓體，鑲紅木口、底，略突出於筒身，三矮足。外壁浮雕蘇子泛舟赤壁圖意。人物概括，而情態儼然，巖石層疊，累累欲墜，有運刀如筆的從容。

一〇五　竹雕戲劇故事圖筆筒　清

高一三·七、口徑一〇·五釐米

故宮博物院藏

筆筒作淺浮雕，利用山石樹木隔為三組畫面：一組為一軍官騎馬，幾名胡人跪地；一組為婦人、小兒及侍從；一組為胡人牽馬而行。從三組畫面來看，可能描繪的是文姬歸漢的故事。

（張林傑）

一〇六　竹雕泛舟圖筆筒　清

高一一．二、口徑五．四釐米

故宮博物院藏

山間古松斜逸，青柳垂河，蘆葦間一葉小舟徐徐駛來，船上坐四位老叟開懷暢談，艄公一邊搖櫓，一邊側耳傾聽。不遠處樓閣中，坐一男子，正醉心飽覽山色美景。

作者用淺浮雕技法，融畫入竹，層次得當，意境優雅，是一件文房佳品。

（張林傑）

一〇七　竹雕東山報捷圖筆筒　清

高一六．五、口徑一三．七、底徑一四釐米

旅順博物館藏

竹製，口邊與底座嵌硬木，浮雕。雕刻內容取材於東晉時期「東山報捷」的故事情節。圖中懸崖陡壁，老松虬曲蒼勁，濃陰如蓋。二老者於石磐對弈，其中一人為謝安，觀棋者一人，侍女二人侍立於旁。峭壁的另一側，一騎執報旗疾馳而來。刀法嫻熟，佈局得體。

一〇八　竹雕竹林七賢圖筆筒　清

高一一．九、徑五．九釐米

故宮博物院藏

筒身較細瘦，圓口，三矮足。外壁光潔紅潤，色如蒸栗。紋飾主題為竹林七賢並童子共十人，分作二部四組。山巖、竹林、松樹及雲霧等景物為背景，如張

帷幕，又有開光似的突出作用。其中一部分三組人物呈「品」字型排列：四人聚攏於琴旁，旁二童烹茶靜聽，又一人倚書高臥；另一部分三人楸枰對弈，二部之間以挺直松幹為界。人物、景物集中於筒壁三分之二空間內，較為滿密，卻繁而不亂，井然有序。雕刻亦細膩精工，多用富於表現力的陰刻技法，去地浮雕已變薄，卻依然能區分出景物層次，竹林處甚至還局部運用鏤雕，以突顯竹竿叢生之空間關係。同時上部斜臥人物形體略小，似有照顧透視增加景深的考慮在。依風格言，此筆筒或為清中後期作品。今所見與其構圖、技法如出一轍者頗多，想來這一題材在當時甚為流行，也可見商業需求對竹雕工藝之影響。

一〇九　竹雕松溪放牧圖筆筒　清

高一一、最大口徑五·七、最大底徑五·八釐米

故宮博物院藏

圓體，三矮足，外壁光潤，色作深紅。筒身刻山林溪澗間，子母牛迤邐倦歸，牧童橫笛於牛背，頗有悠然自得之情。而背景雖空間有限，且純以陰刻為之，但層疊滿密，幾不容針，巉巖勁如屈鐵，古木深峻峭拔，動勢強烈，隱隱有鬱勃之氣，為常見之恬淡平和的田園題材增加了耐人尋味之處。雕刻有清中期嘉定竹刻風格。紋飾旁陰刻行書「陶村製」款識。

一一〇　竹根雕梅花圖筆筒　清

高一一·二、最大口徑五·八釐米

故宮博物院藏

筆筒為竹根鏤雕成老梅主幹形，發二枝，一仰一俯，相互呼應。梅花或含苞或怒放，花蕊細緻逼真，鏤雕附於幹上。

筆筒形體較小，但雕工精巧，為案頭陳設的佳作。

（張林傑）

一一一　竹雕文會圖筆筒　清

高一九·二、最大口徑一七·四釐米

故宮博物院藏

略扁體，上廣下仄，以近根處老竹雕鐫，竹肉肥厚，故紋飾層次豐富。口沿雕雲紋，細密如鱗，底部刻山巖瑞草。筒壁滿雕，主題為文人雅集歡敘，共刻畫三十九人，主要者亦達二十八人，場景及情節繁複，除正背二組人物於中部眾觀書畫外，尚有觀琴、講道、讀書、看景等多組。點景亦多樣，湖石芭蕉，竹林繁盛，亭榭玲瓏。局部人物、景物已為圓雕，細節刻畫不厭其煩，繁縛至極，帶有清中期竹雕的風格。依眾多人物中一為僧人，一戴東坡巾推測，或許表現的為西園雅集題材。

一一二　竹雕十二生肖圖筆筒　清

高一四·三、最大口徑一三·二、最大底徑一二·三釐米

故宮博物院藏

用天然竹根隨形雕成，配紫檀木底座。筒壁以高浮雕技法，表現層巒疊伏，奇石豎列，深壑清溪，蜿蜒流淌，楓、竹、花草參差錯落，並有藤蘿垂掛樹間。而十二生肖之鼠、牛、虎、兔、龍、蛇、馬、羊、猴、雞、狗、豬或立、或臥，或行、或坐，姿式各異，散佈其間。

此作壁厚筋顯，紋飾繁縟，刀法渾樸，但細審之下，卻也粗中有細，磨工十分周到，十二生肖只作為動物出現，不做神異之形，構思獨特。（劉靜）

一一三　竹雕赤壁泛舟圖筆筒　清

高一四．八、最大口徑一一．六釐米

安徽省博物館藏

該件竹刻用淺浮雕手法，描繪了蘇軾與兩位詩友乘一葉扁舟，出沒於驚濤駭浪，神態安然，品茗暢談，說古論今。「赤壁泛舟」圖出自北宋文學家蘇軾在三國赤壁古戰場緬懷古人、醞釀詩篇「赤壁賦」的典故。岸邊崖壁上刻有高鳳翰題識行書二十六字：「杭郡周先生刻竹，古秀宜人，此筒其手製也。乾隆戊子年阜左手識」。下署「松厓」，鈐印「寶」、「書」陰款。

（何立芳）

一一四　竹雕竹林七賢八駿圖筆筒　清

高一四．一、最大口徑八．九、最大底徑八．五釐米

故宮博物院藏

扁圓體，筒身微斜呈竹節式。外壁用淺浮雕技法，以山壁為界，將圖紋分為兩組：一面為竹林七賢，或題壁，或對弈，或痛飲，或相扶，並六小童追隨奉侍；另一面為松溪牧馬圖，馬共八匹，似暗指周穆王之八駿。山巖上陰刻篆書「尚勳」款識。

尚勳，約為嘉慶、道光時人，以善刻留青聞名，此作淺浮雕技法精純，圖案構圖緊湊，層次分明，確非庸手能為。

（劉靜）

一一五　竹雕放鶴圖筆筒　清

高一二．二、口徑六．二釐米

故宮博物院藏

圓體，三矮足。器表淺浮雕山水人物，雲氣繚繞，山巖高峻，如撐開帷幕，其間崖岸平曠，溪水潺湲，松竹掩映，下有柴扉半掩，門側岸邊，一老者一小童遙望天際，但見層巒之外，有白鶴悠然嚦鳴。畫面清新，如一幅描繪山居生活的淡墨小品。其刀法圓熟老練。空白處陰刻行書節錄蘇軾《放鶴亭記》：「山人有二鶴甚馴而善飛，旦則望西山之缺而放焉，縱其所如，或立於陂田，或翔於雲表。」及「梅鄰製」款識。

王梅鄰，名恒，活躍於嘉慶、道光年間，為嘉定王氏刻竹世家中又一名手，長於淺刻山水及文字，從此作可見其風格之一斑。

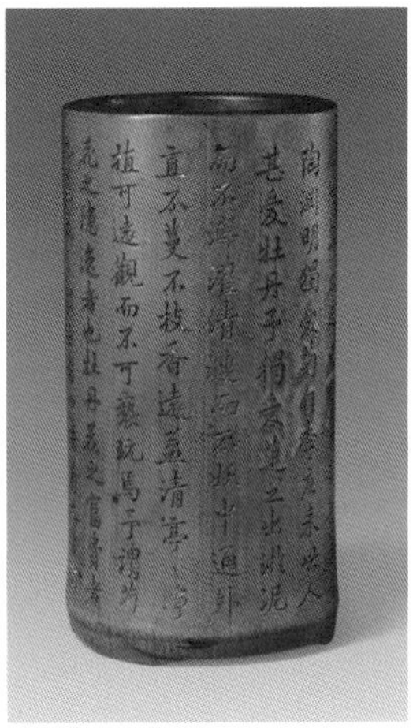

一一六　竹刻《愛蓮説》筆筒　清

高一一．六、口徑六釐米

故宮博物院藏

筆筒陰刻行楷北宋周敦頤《愛蓮説》全文，並落款「丁亥春三月上浣錄周濂溪先生愛蓮説，梅鄰山人製」，字體清秀工整。丁亥為道光七年（一八二七年）。

（張林傑）

一一七　竹雕白菜圖筆筒　清

高一一．五、口徑五．八釐米

故宮博物院藏

圓體，較纖巧，三矮足。通體以去地浮雕法表現紋飾，故口邊及足沿略突出。雕白菜一棵，姿態傾側，葉片翻卷，又以陰刻法表現蟲蛀、葉筋等，物象雖簡，卻也神完氣足。

一一八　竹雕梅花圖筆筒　清

高一〇・四、最大口徑一〇・三釐米

故宮博物院藏

圓體，略扁，口沿內傾，三矮足，色近深紅。器表淺浮雕折枝梅花。在浮雕枝幹及花朵範圍內，又以陰刻及去地浮雕等技法凸現物象立體感，風格於疏獷中不乏細緻之處。陰刻行書唐崔道融五律《梅花》一首：「數萼初含雪，孤標畫本難，香中別有韻，清極不知寒。橫笛和愁聽，斜枝依杖看，朔風如解意，容易莫摧殘。」並署「支山」二字。

支山或即欽岐（？——一七五二年後）之號，岐字維新，吳興（今浙江湖州）人，工治印。

一一九　竹雕蘇武像臂擱　清

高二七、寬六釐米

上海博物館藏

蘇武持旄節端坐地上，儀容嚴肅，衣紋簡練。刻法以竹表為地，下刀不深，故可稱之為「陷地淺刻」。題詩及款識亦用陰刻：「朔雪滿天山，飛鴻入漢關。麒麟高閣在，何幸得生還。庚寅仲春，作奉大卿仁兄清玩。治安弟方絜。」庚寅為道光十年（一八三〇年）。

（王世襄）

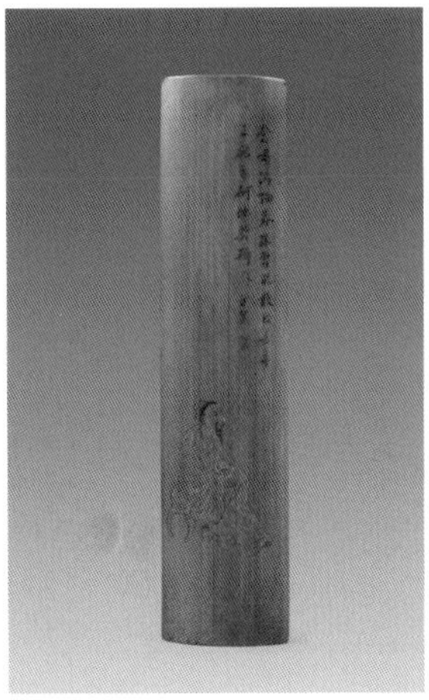

一二〇　竹雕武侯像臂擱　清

高二七・三、寬六・五釐米

溫州博物館藏

臂擱表面下方刻諸葛亮像。諸葛亮頭頂束髻，戴幘巾，眉目清秀；着寬袖交領長袍，系同心結帶；坐凳上，舉止安詳。右上方行書題刻：「含嘯沔陽春，孫曹不敢臣。若無三顧主，何地著斯人。方絜」。白文長方印「方絜」。方絜刻竹，是以刀代筆，刻線勾勒，充滿文人氣息。

方絜（一八〇〇——一八三八年），字矩平，號治庵，黃巖縣城（今黃巖區）人。工詩善畫，尤擅刻竹，為乾嘉（一七三六——一八二〇年）後刻竹名手，有「方竹」之稱。長期客游，以藝為生，足跡及於福建、蘇州。後至嘉興，與張廷濟等交游，寓居至死。有詩集《石我齋稿》。

（侯波良）

一二一　竹雕紫氣東來圖筆筒　清

高一三、口徑八．九釐米

溫州博物館藏

筆筒外壁一側以「老子西出函谷關」為題材，刻老子與一童子騎在青牛背上西行的情形。老子頭頂束髻，廣額修眉，長鬚飄拂，寬袖大袍。右手按牛背，左手持經卷，目光注視前方；童子梳雙髻，大眼睛、小嘴巴，肩荷竹杖，依偎在老子背後；青牛腰圓體壯，昂首睜目，體態健美，一路奔走。四字橫書題名「紫氣東來」，題後刻有跋語：「戊子夏日，作於東甌寓捨之吉祥止之室，奉春坪大兄先生雅玩。方絜」，鈐白文方印「方絜」。方絜刻竹，是以刀代筆，刻線勾勒，充滿文人氣息。

（侯波良）

一二二　竹雕留青攜琴訪友圖天然式筆筒　清

高一三．五、最大口徑九、最大底徑八．五釐米

故宮博物院藏

以竹材隨形雕成，筒壁內凹，左側保留一杈小竹枝，附壁向上伸延，借其為幹，巧雕成一株參天巨樹，配合留青及烙燙法表現的山水圖，趣味盎然。紋飾為懸崖壁立下，小舟輕蕩，臨水亭閣高矗，其中高士清談，閣後山巒起伏，雜樹叢生，一老者策杖，小童抱琴，相伴而行。

此作綜合應用多種技法，構思極為巧妙，紋飾色暈的深淺濃淡對比及層次變化豐富，風格清新雅致，傳達繪畫的意境，又突出了竹刻本身的優長，取得了很好的裝飾效果。

（劉靜）

一二三　竹雕留青九獅圖竹節式筆筒　清

高一三·五、最大口徑九釐米

故宮博物院藏

筆筒圓體，保留天然竹節痕。外壁以留青法雕刻九獅相嬉的場景，點綴假山湖石。九獅神態各異，其形象誇張，來自傳統造型藝術，與真獅大相徑庭。「九獅同居」諧「九世同居」之音，為流行的吉祥圖案。湖石陰陽向背判然而別，立體感極強。又利用節痕將圖紋劃分出區域，並以其廣狹之別形成曲線變化之美，匠心獨運，技巧高超。

一二四　竹雕留青松鶴圖竹節式筆筒　清

高一二·八、最大口徑七、最大底徑七·二釐米

故宮博物院藏

筆筒保留竹節本型，上小下大，微彎曲，有節痕二道。一面以留青法表現仙鶴立於松幹之巔，並通過竹節的劃分，在松鶴之上刻劃松鱗累累。仙鶴眼部燙成黑色，尤為傳神。另一面則對材質本身坑洞、突起等稍加處理，構成立體裝飾，變缺陷而為最具特點之處，與平面留青圖案的謹嚴風格恰相對照，很見巧思。

一二五　竹雕留青松下老人圖竹節式筆筒　清

高一三·二、最大口徑七釐米

故宮博物院藏

筆筒彎曲竹竿式，三節痕宛然可辨。器表浮雕山水、樹木及人物為飾。下部高浮雕一老者騎驢緩行，身旁一小童跟隨。驢腿腳處還應用了鏤雕技法。整體而言，浮雕愈向上愈淺，局部樹紋以留青法表現，口沿下雲氣則為陰刻而成。此器構思細密，技法運用靈活，隨物象變化而不拘泥，無疑是留青工藝高度成熟時期才能出現的作品。

一二六　**竹雕留青古佩紋臂擱**　清

長二四、寬六．七釐米

故宮博物院藏

長形，覆瓦式。器表以留青及淺浮雕技法刻劃紋飾。邊緣及三個轉角飾變體夔鳳紋。中間布排三組仿古佩玉紋，每組兩件或三件，有條帶纏繞。通過青筠的全留、少留及不留，區分出紋飾位置與層次關係，且能一定程度地傳達玉質的質地與肌理。下部一組留青最薄，似隱似現，形成了突出的裝飾效果，是整體紋飾的最佳代表。

一二七　**竹雕海水遊魚圖臂擱**　清

長二五．九、寬六．八、厚〇．七釐米

故宮博物院藏

長形，覆瓦式，上窄下寬。表面以留青及陰刻技法，刻畫流雲日影下，浪花翻滾，落英繾卷，一尾錦鯉，翹首彎身，如欲躍出水面，紋飾細入毫髮，構圖饒有畫意。

留青工藝通過預留竹表青筠來表現圖案，剔去其餘部分露出竹肌作為地子，又稱皮雕。這種技法在清代發展到頂峰，可以利用青筠的多留與少留劃分層次，營造出有如運筆而成的墨分五色的效果，從此臂擱上即可見一斑。

一二八　**竹雕菊花圖臂擱**　清

長二四．八、寬六．八、厚一．九釐米

故宮博物院藏

長形，覆瓦式，四矮足。器表去地淺浮雕配合陰刻法表現紋飾，紋飾以菊花為主體，據守半邊，構圖奇峭。下部盛開的菊花尤為引人矚目，雜以竹葉等，合為二君子，含義雋永。花瓣輪廓線清晰，如墨線雙鉤，並於輪廓內打窪，立體感甚強。花葉均區分出向背加以刻畫，正向以陽線為界，陰線為筋脈，上部背向花瓣瓣瓣弧凸，背向葉片則以陰線邊框，陽線為葉脈。此作精雕細鏤，耐人尋味，運刀如筆，有工筆繪畫的風韻。右上楷書引首：「唐醻寫於玉笙樓」及「王曾鐵筆」款識並「開」、「先」篆書印二方。

唐醻，明時南匯（今屬上海）人，字去非。傳說其隱居閔行玉笙樓二十年不出。工花鳥。王曾其人不詳。

一二九　竹雕松下牧牛圖臂擱　清

長二七·七、寬七、厚一釐米

故宮博物院藏

長形，覆瓦式。器表淺浮雕山坡上老松兀立，直入雲翳，其下一小童伏身於牛背。牛健碩高大，小童披髮短衫，手攏韁繩，俯首似正與牛嬉戲。雲、樹刻劃中規中矩，而人物、牧牛則在透視、細節等方面較富特點。

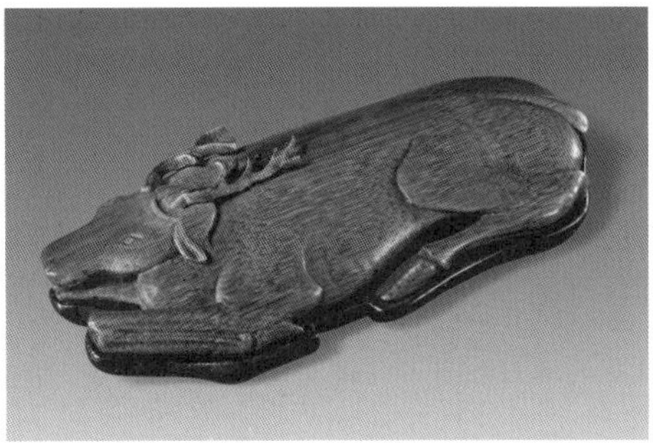

一三〇　竹雕臥鹿　清

通高三·二、最長一一·三、最寬五釐米

故宮博物院藏

剖開竹莖一爿雕作臥鹿之形。其體略扁，但利用自然弧度，筋骨起伏畢肖；竹肉較薄，但側臥之動態，屈曲之頸項，均能傳神；頭、足等局部，以圓雕法為之，鹿角以木雕出鑲嵌而成，故雖以俯視為主要視角，卻不失立體感。內部尾端竹黃層上陰刻篆書「松籟閣」印章款。配隨形木座，凸雕四乳足。

「松籟閣」或以為清代著名文人陳受笙（一七七九——一八二八年）齋室名。陳，名均，字敬安，浙江海甯人，嘉慶十五年（一八一〇年）舉人，工詩、善畫，嗜金石文字，精鑒賞，有《松籟閣集》傳世。

一三一　竹根雕麻姑獻壽仙槎　清

高一三、長三〇釐米

故宮博物院藏

用竹根隨形雕成一舟狀，首尾上翹，一側枝分成兩杈，一杈伸向槎底，一杈伸向槎中，彎曲盤結如棚頂。槎首置兩個酒罈和一盆仙桃，舟中一女仙頭挽雙髻，面露笑容，身着葉裙，坐船舷右側，雙手板槳；另一女仙懷抱酒罈，坐船尾樹幹之上。

此作根據材料巧妙剪裁，刻工簡練，磨工圓潤，人物表情生動。依紋飾組合來看，表現的應為麻姑獻壽題材。（劉靜）

一三二　竹根雕東方朔山子　清

高一六、底最寬一二·三釐米

故宮博物院藏

山子和人物分別雕刻，然後再以插榫的形式把人物立於山石上。仙山境地，靈芝逸出山石之外，樹木斜生於懸崖中，東方朔立於巖上，鬚髯飄逸，有仙風道骨之風範，其左手持一枚仙桃，右手似持桃枝，可惜已傷斷缺失。（張林傑）

一三三　竹根雕壽星　清

高一五·二釐米

故宮博物院藏

以圓雕及鏤雕技法，表現壽星乘於花鹿上，一手捧桃，一手撫童背，啟顏大笑。小童立其前，手托卷軸。花鹿頎長清健，口含靈芝，身體微轉側彎曲，乃為適應材料而有意設計，充分顯出作者經營之功。下配紅木雲紋底座。花鹿左臂上刻陰文「宏裕作」並陰文篆書「張」字印章款。

張宏裕，為乾、嘉間嘉定竹刻名家。初刻花果，以為未足逞技，後專刻人物，《竹人錄》稱譽其：「乃以三寸竹為人鏤照，自朱氏至今，別開生面。」

一三四　竹根雕壽星　清

高三八釐米

故宮博物院藏

圓雕壽星騎鹿。壽星左手執桃，右手扶鹿角，衣袂褶皺自然飄逸，花鹿立於山石上，披綴葉鞍，口啣靈芝，回首作親昵狀。鹿旁立一童子，左手撩衣帶手舉石榴枝。

作品雕刻較為精細，包含了福祿壽等吉祥含義，為民間喜聞樂見的題材。

（張林傑）

一三五　竹根雕壽星　清

高三四·八、寬一八·五、厚一六·一釐米

故宮博物院藏

圓雕壽星捧桃，騎坐於花鹿之上，其旁童子盾荷桃枝，雕刻簡潔樸素，較能代表清中晚期竹雕作坊產品普遍的風格與工藝水準。

一三六　竹根雕老子騎牛　清

高一七·一、寬九釐米

故宮博物院藏

圓雕老者騎坐於牛背之上，右手托卷軸，左手似控韁繩，繩穿於牛鼻。牛以漆點睛，屈身垂首，如欲掙脫。為適應材料限制，人與牛之形態、動態都有概括簡化處，但匠心即到，不失自然生動，觀者實難察覺。

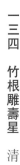

一三七　竹根雕太白醉酒水丞　清

通高七·五、底寬六、水丞口徑二·三釐米

故宮博物院藏

圓雕一長鬚文士，戴軟腳樸頭，着廣袖深衣，踞坐於酒缸前，雙肘枕沿，垂睫俯視其內，微露笑意。依傳統裝飾題材看，此作似敷演李白故事而成。人物貌古神清，雕刻流暢寫實，構思奇巧，將功能要求融入表現主題，自然從容，好整以暇，實是一件不可多得的案頭清供。

一三八　竹根雕海蟾仙人　清

高二四、寬一四·二、厚一二·五釐米

故宮博物院藏

圓雕劉海立像，禿頂披發，面目豐實，其睛用墨點，張口大笑，憨態可鞠。右手夾古錢，左手持松枝，負肩為帚，跣足而立，足下伏臥一隻三足蟾。作者匠心獨運，把竹根節斑處理成劉海衣服上的花紋裝飾，又巧妙利用竹根自身的曲度做成劉海回首俯身逗蟾的情景，增強了動感效果。

（張林傑）

一三九　竹根雕和合仙人　清

高二〇、底寬一一·八釐米

故宮博物院藏

圓雕二仙，披髮跣足，眉花眼笑，其一腳踏三足蟾，立於石上，高舉荷花一束過頂，如傘蓋，另一攬背相戲，手執靈芝，腳邊遺一盒，半露蟾首。隨形施藝，使人不覺其材料局限。

一四〇　竹根雕和合仙人　清

通高一六、人像高一三釐米

故宮博物院藏

竹根圓雕和合二仙一立一坐，立者右手一束荷花，左手捏仙丹一粒；坐者左手托圓盒，右手撫石。二者均寬袍廣袖，開懷暢笑，立於紫檀雕花木座上。原系有黃條，上書：「同治四年三月二十日收常祿交竹根和合仙人一件」。

（張林傑）

一四一　竹根雕蕃人進寶　清

高一〇·七、最大底徑八釐米

故宮博物院藏

圓雕一蕃人踞坐於象背上，另一蕃人隨象右側並行，雙手捧瓶，瓶內插珊瑚枝。

此類作品習稱蕃人進寶，取國家昌盛四方咸服之象徵，而「象」與「瓶」還寓有「太平有象」之意，故為清代宮廷工藝品製作中常見的吉祥題材。

（張林傑）

一四二　竹根雕二童牧牛　清

高一〇·五釐米

廣東民間工藝美術館藏

牧牛兩豎子，一登牛背捉鼻繩，一雙手握牛角，並舉足抵牛頰。每當豎子嬉戲失職，水牛乘隙潛入菜園禾田，得見此景。雕件田園情趣濃鬱，刻劃牧豎天真無邪，強牛不服駕馭神態，惟妙惟肖。

（王世襄）

一四三　竹根雕漁家嬰戲　清

高五·九釐米

上海博物館藏

竹編魚簍，侈口大腹。兩嬰攀登，相對嬉笑。嬌憨之態，狀寫得神。雖未見款識，亦知作者為嘉定高手。

（王世襄）

一四四　竹根雕漁船　清

長三六釐米

重慶中國三峽博物館藏

以竹根製成，形體較大，結合鏤雕、圓雕、浮雕等技法，刻畫漁舟上長幼男女可十數人，聚散離合，各安其位，眉目清晰，神態儼然。而婦人扶持幼兒攀爬、篷中伸出晾衣竿等細節都極富生活氣息，也傳達出漁人以舟為家之自足與愜意。至於網眼用小而規律的凹坑、淺刻幾何文理以示篷頂蔑片相互疊壓、鏤空的竹簍、俯伏的小獸等局部，都於形象準確之中，不失概括和裝飾性，顯示出成熟的工藝意匠。

一四五　竹根雕群仙祝壽圖山子　清

高三〇、最大底徑一八·五釐米

故宮博物院藏

巍峨山峰聳立，直入雲端，山間古柏蒼松，曲水潺潺，仙草瑞芝，珍禽異獸，一派仙家境界。祥雲之上，西王母御鳳駕臨，山問路上，亭臺樓閣中，儘是祝壽仙人，有八仙、壽星、和合二仙、劉海、麻姑等，人物多達百位，為熱烈喜慶的群仙祝壽場面。

作者依勢下刀，人物雖多卻疏密有致，處理得當，顯示了較強的掌控能力。

（張林傑）

一四六　竹根雕三羊　清

通高七、長六、寬三．八釐米

故宮博物院藏

以一大二小三隻山羊組合而成，寓意「三陽開泰」。作品雕刻手法寫實，大羊羊角橫紋、後豎雙耳、鑲嵌眼眸、成綹的鬍鬚、勁健的四蹄，以及小羊嬉戲的姿態，均極為傳神。

（張林傑）

一四七　竹根雕太獅少獅　清

通高八．五、長一四．二、寬七．九釐米

故宮博物院藏

圓雕二獅，大獅伏臥，小獅攀於其頸，二頭相湊，眉拳成渦，巨睛突出，鼻開似洞，闊口如笑，滑稽可喜，憨態可掬，瞳仁填漆，為傳神一筆。不僅神態誇張而生動，即如毛髮等細節，以先浮雕再施細密陰刻的手法來增加立體感，工藝亦屬精到。底部腹下保留竹根空處，邊沿刻陰線一周，似留出鑲金屬裹子之痕跡，故或以為此器可為酒觥之屬。

一四八　竹根雕太獅少獅　清

高一六・三、長二〇、寬一一・一釐米

故宮博物院藏

獅為竹根雕，作後蹲狀，昂首張口，巨目圓睜，頭及背部作螺髮，四足飾火焰紋。其足下按一幼獅正欲奮力站立，背上負一幼獅，似欲滾落，卻又極力攀附。器物整體造型生動傳神，呈現了強烈的效果。

太師少師為古代帝師，官位顯赫，以大小獅寓官運亨通、飛黃騰達之意。

（張林傑）

一四九　竹根雕梅菊綬帶鳥　清

高二二・二、底徑一一・八釐米

故宮博物院藏

老梅幹枝曲轉回折，枝頭綴梅花朵朵，幹內則生雛菊，花開正豔。綬帶鳥棲於梅枝上，尾垂於梅椿，羽翼修長。雕刻精能，為案頭的絕佳陳設。

（張林傑）

一五〇　竹根雕獸面紋活環提梁執壺　清

通高二二・九、口徑四・九、足徑四・五釐米

故宮博物院藏

竹根製，仿青銅器造型與紋飾。束頸闊腹，鑲接鳳首流及柄。除蓋可開啟拿下外，通體沒有粘接痕跡。頸陽刻弦紋兩道，壺身弦紋間隱起獸面紋。提梁由活環套連，梁柄雕成夔龍狀。此器形制古雅，竹筋自然，精磨細刻，極為難得。

（劉靜）

一五一　竹根雕夔紋提梁卣　清

通高三七·五、卣通高二五·三、最大口徑九·六、最大底徑一二·三釐米

故宮博物院藏

仿古卣式，略扁，截面呈梭形，侈口，鼓腹，圈足外撇。頸部弦紋間陰刻回紋帶，主體紋飾為回紋地上雙夔相向組成獸面，夔紋交會處浮雕獸首。正背相同。主體紋飾上下亦以凸弦紋為界。側面鑲粘S形雙耳，下垂活環，上聯鏤雕紐紋鏈，提梁為雙龍首璜式。蓋與身子母口相合，邊緣飾回紋二周，鈕高起如鏃，上飾葉狀紋。紋飾大多在高出器表的臺面上施陰刻而成，故不失立體感，而弦紋間也用打漥來突出微妙的凹凸變化。其工藝繁複，形式新奇，又不乏古樸韻味，是清中期仿古竹雕中具有典型意義的作品。

一五二　竹根雕夔龍紋活環提梁扁壺　清

通蓋高一三·九、最大口徑四·三、最大足徑四·一釐米

故宮博物院藏

竹根圓雕，其型仿自青銅器，扁體，長圓口，粘接雲紋雙耳及活環提梁。頸部兩道弦紋之間飾夔紋一周，腹部鏤空纏枝蓮紋地上，盤有一條正面夔龍。蓋鈕刻蟬紋。

此件作品看似簡單，實則製作難度很高，而其造型精緻，紋飾規整，是清中期仿古竹雕藝術品中的稀有製品。

（劉靜）

一五三　竹根雕獸面紋扁壺　清

通高一三．九、最大口徑四．三、最大足徑四．一釐米

故宮博物院藏

壺為竹根製，帶蓋，扁腹，方口及足，鏤雕雙雲耳，腰際雕回紋底獸面紋。紋飾簡潔、醒目，令人印象深刻。

（張林傑）

一五四　竹根鏤雕勾蓮紋提梁花籃　清

通梁高三六．九、最大口徑二〇．四釐米

故宮博物院藏

花籃闊口，細頸，削肩，斂腹，高圈足。外口如一大花瓣，兩端收尖微微下垂，內口膨起內收，其上設活環結構提梁。通體鏤雕勾蓮花葉紋，唯肩部雕覆蓮紋，足部則鏤雕龜背形孔洞。

此作主體由竹根雕刻，口沿及提梁則使用近根處竹莖，因而形成了色澤、肌理的細微差別。口部與頸、身等部為粘接而成，其接縫粘連緊密，了無痕跡。加之優美的口沿和活環的設計，使人有耳目一新之感。

一五五　竹根雕提梁蓋尊　清

通梁高三六、尊通高二二．三、最大外口徑一六、底徑八．二釐米

故宮博物院藏

圓體，仿古尊式，廣口，長頸，豐肩，收腹，高圈足外撇。口部有內外之分，外口開敞，折沿，連弧狀花邊，為順應整體造型需要而設，裝飾作用較強；

內口收斂，邊沿粘接雙立耳，上連鏤空活環鈕索式鏈及璜形弧曲提梁。頸部留出凸起環帶一周，其上陰刻回紋及幾何紋裝飾帶四道，有陽文似的視覺效果，十分巧妙。頸、肩部鑲粘雙耳，下垂活環。底足亦為粘接而成。配鏤空雲紋蓋，上有花形鈕。內底陰刻篆書印章「蕭」，頸部一側紋飾帶上陰刻篆書「漢武□鑒」，器型上大下小，圓渾可喜，技巧運用靈活，雜糅了多個時代的典型形式元素，仿古而孕新變，鮮明地展現出清中期宮廷工藝的審美傾向。

一五六　竹根雕獸面紋出戟尊　清

高一七・三、口徑一七・二釐米

故宮博物院藏

尊為竹根製，扁圓體，四面出戟，腹部中間以弦紋為界，上半部雕回紋地螭紋，下半部作回紋地獸面紋，頸及足部均光素。

此尊造型仿青銅器。清乾隆時期擬古之風大盛，竹雕仿青銅器是其中一類。

（張林傑）

一五七　竹根雕獸耳扁壺　清

高二一・一、最大口徑八・四、最大足徑一〇・八釐米

故宮博物院藏

竹根製，作扁圓形，平口廣腹，肩部貼對稱雙獸面耳，口銜活環，腹部飾帶狀條紋一道，其餘均為光素。壺內置銅膽，口作十字花形，可插花用，應屬於室內陳設用品。

（張林傑）

一五八　竹根雕獸面紋雙系壺　清

高一七·三、最大口徑九、最大足徑一〇·二釐米

故宮博物院藏

壺仿青銅器式樣。圓體，略扁，方唇，豐肩，斂腹，足較高。肩上粘接雙橋形系。足部鏤空十字形孔洞四。頸、肩、身、足等部飾弦紋多道，肩部與器身弦紋間又飾去地陽文勾勒獸面紋帶一周，均以細瑣幾何紋組成，腹上較寬一條獸面尚清晰，肩部一條則只見眼目，獸面已簡化為纏連紋。

一五九　竹根雕螭耳匜　清

高一三·二、長二一·五釐米

故宮博物院藏

匜用竹根雕成。口緣稍內斂，外部飾回紋一周，流斜向上作收束狀，深腹，腹部光素，與流相對處有一龍形鋬，龍口啣器緣，形象生動。圜底，下具三足，足上淺浮雕獸紋。

此器吸收了青銅匜的造型式樣，又有清中期的流行元素，體現了當時仿古竹雕的特點。

（張林傑）

一六〇　竹根雕雲雷紋鼎　清

高一二·七、口徑一二·四釐米

故宮博物院藏

此器仿春秋戰國三足青銅鼎造型，作圓鼎式，形體較小，口微斂，雙立耳，直腹，近平底，三足。耳作雲頭式，各飾變體蓮花一朵。器外口沿飾弦紋兩匝，器身飾雲雷紋，底面光素。三足作三趾獸足式，並飾以各式如意頭紋。鼎蓋作子

母口，蓋頂心鏤空，雕兩螭相戲，環頂心鏤雕小獸三隻，既富裝飾效果，又便於啟蓋。

清中期仿古風盛行一時，此器即作於此時，器形仿鼎之大概，材質、紋飾、裝飾佈局則不類，舍深沉凝重而趨活潑可愛，體現了清代仿古的藝術特色。

（張林傑）

一六一　竹根雕獸面紋鼎　清

通高一五、口徑一三·二釐米

故宮博物院藏

鼎圓體，雙立耳，三足，腹外有一圈回紋地饕餮紋裝飾帶，鼎蓋及三足荷葉底座為紫檀木製。蓋鈕以蜜蠟雕成，刻獸面紋及蕉葉紋。

竹雕製品中仿商周青銅彝器是一大品類，尤以清乾隆時期為最，在皇帝的大力宣導之下，內廷蒐集所藏青銅器，編成《西清古鑒》等譜錄類圖書，擬古之風因而大盛。但此類仿古器物往往細節畢肖，總體上看卻並不逼真，而多在一件器物上雜糅各個時代的典型形制及紋飾。

此鼎造型從周鼎中化出而加變異，線條纖柔圓潤，已絲毫不見三代禮器的莊嚴意味。從器形，紋飾到蓋、鈕、托的複雜組合，清代的審美趣味清晰可見，且有較為濃重的宮廷氣息。

一六二　竹根雕獅鈕蓋爐　清

通高八·一、口徑七·七釐米

故宮博物院藏

圓形，較矮，方唇，短頸，豐肩，斂腹，平底，嵌粘雙立耳、獸首及三蹄式足。蓋面浮雕覆蓮瓣一周及垂葉紋，略帶西洋風味。上圓雕獅鈕，精能細巧。

一六三　竹根鏤雕薰爐式香盒　清

高八．二、最大口徑一〇．二釐米

故宮博物院藏

略呈橢圓形，四出海棠式，分作蓋、身兩部分，裝飾主要集中在隆起的器蓋上，共有二層，每層上刻陽文覆蓮瓣紋一周，下鏤雕纏枝花草，器身似盤狀，較淺，折沿，斂腹，平底，口邊陰刻回紋，餘皆光素，以凸凹棱線為飾，配四獸蹄形足，足根刻陽文如意雲紋。

此器器形似乎是仿照唐代蓮花式薰香爐而來，上置裝飾蓮花的爐蓋，下為多足爐，但為了焰燃出香，材質多取金屬、陶瓷、石料等，像這種以竹根雕刻的器物，並不具備類似功能，而是為了存置樹脂香料及合和眾香製成的香餅香丸之類的香盒，其鏤空可以透發香氣，小巧玲瓏的器形，更可以為書房案頭增添情趣。

一六四　竹根鏤雕纏枝花紋香盒　清

長七．八、寬六、高四釐米

故宮博物院藏

海棠花式，子母口，蓋面及盒體均鏤雕纏枝紋，雕工精細，打磨圓潤，設計小巧精緻，為盛放香料用。

（張林傑）

一六五　竹根雕蝠紋瓶　清

高八、口徑三．二釐米

故宮博物院藏

侈口、細頸、鼓腹、圈足。瓶身淺浮雕蝙蝠四隻，蝙蝠作嚮上飛沖勢，下承如意祥雲，其餘地方均作光素處理。此瓶應為爐瓶盒三式之一，為盛放匙箸用。

（張林傑）

一六六　竹雕蟠螭紋水丞　清

高六·五、口徑三·三釐米

故宮博物院藏

罐式，凸唇，短頸，聳肩，鼓腹，小圈足。罐身浮雕雙歧尾蟠螭二，曲體回首，姿態相近，頭尾相連。其紋古拙，其形特殊，在水丞製品中較為少見。

配束腰四足木座。

一六七　竹根雕松紋盒　清

高三·二、長八·三、寬五·二釐米

故宮博物院藏

盒體扁方，蓋身子母口相合。外部雕作老松枝幹狀，巧妙利用竹根之紋理，配合雕刻之累累松鱗，裝飾效果極佳。蓋面尚浮雕並鏤雕屈曲松枝，松針如輻、如傘，更增添了變化。其裝飾內容並不複雜，但各種元素布排精巧，位置、大小、組合等都經整體考量。雕刻極細，如松鱗微妙的凹凸起伏與中央的細孔、松皮罅隙等使裝飾層次更為多樣，琢磨亦嚴謹入微。此作為清中前期竹雕作品中工藝水準較高的一件。

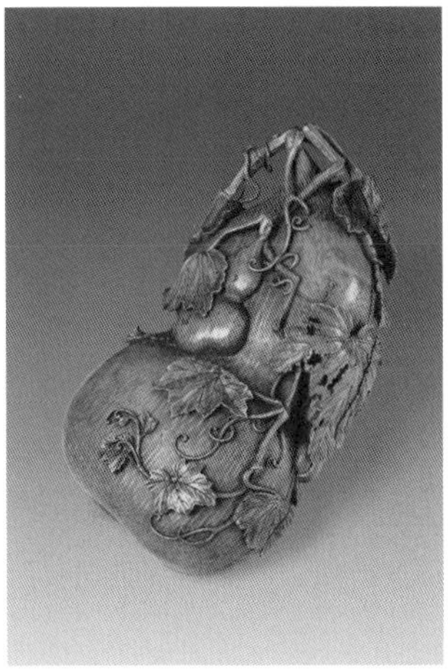

一六八　竹雕葫蘆式盒　清

高六、長一六·九、寬一〇·五釐米

故宮博物院藏

盒雕作葫蘆式，從中間分剖為二，蓋身子母口相合。器表以高浮雕及鏤雕技法刻劃藤、葉、小葫蘆等為裝飾。

葫蘆自古有多子多福的寓意，所以在明清工藝題材中非常常見。此盒盒身藤蘿的牽纏、葉片的翻卷及蟲蝕、葫蘆的位置等，都經過悉心考慮，則不僅寓意吉祥，而且形態逼真，富於裝飾意味，既可儲冊頁，又可為陳設，是清代文玩中的優秀作品。

一六九　竹根雕佛手式盒　清

長一〇・八、寬七、高五・八釐米

故宮博物院藏

雕作佛手瓜式，中剖為盒，造型別致。盒內作襯底，盛覺羅桂芳書御製詩小冊頁一本。既有實用功能，又是上佳的陳設賞玩。

（張林傑）

一七〇　竹根雕荸薺式小盒　清

高四・九、口徑三釐米

故宮博物院藏

以竹根雕作荸薺球莖狀，扁圓，小口，邊緣呈不規則形，蓋作蒂式，與盒身子母口相合，蓋上圓雕頂芽彎曲，旁簇擁短喙狀側芽三。蓋、身扣緊後，渾然一體，全無痕跡。盒身光滑圓潤，體側浮雕環節一周，外底內凹。

此盒肖形生動，意匠高妙，處處細節都富趣味，煞是惹人喜愛。

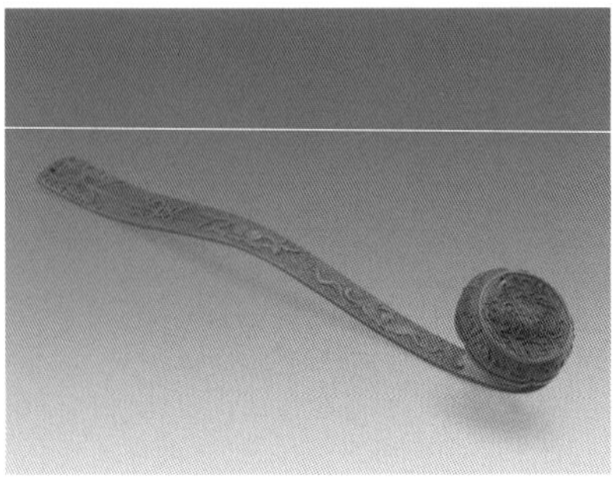

一七一　竹雕桃蝠紋如意　清

長三七・六、首寬六・九、高七・二釐米

故宮博物院藏

首部橢圓形，邊緣四出連弧雲頭式，中央開光內淺浮雕瓜蝶紋。柄身扁平，做S形波曲，側壁雕細密聯珠紋，正面陰刻「卍字不到頭紋」為地，上淺浮雕蝠、壽、雙桃等吉祥紋飾。此器雕刻精細，輪廓規整優美，其整體處理成型工藝，是最令人嘆服之處。

一七二　竹雕三多紋如意　清

長四七·五、首寬一一·六釐米

故宮博物院藏

如意為竹根製，雕桃枝為柄，首部鏤雕雙桃，兩隻蝙蝠附於桃間。柄中雕折枝佛手、桃花，柄尾雕折枝石榴。蝙蝠代表多福、桃和佛手代表多壽、石榴代表多子，是為「三多」。

（張林傑）

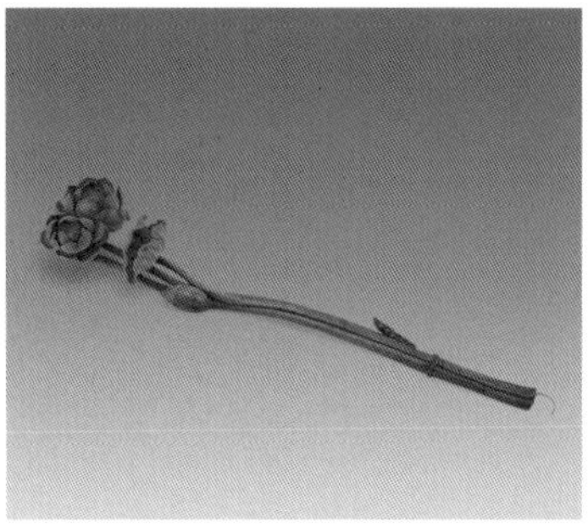

一七三　竹雕荷花如意　清

長三九·五、首高六·三釐米

故宮博物院藏

雕蓮荷五莖合作一束，長短不一，下部刻絛帶作縛紮狀，似為常見之「把蓮」紋變體。荷花二朵並開為如意首，首、柄相接處鏤雕拳曲荷葉、花苞為襯托，柄身扁圓，略弧曲，輕巧玲瓏，柄尾截面尚不忘細刻荷莖管脈之痕，肖形生動。此如意對竹材之利用，頗為巧妙，花、葉部約在竹根部，柄身已為竹莖部，既不失如意之輪廓，又將仿生之美發揮出來，構思、雕刻俱佳，實為清中期竹雕如意中的精品。

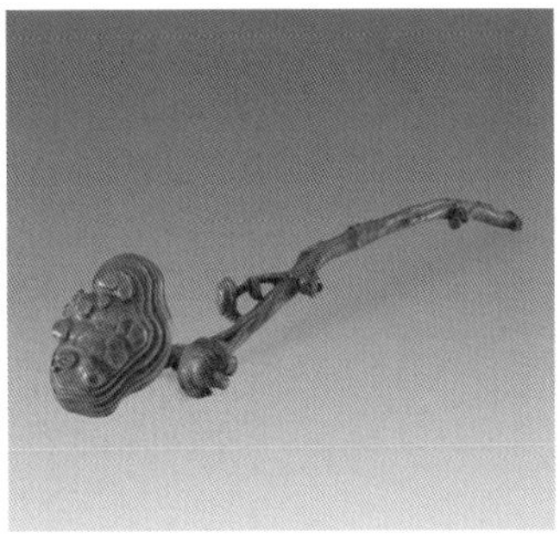

一七四　竹雕靈芝如意　清

長三五·九、首寬九釐米

故宮博物院藏

保留竹根的天然形態，略施剪裁，巧作成如意式樣。柄身曲線優美，分枝自然，主次分明，首部根鬚磨後的瘢痕，很有裝飾趣味。

這類天然竹木如意，風格拙樸雅致，最為文化素養較高的知識階層所喜愛，曾在明末清初盛行一時。而我們在雍正、乾隆等清代帝王的畫像中，也不時能看到它們的身影，可見當時宮廷製作的如意中，天然竹木如意是佔有一定位置的。

一七五　文竹蟬紋方爐　清

通高二四・一、口長一二・五、寬九・五釐米

故宮博物院藏

以木為胎，造型仿青銅器，通體貼竹黃為飾。雙耳，四足，配雕花竹根鈕紫檀木蓋。紋飾為二層竹黃表現，有微凸的浮雕感，鼎的頸、肩、腹部有龍紋、雲紋和蟬紋三匝，下層以陰線淺刻回紋錦地。四足上為蕉葉紋。

這件作品工序較為複雜，紋飾嚴謹如鑄，規矩緻密，古雅沉着，是清乾隆時期仿古文竹器物中的精品。（劉靜）

一七六　文竹夔紋爐　清

通高二三・一、口徑一七・六釐米

故宮博物院藏

形制仿青銅鼎式，圓體，平底，三柱足，雙立耳。以木為胎，包鑲竹黃為飾。六面出戟腹部錦地上飾夔紋，兩兩相對，本應合為獸面，但已似是而非。足根處雕刻獸面紋。配紫檀蓋，嵌竹根鏤雕蓮荷鷺鷥鈕，為仿玉爐頂而成。

此器雕飾有度，在造型與裝飾上均能反映當時仿古的一般特點，是一件很有價值的作品。（劉靜）

一七七　文竹菊瓣式爐　清

通高二一・二、口徑一二・二釐米

故宮博物院藏

圓體，立耳，凸唇，直頸，爐身近豐肩斂腹罐式，三矮足。通體包鑲二層竹黃，頸部於陰刻回紋地上飾變體夔紋與獸面紋，身飾陽文縱紋，效果近於玉器工藝中的菊瓣紋，簡潔而富於規律之美。配紫檀蓋，嵌竹根雕白鶴啣桃紋鈕，亦仿自玉爐頂式樣。

一七八　**文竹獸耳方瓶**　清

高二三・五、口長七・七、寬六・三、底長七・三、寬六釐米

故宮博物院藏

此瓶造型為仿古銅方壺式，紋飾採用文竹工藝中的慣用技法，頸部做斜拉式變體萬字不斷紋，肩部嵌雙獸面啣活環耳，腹部主體花紋則作雙邊菱形，間以卷草紋，菱形內部作四合如意紋。整個器物即展示了造型的古樸典雅，又體現了極佳的裝飾效果，達到了古樸和素雅的完美結合。

（張林傑）

一七九　**文竹蕉葉紋瓶**　清

高二九、口徑九・九、足徑九・四釐米

故宮博物院藏

瓶圓體，敞口，平口沿，較厚，束頸，豐肩，斂腹，足部微收進，足緣外撇，與口部呼應。器型厚重端方。通體貼淺色竹黃為地，上以深色竹黃顯花。花紋主題為仿古的幾何化圖案，由各式點、線組成，靈活多樣。從上至下為：口邊飾回紋；頸部弦紋之間，以鋸齒紋劃分區間，內用如意紋等湊合成極簡獸面；肩一周覆蓮紋，一周纏枝紋，一周菱地圈點幾何紋；腹部為蕉葉獸面紋，面積較大；足部飾一周變體夔鳳紋。

此瓶因年深日久，局部有開粘現象，透露出不少工藝痕跡。從肩部裂隙及足底刀痕，可看出瓶體木胎的製作方式；竹黃片的拼接設計，也較為清晰，如身腹是以六枚獸面紋的鼻梁為界，分瓣粘貼，利於造型與圖案的完整，頗見匠心。

今天所見清中期宮廷風格文竹製品中，有相當數量借鑒了商周青銅彝器的造型與裝飾紋樣，這同當時的宮廷趣味、社會風氣、學術文化思潮均有密切關係。

一八〇　文竹獸面紋方觚　清

高二一、口長一〇·七、底長七·六釐米

故宮博物院藏

仿古四方觚式，外壁及口、底均包鑲竹黃，頸、足部飾仰、覆蕉葉紋，觚身則於開光內飾變體獸面。紋飾均為竹黃地上貼飾一層廓出區間，其內再以燙花法表現精細的線條，效果獨特。這是一種簡化的工藝手段，在故宮博物院所收藏的文竹製品中還是比較少見的。觚內鑲鉛裹。

一八一　文竹嵌玉方瓶　清

高三一·二、口長八·八、底長八·八釐米

故宮博物院藏

四方瓶式，盤口，方唇，口與頸、頸與身、身與足均有弧曲過渡，為此時流行的「巴達馬」式樣，足外撇。通體包鑲雙層竹黃，上層顯花，口、足緣為回紋，三條過度帶為仰、覆蓮瓣，頸與足部則飾蕉葉紋，瓶身邊框飾幾何適合紋樣。紋飾上又施陰刻，成三層花式，極為精美。四面均鑲碧玉鏤雕福壽寶相花飾板，色調對比鮮明。口部襯木板，上嵌銅內口。無底。銅口中部鏤空錢紋，四角四孔與木板四孔正相吻合，疑線香可由此插入，香煙由玉板鏤孔散出，香灰落入下置之承灰器具中。

一八二　文竹蕉石紋長方盒　清

高九·二、長三五·六、寬八·六釐米

故宮博物院藏

盒通體包鑲竹黃，四壁、蓋及底六面飾通景芭蕉葉，密不露地，尺許之間，綠意甚濃。蕉葉正反向背，高低起伏，重疊隱現，無不各展其態。而葉上多點綴有蟲蛀孔痕，慧心獨運，甚饒畫意。在蓋的一端，用去青皮竹根雕成洞石，既瘦且透。

此盒設計新穎，製作精良，為放置畫軸的包裝盒，也是書齋中的精美陳設品。（劉靜）

一八三　文竹團花海棠式雙層盒　清

高一〇·八、最大口徑一五·三、最大底徑一四·七釐米

故宮博物院藏

略呈橢圓形，四瓣海棠式，雙層。蓋與上層及二層之間均以子母口相合，蓋心內收近盝頂式，相應的盒頂收分，銜接隨形矮足，器形沉穩大方。外壁包鑲竹黃二層，色淺者為地，色深浮凸者顯花，蓋面為團窠纏枝花紋圖案，四壁以每一層、每一分瓣為單位，均飾團花，精密工細，富幾何美感。此器色作深紅，古色古香，光澤潤膩，凸顯文竹製品的獨特質感，是一件很有代表性的作品。

一八四　文竹鏤空海棠式罩盒　清

高一四·五、最大口徑二二釐米

故宮博物院藏

盒呈長圓海棠式，分兩層，其上層與蓋子母口扣合，平底，圈足較淺。木胎，包鑲竹黃達三重，通體飾變形夔紋，陽起較明顯。此盒不同凡響之處在其罩架。罩架為隨形海棠式，以紫檀鏤空而成。罩面圖案及架緣均鑲以竹黃，而竹黃邊沿所起陽線及花牙則保留紫檀本色，紫檀凝重，竹黃柔和，二者相輔相成，增其雅潔之氣。

此盒包鑲技術精湛，尤其是罩架應用大面積鏤空，難度高，耗工巨，且格調不俗，在清代宮廷工藝品中也是比較罕見的。

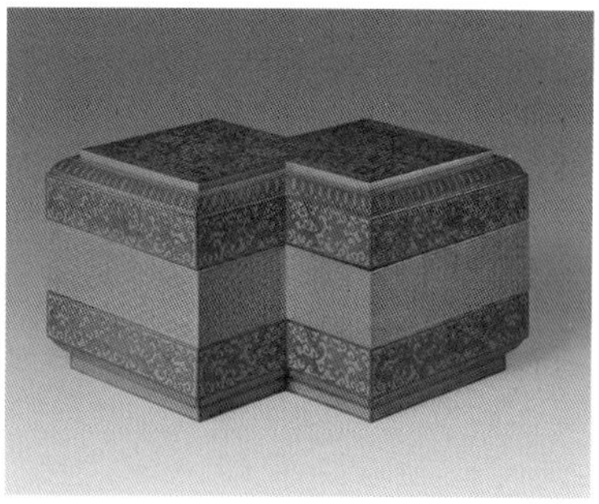

一八五　文竹方勝式雙層盒　清

高一一・八、長二三・五釐米

故宮博物院藏

方勝式，兩層，上有蓋。通體貼粘深淺二層竹黃片，淺刻六角錦紋和纏枝勾蓮紋，紋飾佈滿器表，盒下層與蓋上有陽文褐色紋飾層，與中間一周鵝黄色相映襯，顯得十分清爽雅致。

此作為江甯織造按照內廷設計圖樣製造並貢進的文竹精品。其包鑲極其精密，圖案勻稱，色調柔和，令人觀之有愛不釋手之感。

（劉靜）

一八六　文竹春字四子盒　清

高一一・二、長一九・二釐米

故宮博物院藏

此盒天覆地式，造型方圓兼備，如玉琮式，寓意天圓地方。盒面圖案以聚寶盆及「春」字為主題，四壁飾各體「壽」字及有祝壽含義的圖紋。盒中藏四小盒，蓋面分別貼飾「天」、「地」、「同」、「春」四字。

這類形制舊稱壽春賓盒，其裝飾於明嘉靖雕漆上已出現，而以乾隆時期製作最多，各種材質均有，此盒就是其中的佼佼者。

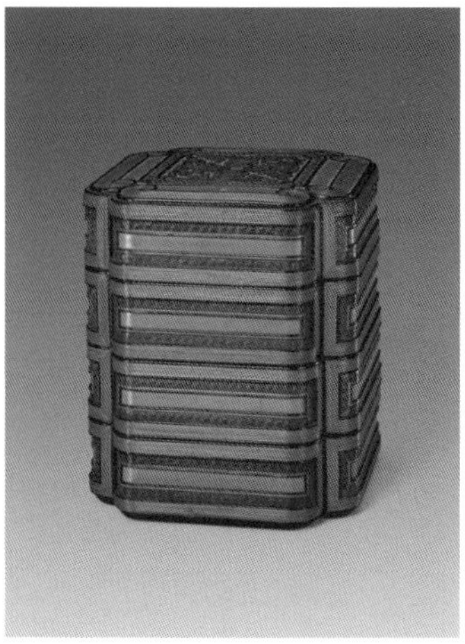

一八七　文竹嵌棕竹絲三層委角方盒　清

高一九・五、長一七・五釐米

故宮博物院藏

盒委角方形，又近葵瓣式。三層，均以子母口扣合。內壁髹黑漆。外壁鑲貼紫檀棱線，勾勒輪廓，並貼飾竹黃、棕竹及竹絲，構成層次豐富而井然有序的圖案。充分利用了幾何紋樣的變化，將材料的質地，肌理、色澤發揮得淋漓盡致，形成了強烈的裝飾效果。而竹黃的包鑲、竹絲的固定成型、棕竹的雕刻等方面，無一不顯示出其製作技巧的成熟，也表現了文竹工藝在這一時期所取得的突出成就。

一八八　文竹嵌竹絲委角長方盒　清

高四·九、長九·五、寬六·七釐米

故宮博物院藏

長方形，委角，扁體，蓋身子母口相合。盒內壁、外底包鑲文竹，其餘部分則嵌貼竹絲為飾。竹絲細密，色澤肌理變化精微，排列均匀，體面轉折銜接自然，了無痕跡。蓋面與立牆的過渡帶還打破通體橫排的規律，局部縱向排出菱形裝飾塊，構思巧妙。蓋面於竹絲層上又嵌貼文竹層，並以染色竹黃貼黑花勾連方格紋，在竹絲裝飾烘托下，成為器物的點睛之筆。

一八九　文竹嵌棕竹絲暗八仙紋葵花式盒　清

高四·四、最大口徑九·二釐米

故宮博物院藏

盒作六瓣葵花式，蓋身子母口相合。內壁及足底包鑲竹黃，外壁拼貼竹絲為飾，深淺相間，極具裝飾性。蓋頂於竹絲層上又貼飾二層竹黃，呈裝飾帶或開光狀，下層為襯底，顏色較淺，上層為紋飾，顏色稍深。中部主題為暗八仙紋，於紋飾上再經細節雕刻，成四層裝飾，極為精美，但其風格雅致，並無雕飾過渡之感，在清中期宮廷文竹佳品中也屬難能。

一九〇　文竹嵌棕竹絲方勝式盒　清

高四·九、長一一·一釐米

故宮博物院藏

盒呈方勝式，於中部開啟，蓋身子母口相合。外壁鑲貼棕竹絲，細密而均匀，銜接無痕。蓋面貼飾竹黃圖案，方勝形適合環狀開光內，為蝠式玉佩紋，並綴以條帶。竹黃層略高於竹絲層，成淺浮雕狀，而深淺色澤的對比強烈，視覺效果鮮明悅目。此器包鑲技法精絕，造型紋飾相得益彰，是清中期文竹製品中的佳品。

一九一　文竹嵌竹絲鑲玉雙連盒　清

高五、長八·八、寬五·三釐米

故宮博物院藏

盒作雙圓相交「8」字式樣，舊有「兩撞」或「腰圓」之名，當指此類。蓋身子母口相合。內壁、口邊及外底包鑲竹黄，外壁貼飾並列竹絲，深淺相間，口唇上下略凸出，形式精巧。蓋頂以雙環相交為輪廓，輪廓線為竹根鑲貼而成，其內則嵌鏤空小玉飾。此盒裝飾以文竹技法為主，應用多種材質，豐富了裝飾效果。盒內附錦屜，可知其為收儲玉件之用。

一九二　文竹雙蓮蓬式盒　清

高一〇·二、大盒口徑一〇、底寬一九釐米

故宮博物院藏

盒呈大小蓮蓬雙連式。大蓮蓬居中仰立，小蓮蓬斜依在旁，莖葉盤連在下，旁點綴一朵含苞待放的荷花。

蓮蓬盒以木為胎，包鑲竹黄，盒內髹金漆。而荷花、荷葉、蓮子用黄楊木製作，顏色、肌理與竹黄接近而不受材料限制，十分巧妙。莖用竹根鏤雕並粘接，生動自然。其銜接或雕刻處，均圓潤細膩，不露刀痕，是清代中期文竹器物中不可多得的代表。

（劉靜）

一九三　文竹柿式盒　清

高一二、最大口徑一二·二釐米

故宮博物院藏

荷呈四瓣柿式，約於腰徑最大處開啟，蓋身子母口相合，通體包鑲竹黄，陰刻錦紋，內壁髹金漆，以黄楊木配口、底及折枝柿蒂，生動自然，頗見巧思。

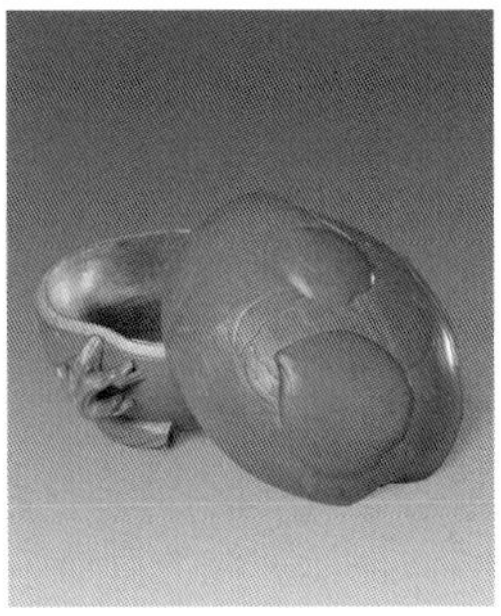

一九四　文竹嵌染牙雙桃式盒　清

高七、最大口徑一四釐米

故宮博物院藏

盒表面陰刻龜背錦紋，內飾團花。蒂處用染色象牙雕刻桃枝葉，細緻逼真。雙桃上各嵌一隻染牙蝙蝠，寓意福壽之意。

（張林傑）

一九五　文竹嵌玉佛手式盒　清

高九·八、口最長一九·七、最寬一三·八、底最長二二、最寬一五·六釐米

故宮博物院藏

盒略呈橢圓，蓋身子母口相合。鑲紅木底邊，帶四雲頭矮足。通體包鑲竹黃為飾。蓋頂以高低錯落之竹黃層勾勒大小佛手相疊狀，有淺浮雕效果，並鑲嵌木、染牙、料等為枝、葉及翩飛之蝴蝶，色彩鮮明，頗富趣味。立牆以染色竹黃層貼出龜背錦紋，細密規矩，文雅美觀。

一九六　文竹嵌玉石八寶紋盒　清

高六·五、最大口徑一二·五、高六、最大口徑一五·一釐米

故宮博物院藏

盒共八件為一組，通體包鑲竹黃，陰刻錦地，蓋面用玉石鑲嵌八寶之一。雖僅為收貯玉玩之用，卻做工精美，頗能體現宮廷特色。

（張林傑）

一九七　文竹嵌玉雙層方盒　清

高一一·二、口長一七·四釐米

故宮博物院藏

雙層，蓋面鑲竹雕山水樓閣，玉人物四，形體較大，與山水樓閣不成比例。餘竹黃層飾變體螭紋。盒內上層盛玉玩四件。

採用文竹與竹雕工藝相結合的手法，較為新穎。

（張林傑）

一九八　文竹嵌玉几式文具盒　清

通高二八·五、長三〇·一、寬一三·二釐米

故宮博物院藏

臺座長方几式，四足，一面設小屜五，分為高低二級，錯落有致，空隙有鏤雕花牙為飾，每屜均裝銅鈕，配蝠形白玉片，便於抽拉。通體包鑲竹黃，正背二面嵌貼龜背蓮花錦地紋。高層几面上立木座四節方瓶一，可拆分成三層小盒，均以子母口相合，蓋即為瓶口。瓶口內斜插如意，肩部嵌白玉獸首啣環耳。瓶身亦包鑲文竹，並貼深色蕉葉紋、卍字紋等為飾。其旁為木座橢圓盒一，貼飾纏枝蓮紋，蓋頂鑲嵌青玉蟠螭飾件。低層几面上置書函式二層盒一，陰刻卍字紋地上嵌玉書簽、青玉雕蟠螭及染牙絲穗玉佩，書口處還粘貼竹絲以像書頁相疊狀，極為生動。

此作工藝精益求精，造型多變而具裝飾意味，很好地展現了文竹工藝獨到的美感。

一九九　文竹多寶格式文具盒　清

高一五、長三二·五、寬一一·三釐米

故宮博物院藏

臺座如多寶格架式，捲曲回形，轉角花牙複雜優美。高起一側上置書卷、書函式盒，較低一側置四方瓶式盒及玉佩式盒。通體包鑲竹黃，紋飾精緻，配合染牙、玉飾等，狀物形象生動，是一件富於清中期宮廷特色的文房陳設。

二〇〇　文竹書卷式盒　清

通高一〇·五、底長一六、寬一三·五釐米

故宮博物院藏

盒為長方體臺座上，設置三卷畫軸式盒，疊成「品」字型，另有一書函式盒及一長方葵式盒，每一部分均可拆分成子母口扣合的兩部分。通體包鑲竹黃為飾，陰刻模仿錦紋的各式幾何紋飾，畫卷與書函上浮雕標籤，葵式盒上則去地浮雕夔體夔紋。此盒內尚儲有《董誥臨米芾尺牘》、《董誥九秋圖》等，表明其不僅是很好的文房陳設，也有一定的實用意義。

二〇一　文竹小四件櫃　清

高五六·六、寬三二·四、進深一七·一釐米

故宮博物院藏

櫃由頂箱及立櫃組成，外觀似由四件組成，故稱「四件櫃」。兩部分各有對開門，均由如意紋銅鍍金佩形鎖控制合啟。立櫃內有兩個長方扁形扁屜將內部空間隔為上下二層，下層底板有一銅環，可以掀起，下有一個深五·五釐米的長方

槽，似為放置毛筆之處。

此作以木為胎，通體包鑲竹黃。櫃頂和四扇門的四角均貼拐子紋棕竹片；中心部分貼菱形對花拐子紋。用棕竹絲和竹黃片組成條線回紋圖案形成邊飾。而紫檀陽線起重筆勾勒作用，使之更接近方正整齊的效果。對比之下，竹絲圖案及深色花紋均顯得纖巧細緻而耐看。

（劉靜）

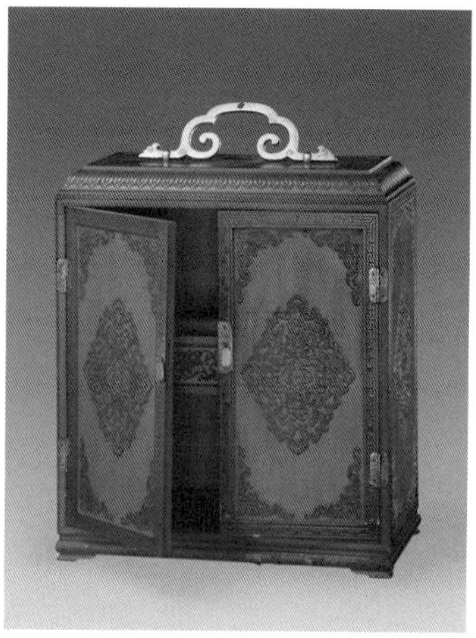

二〇二　文竹提梁小櫃　清

高三〇·四、寬二六·九、進深一三·三釐米

故宮博物院藏

形制近似方角櫃式樣，唯頂部邊沿飾一周覆蓮瓣紋，成坡狀，又似清代流行的「巴達馬」裝飾。內設小屜，將空間分為上下二部。櫃下承四如意頭足。通體包鑲竹黃，上層深色鏤貼顯花，除邊沿為回紋裝飾帶外，主要紋飾為纏連紋。櫃頂安置如意雲形銅鎏金提梁，門上面頁、吊牌、合頁均為銅鎏金並鏨花，裝飾富麗堂皇，雅潔大方，顯示出乾隆時期文竹製品的特點。

二〇三　文竹竹節紋方筆筒　清

高一五、徑一二釐米

故宮博物院藏

筆筒近似立方體，壁稍厚，淺方足，內外均貼飾淺色竹黃，作並列竹節紋。紋飾簡單，卻耐人尋味。竹節以幾何化的「S」紋表示，每一節竹竿的節數不等排列，加之修胎講究，竹節處均微微陽起，竹竿處則稍稍低凹，起伏均勻，令竹黃不顯輕薄，增添了立體感。而竹黃片粘貼緊密，拼接細緻，過渡圓融，色澤溫潤，有類牙、玉，盡顯獨特韻味。在清中期宮廷工藝追求繁縟富麗的風潮中，能出現這種技巧極高而不事買弄，以簡馭繁而風格清新的作品，實屬難能可貴。

二〇四　文竹鏤空嵌玉方筆筒　清

高一三·八、徑九·四釐米

故宮博物院藏

方體，四矮足。筒身每面中央均鏤空長方形區間，鑲嵌青白玉玉板一塊為飾，周圍鏤雕變體蟠螭勾連紋。器形極為工整，線條橫平豎直，鏤空處雖縫隙狹小，但竹黄包鑲一絲不苟，通體幾乎不見接縫痕跡。竹黄表面的色澤、肌理等都處理得細膩入微，加之其上又施以淺浮雕，乍看令人誤為黄楊木雕刻而成，從中不難看到清中期文竹工藝的水準。而此器玉石鑲嵌與文竹工藝結合得恰到好處，更增其秀骨清像與高雅格調。

二〇五　竹絲嵌文竹龍戲珠紋筆筒　清

高一三·三、最大口徑九釐米

故宮博物院藏

呈卷書式，口及底以木胎包鑲竹黄的文竹工藝製成。筒壁為竹絲編成的細密均匀的菱形網格構成，並以金屬絲作緯，起穩定作用，其上又貼飾龍戲珠紋，整體嵌裝於口、底之內。此器構思新穎，奇趣盎然，工藝之精絕，令人瞠目。

二〇六　文竹良苕葉紋水丞　清

高二·九、口徑三·四、底徑六釐米

故宮博物院藏

四方抹角馬蹄式，平底，凸口，方唇，通體包鑲竹黄。口邊、足緣及轉折棱線，又鑲貼二層深色竹黄，每面則飾變體花葉紋樣，過渡的四條窄面則於下部飾如意雲頭紋。此器器形乖巧可人，色彩搭配合理，為同類製品中較為突出者。

二〇七　文竹嵌棕竹絲唾盂　清

通高八·九、口徑二一·九、底徑六·二釐米

故宮博物院藏

圓體，斂腹，平底，外壁呈連弧菊辦式，六邊形口，寬沿，微開敞上舉。蓋亦為菊辦式，與身子母口扣合，蓋頂平齊，上嵌青白玉花蕾式鈕。器外壁通體嵌粘棕竹絲，外底及器、蓋內壁則包鑲竹黃。棕竹絲鋪排堅密熨貼，在每個體面轉折處均過渡自然，特別是直線與曲線相臨之處，嚴絲合縫，顯示出高度的工藝技巧。而棕竹色沉穩，文竹色跳脫，加之玉鈕的調劑，在顏色、質地、肌理等方面都取得和諧的效果，表現了清中期文竹及棕竹鑲嵌工藝的突出成就。

二〇八　文竹嵌玉石冰梅紋唾盂　清

高一一·七、最大口徑一三·七釐米

故宮博物院藏

六方帶蓋式。胎體外表面用竹表貼片並染色，再用原色竹絲粘貼冰裂紋的效果，其間鑲嵌松石及玉石梅花。蓋鈕玉製，作瓜棱形。內壁則用竹黃貼片，和外表面形成色彩對比。

（張林傑）

二〇九　文竹壽字鼻煙壺　清

通高六·六、口徑一·四釐米

故宮博物院藏

扁瓶形，方口，凸唇，平底。通體包鑲竹黃，壺體正背二面邊框內各飾陽文六排九列篆體「壽」字，恰合六九之吉數，且字字横平豎直，一絲不苟，近邊處文字僅露頭腳，宛如錦地，有延續不盡之意，構思精絕。配寶珠頂蓋，有深色竹黃邊飾。

此壺質地溫潤細膩，色澤油黃，有如象牙，又似過之，盡顯文竹之美。

二一〇　文竹夔龍紋六方瓶式鼻煙壺　清

通高五·七、口徑一釐米

故宮博物院藏

六方瓶形，直口，豐肩，斂腹，平底。通體包鑲竹黄，肩部飾低垂披肩式打洼菊瓣紋，與近足處一周菊瓣紋正相呼應。壺身每面均嵌貼陽文仿古夔龍紋，成兩兩相對之勢。配六方寶珠鈕蓋，連象牙小匙，器體雖小，然比例合宜，裝飾適度，故覺端莊大氣而不顯局促。

二一一　文竹良茗紋海棠式盤　清

高二、長一三·一、寬九·七釐米

故宮博物院藏

略呈長方，四出花瓣式，壁微外傾，底邊沿較厚，成隨形帶足狀。通體包鑲二層竹黄，下層本色為底，上層深色顯花。紋飾以變體良茗葉為主題，作圖案化處理，可見西方因素在清中期宮廷工藝中的滲透影響。

二一二　文竹夔紋四合如意式冠架　清

高二六·四、面徑一五·四、底徑一五·一釐米

故宮博物院藏

通體竹黄貼花，上端由四如意頭連成傘狀，頂附鏤花圓蓋，邊緣及蓋上雕飾夔紋。高柱為四柄如意卷立狀，中部飾變體夔紋。底座四出如意雲頭式，周緣飾蔓草、垂蓮、蟠夔等花紋。

（張林傑）

二一三　文竹嵌玉靈芝寶瓶八方冠架　清

高二八．六、冠架徑一四．七、底徑一五．七釐米

故宮博物院藏

傘形，冠作八瓣鏤空，頂心嵌白玉萬壽字。柱分為兩部，上部為黃楊木鏤雕如意雲並嵌玉石靈芝，下部為文竹嵌玉瓶式，並飾螭紋。底座為束腰八方須彌座式，有幾何式花紋。

（張林傑）

二一四　文竹嵌牙夔鳳紋菊瓣式冠架　清

高三〇、底徑一三．六釐米

故宮博物院藏

冠架上部為鏤空菊瓣盒式，內可儲固體薰香香料。其製作較為複雜，分做上中下三部。蓋、盒身覆、仰蓮瓣結構，均以菊瓣單元拼接而成，竹胎，外部包鑲竹黃層，再施以陰刻。蓋頂嵌染牙及珊瑚裝飾。盒整體之審美效果與乾隆所喜愛的痕都斯坦玉器風格十分接近。冠架中部為三S形夔紋如意式部件拼合而成三向支架，亦包鑲竹黃，其上又以染色陽文竹黃勾邊，中嵌染牙仿古夔紋、幾何紋為飾。彎折處配黑色木製花牙。下承木製底圈，有三矮足。此器風格精巧纖雅，代表了宮廷審美趣味中靡麗柔美而有女性化傾向的一面。

二一五　文竹嵌竹絲冠架　清

高三〇．五、底徑一三．七釐米

故宮博物院藏

底座如鼓式，上立圓柱，頂覆傘形冠承。木胎，除頂心的香盒、座底及四個雲頭足為竹黃裝飾外，通體嵌貼竹絲。頂沿、身座結合處、座緣有四道雙色回

紋，所用深色竹絲經染色處理。架身及底座上的葵形開光均為剔去竹絲，鑲以竹黃而得；開光內的花紋則是於竹絲面上貼飾構成，這與座面上的雲蝠紋裝飾相同。冠架製作注重細節：冠承鏤作花瓣式，所嵌竹絲蜿蜒不斷，呈曲帶狀；頂心的香盒蓋，鏤雕成法輪形，非常精緻。其造型挺拔流暢，包、鑲、貼、染等技術純熟，利用竹絲縱橫變化，形成不同紋理，再配合顏色對比，取得了強烈的裝飾效果。

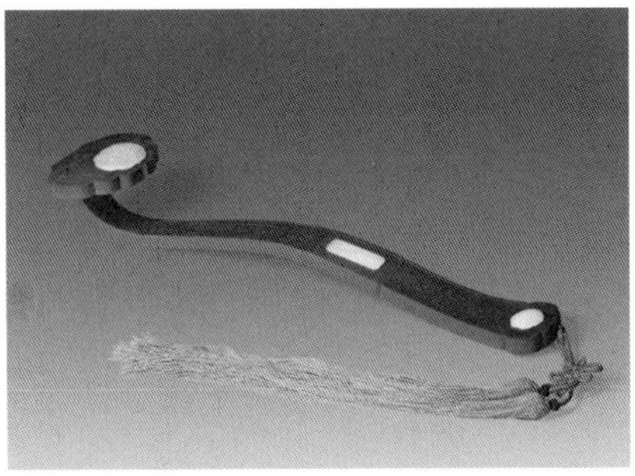

二一六　文竹嵌玉刻御製《福星贊》如意　清

高七、通長四七·五釐米

故宮博物院藏

一份三件，另二件分刻《祿星贊》、《壽星贊》。木胎上貼二層竹黃，上層為陽起主題紋飾，下層陰刻地紋。首部正面以錦紋為地，上飾暗八仙紋，分別將劍與荷花，簫與拍板合為一組，故共得六組，左右各三，正中雙夔紋間陰刻填紅楷書「御製福星贊」，其下嵌白玉獸面紋飾。柄分作三節，上節開光內陰刻填紅楷書《贊》文：「我受命溥將，降福穰穰，大有元亨，用敷錫厥庶民，愷悌君子，受天之佑，永言保之，俾緝熙於純嘏」。中節鑲玉飾；下一節於地紋上飾輪、傘、雙魚等雜寶紋。柄尾亦鑲玉，並嵌銅鈕連玉環及明黃絲穗。如意柄身背面鑲貼陽文楷書「億萬年節節平安如意」，下陰刻填黑楷書「臣熊學鵬恭進」。

熊學鵬（？——一七七九年），雍正八年進士，乾隆間歷任廣西、浙江、廣東巡撫等要職。

此如意色澤淡雅，光潔細膩，銜接無痕，紋飾清晰流暢，實為清中期文竹器物中的精品。

（劉靜）

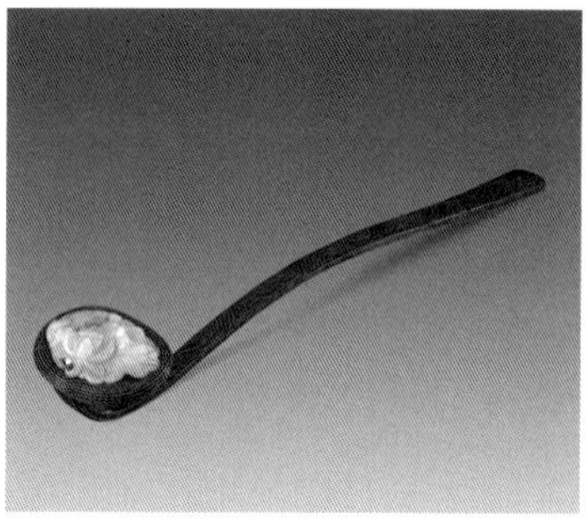

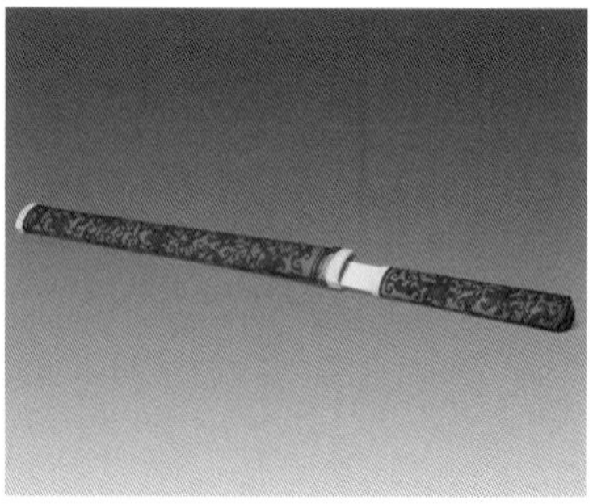

二一七　文竹嵌竹絲冰梅紋兩鑲如意　清

長三八·一、首寬九·三釐米

故宮博物院藏

木胎，用染墨色竹絲通體鑲嵌。首部正面嵌桃紋青玉飾，背面於竹黃上雕刻折枝桃紋，雕工細膩。柄身用淺色竹絲做冰裂紋效果，間以竹黃雕梅花，色彩素雅自然。尾部亦鑲玉，並綴黃色絲穗。

（張林傑）

二一八　文竹嵌竹絲鑲玉如意　清

長三四、首寬六·五釐米

故宮博物院藏

在木製胎骨上鑲貼竹絲為飾，竹絲纖細，打磨圓滑並經染色。柄身上者並排布列，彎曲成波浪式，深淺色澤相間，裝飾性極強。而柄首竹絲則盤曲成環，環繞中部白玉荷花鴛鴦飾件。風格細巧雅致，具有典型的清中期宮廷文竹工藝的風格特點。器表平整光潔，歷經二百餘年，未見分毫脱絲開粘現象，足見工藝之精良。

二一九　文竹纏枝蓮紋鞘象牙裁刀　清

長二九·五、寬二釐米

故宮博物院藏

扁體，長形，線條勻美。刀柄及刀鞘包鑲竹黃，並於淺色地上鑲貼染色變體纏枝蓮紋為飾，色彩鮮明悅目，花紋之上又施以陰刻，勾勒花筋葉脈，製作精密。柄及鞘身、尾鑲嵌象牙裝飾，刀亦為象牙製，輕巧細薄。鞘上設鐵鍍金扣並連綴小環。此器以竹輿象牙為材質，為裁紙刀中罕見的作品。

二二〇　棕竹嵌玉葵花式盒　清

高七·六、最大口徑二二·二釐米

故宮博物院藏

以木為胎，八瓣委角葵花式。蓋面用二十四塊棕竹片及棕竹絲盤貼成螺旋浪花，正中嵌白玉雕花飾。盒內配檀香木雕蓮花水浪紋屜板，其間五個凹池，池中各陰刻五言御製詩一首。原詩收入《高宗御製詩集》二集卷五十五乙亥年（乾隆二十年，一七五五年）下，名為《擬江南曲縣名離合五首》。

此盒盤絲精細，光潔圓潤，儼然天生，銜接緊密，且蓋、底對稱，是集文竹工藝之大成的作品。原為蘇州織造貢進，乾隆甚是喜愛，令如意館畫工根據盒的形狀繪出圖樣，交造辦處木作工匠配屜，按方位刻詩，並於凹槽內置放古玉魚佩。這樣詩句與玉佩相得益彰，更增添了此器的趣味。

（劉靜）

二二一　棕竹葵花式盒　清

通高四·三、口徑一〇·四釐米

故宮博物院藏

作八瓣葵花式，輪廓線多弧曲，蓋身子母口相合，凸唇，底有隨形帶狀足。內壁滿髹黑漆。外壁則利用棕竹獨特的棕、黃相間，交錯不定的顏色與肌理，構成裝飾，令人眼花繚亂。蓋面正中粘貼出一朵大花，花芯內卷，花瓣外旋，色線隨花瓣而轉換方向，彙聚成渦，似不斷流動。此器於簡單的設計中追求繁複的視覺效果，充分開掘出材質本身的美感。

二二二　**棕竹大筆筒**　清

高二〇·一、徑二一·四釐米

故宮博物院藏

筆筒光素無紋，以突顯棕竹本身之自然紋理、質感取勝。器型碩大，沉穩厚重。後鑲木底。

二二三　**棕竹七佛缽**　清

高一四·五、口徑二三·六釐米

故宮博物院藏

缽圓體，稍扁，體格碩大，器壁厚重，口微內斂，口沿平齊，底部渾圓，如釜式。缽外浮雕一周共七尊佛像，均結跏趺坐，雙手疊置膝上，眼簾低垂，寶相莊嚴。背光為淺浮雕，像為高浮雕輔以陰刻，形成多層次立體紋飾。據《長阿含經》等，七佛為昆婆屍佛、屍棄佛、昆舍婆佛、拘樓孫佛、拘那含佛、迦葉佛及釋迦牟尼佛，乃過去世界七位佛祖。器表打磨光潤，強調棕竹獨特的色澤肌理，烏金相映，十分悅目。

缽內壁陰刻隸書填綠彩御題詩句：

古寺聞藏古缽珍，舍離曾得奉金人。

何來沙為漁家器，又歷風翻海劫春。

紀事五言尤憶昨，選材七佛重傳神。

笑予何複拘名象，青石由來半假真。

並「乾隆戊寅春日御題」及「乾隆宸翰」填朱印章。

此詩錄在《高宗御製詩》二集卷七十五，本題作《題枷楠木佛砵》，其後有自注曰：「開元寺佛缽見皮日休詩序甚詳，去歲南巡索觀題句，仍命藏寺中，愛其制古，因命良工以枷楠香木肖形為之。然日休所云帝青石作，以今觀之，則陶器而非石，蓋世代屢易焉，知不出於贗，故末句及之」云云。查皮日休《開元寺佛缽詩》並序，見《全唐詩》卷六二二，述開元寺缽來歷甚奇，以為佛法東來的徵象，乾隆因之有感而發。依其詩題及注，知七佛砵之形最初以木為之，這與今日藏品中竹木等材質皆有的現狀也並不相悖，證明此種形制確為乾隆所喜。這件棕竹七佛砵工質皆美，又深具文化韻味，無疑是乾隆時期竹刻工藝中的精品。

二二四　文竹刻人物題詩方筆筒　清

通高一四、口徑七·二釐米

故宮博物院藏

四方式，通體包鑲竹黃，嵌紅木底座，四足。筒身相對二面，以陰刻技法各刻畫人物一。一為文士，背向立，帶高巾，斜持拐杖，傴淒腰身，容顏雖只見側面，但鬚髯及胸，抿唇凸頷，頗顯龍鍾老態。衣袂輕揚，似有微風吹動，衣紋繁複，線條如屈鐵，有陳老蓮筆意。另一面漁人，正向立，粗服跣足，肋骨林林可數，手搭斗笠，釣竿倚於肩上，挺身揚首，面含微笑。兩相對比，意味深長。筒身其餘二面，陰刻題銘。一為楷書曰：「蒼頡創業，翰墨作用，書契興焉，夫製作上聖立憲者莫先於筆，詳原其所由，究察其成功，鑠乎煥乎，不可尚矣。庚子四月蒼溪王竹民刊。」及「王勳」篆書小印。相對一面行書：「雕鐫精巧，似遼東之仙物，圖寫奇麗，笑蜀郡之儒生。和卿題。」

此器風格清雋，書畫皆有可觀，文竹包鑲及陰刻技法尤為精妙，是不可多得的文房佳構。

本書編輯拍攝工作，承蒙以下各單位
予以協助和支持，謹此致謝。

國家文物局
故宮博物院
旅順博物館
上海博物館
南京博物院
溫州博物館
安徽省博物館
黃山市博物館
婺源博物館
湖南省博物館
廣東民間工藝館
重慶中國三峽博物館
所有給予支持的單位和人士

本卷主編　劉　岳
責任編輯　郭維富
　　　　　段書安
封面設計　張希廣
攝　　影　胡　錘
　　　　　劉志崗
　　　　　劉小放
圖版說明　劉　岳
責任印製　陳　傑

圖書在版編目（CIP）數據

中國竹木牙角器全集·竹刻器／《中國竹木牙角器全集》編輯委員會編—北京：文物出版社，2009.8
ISBN 978-7-5010-2735-4

Ⅰ.中…　Ⅱ.中…　Ⅲ.①雕刻—中國—古代—圖集②竹刻—中國—古代—圖集③竹刻—中國—古代—圖集　Ⅳ K879.32

中國版本圖書館CIP數據核字（2009）第036786號

中國美術分類全集

中國竹木牙角器全集

第1卷　竹刻器

中國竹木牙角器全集編輯委員會　編

出版發行者　文物出版社
（北京東直門內北小街二號樓）

本卷主編　劉岳
責任編輯　郭維富　段書安
製版者　北京文博利奧印刷有限公司
印刷者　文物出版社印刷廠
經銷者　新華書店

二〇〇九年八月第一版第一次印刷

書號　ISBN 978-7-5010-2735-4
印張　二一
定價　三四〇圓

中國美術分類全集

中國竹木牙角器全集

2 木雕器（上）

中國竹木牙角器全集編輯委員會 編

《中國竹木牙角器全集》編輯委員會

凡例

一　《中國竹木牙角器全集》共五卷，主要按材料質地和時代順序編排，其中竹刻器一卷，木雕器二卷，牙角器（含骨器）一卷，家具一卷，力求全面展示中國竹木牙角工藝及家具的發展面貌。

二　《中國竹木牙角器全集》編選以故宮博物院藏品為主，酌收各地有代表性的珍品；既要考慮器物本身的藝術價值，又要兼顧不同地區和流派。

三　本書為《中國竹木牙角器全集》第二卷，選錄新石器時代至清代木雕器精品。

四　本書主要內容分三部分：一為專論，二為圖版，三為圖版說明。

目錄

中國木雕藝術概述

劉　靜

木雕藝術源於生活

中國木雕是實用與審美兼具的傳統工藝，以其歷史悠久、工藝精湛、題材豐富、體系完整享有盛名。木雕工藝用料可分為硬木和軟木兩種，硬木包括花梨木、紫檀木、黃楊木、雞翅木、紅木、烏木等。這些木料質地堅硬，紋理美觀，有很強的藝術表現力，多用於製作家具或雕刻箱櫃、盒匣、筆筒等器具和人物、動物等文玩擺件。軟木包括楠木、樺木、檀香木、沉香木、枷楠香木等。這些木料質地柔軟，色澤豔麗，具有韌性和芬芳香味，多用於雕刻臂擱、筆筒、盒匣等小型工藝品。木雕作為一門獨立的雕刻藝術形式，是伴隨着人們的審美情趣產生的，並且隨着審美觀念的演變而不斷完善。從而讓我們看到了一個瑞彩紛呈的藝術世界。

追溯木雕藝術的歷史，在距今六千多年的浙江河姆渡遺址便發現了木質的生活用具，如木雕魚形器柄，其尾短而寬，腮、鰭畢現，周身雕圓渦紋以象徵鱗片，生動而傳神。用榖木雕刻的木鳥，長達四十釐米，用圓雕手法雕刻，木鳥下端扁平，局部鏤空，兩面雕刻紋飾。這些賦有寫實性的木鳥和木魚雖然不知道它們的用途，但都已具備了藝術特性，成為我國最早的木刻藝術品。夏、商、周三代手工業的生產備受重視。商代曾建立大型的手工機構，木工即為其一。距今約三千五百年的湖北盤龍城二號墓中，曾出土過雕花槨板數塊。其中最大的一塊長二·四米、寬約四十釐米，面上用陰線雕刻饕餮紋和雲雷紋，繁縟而細密，並用黑紅色塗飾。它的雕刻工藝相當成熟。比商代更為分工細緻的周代，將手工業生產分為「八材」。記載見於《考工記》，書中記載當時的手工業分工甚細，有「輪人、輿人、輈人、玉人、柳人、矢人、廬人、雕人、玉人」等，其中不少有雕刻技藝。戰國時期木器在南方應用比較廣泛，湖南長沙戰國墓中出土的一些木板，有鏤空透雕和斜刀平雕等多種形式，其花紋圖案和同期的銅器、漆器具有共同的特點。雕刻最精的是湖北包山大塚出土的木虎和木雕動物群像。其中木虎是用一尺多長的木料圓雕而成。木虎被一塊木板壓伏於地，虎雙目怒視，倒卷其尾，四肢用力，渾身肌肉緊繃。製作者把虎的威猛和奮力抗爭的神態表現得淋漓盡致。木雕動物群表現了一群行進中的鹿因受到遊動蛇群的驚擾而昂首狂奔的景象。大鹿前導，中鹿斷後，小鹿行於其間，一副愛護備至的感人情景。在鹿群的周圍，還有「袖手旁觀」的獼猴，棲身枝頭的小鳥。這件動物群雕構思奇巧，雕刻精湛，對動物的習性把握準確，仿佛使人置身於大自然中。

木俑的興起

戰國中後期，由於以俑像代替真人殉葬習俗漸盛，使木俑的製作得到了發展。戰國時期的木俑雕刻粗糙，僅頭部雕出耳、鼻、眼，嘴為墨繪和塗朱。全身不刻紋飾，雙臂為後裝，並穿着衣飾。以俑像代替人殉的制度對以後各個時期帶來很大的影響。漢代木俑的軀幹較大，略刻出輪廓，雕刻技巧明顯承襲楚俑的造型特點，但擺脫了呆滯生硬的模式，姿態各異，生動而富有情趣。如湖南長沙馬王堆漢墓出土的一六二件木俑，有立有坐有跪，或着長羅袍，或着繡花袍，或着泥銀彩繪袍。另外揚州博物館收藏的漢代木俑及甘肅武威漢墓出土的木俑，在製做手法上非常相似，均以灰、白、墨色彩繪，雕刻手法簡樸古拙，只表現其大致輪廓，對形體不做細緻刻畫，形成了這一時期獨特的藝術風格。唐代盛行厚葬，木俑的品種較多。蘇州博物館收藏了一些頭戴官帽、廣袖長衫、束長裙、雙手合抱直立的唐代官吏俑，這些木俑均用整塊木料雕成，刀法嫻熟。新疆吐魯番阿斯塔那二〇六號墓出土的儀仗俑，比例適中，通體彩繪，有的身穿橘紅盔甲、足蹬黑靴、五官及鬍鬚用墨線勾勒，神態逼真。有的怒目圓睜，張口露齒，表情雖然誇張，但與前代木雕相比，表現力更為突出。

雕刻技法的成熟階段

宋代，朝廷對雕刻工藝十分重視，當時朝廷對有獨特技術的智巧之士給與高度的評價和封賞，如宋真宗時期的沙門嚴氏，曾用檀香木雕造了一座瑞蓮山，在山中庵門之中又透雕了五百羅漢及其侍者，設計精巧縝密，雕刻技巧精湛，受到了皇帝的讚賞，被封為「技巧夫人」。朝廷的推崇加之雕刻工藝又受金石、繪畫藝術的影響，特別是一些文人的參與，使雕刻漸由原來的實用工藝而昇華為藝術品，這種做法進一步推動了雕刻藝術的發展。體現這一時期木刻成就的是圓雕木刻藝術的高度發展，如現收藏在上海博物館的迦葉頭像，雕刻十分講究，刀法運用嫺熟，線條粗細處理合理，達到了形神兼備的藝術效果。

宋元時期，木刻圓雕技法比較簡潔，人物、動物形象雖不及盛唐的雄健質樸，但注重自然、流暢、寫實，特別是把握住了人物的性格，將人物神貌特徵、精神氣質細緻地表現出來，著名的有木雕觀音和羅漢，如廣東韶關市南華寺木雕羅漢像、河北定州出土的力士像、故宮博物院收藏的李鐵拐像等。宋代的觀音式樣很多，表情也不一致，有的面容端麗，有的表情開朗，生動而具有活力。如木雕彩繪的觀音坐像，面部豐腴，半倚半坐，保留着唐代美人的形態。尤其那翹起的一足，表現出愉快開朗的心態，儼然就是現實生活中民間少女的寫照。廣東韶關市南華寺供奉的三百六十尊北宋木雕羅漢像，均在四九·五—五八釐米間，大多採用整塊柏木、楠木、樟木或檀香木雕成。他們姿態各異，或抱胸、或支頤、或撫膝、或交手、或展經，個個生動傳神。與那些莊嚴肅穆的唐代造像相比，更接近現實生活。

一九六九年出土於河北定州北宋靜志寺塔地宮的力士像是北方的圓雕作品。力士束髮，前額凸起，雙眉緊鎖，怒目圓睛，雙唇緊閉，眼、眉、髮髻彩繪黑、朱、赭等色漆，色澤鮮豔，從相貌表情上看不似南方雕像那樣溫和，更多的是威武雄健。為宋初彩繪木雕的代表之作。

元代木雕尤其注重精神內涵，至正二年（一三四二年）製作的黃楊木雕李鐵拐像，是這一時期特色鮮明的作品。李鐵拐肩繫葫蘆，鶉衣百結，袒胸露臂，瘦骨嶙峋，赤雙足，右脇下架一拐，以右手曲臂撫之。雖然相貌清癯，形似乞丐，但他額頭上有一塊凸起，顯現出幽默睿智，刻劃極其細膩。

雕蟲小技入室登堂

明代建立以後，為了恢復經濟發展和社會秩序，採取了一系列措施，使各項生產都有了較大的推進。特別是加強了對海外經濟貿易的開拓，如鄭和七次下西洋，加強了對外的經濟、文化交往。外國的商品、原料和科學技術、文化藝術及奇珍異寶逐漸輸入中國，同時也進一步促進了木雕工藝的發展。

明代沿襲了宋代的一些管理措施，設有大量的手工業工廠，以各種形式，或「雇」或「租」從民間征調工匠服役，並將工匠分為常駐和輪班兩種。在朝廷內還設有專門為宮廷生產御用品的機構—御用監，為了滿足皇家的需要，各種工藝品的製作不惜工本，精雕細琢，形成了特有的宮廷藝術風格。工匠相對解脫了一些枷鎖，這些制度在一定程度上又刺激了手工業的創造性，因此在當時全國各地形成了許多工藝項目的生產中心，如金陵、嘉定、東陽、樂清、溫州、潮州、廣州、蘇州等地的各種木雕品類均聞名遐邇，其影響超出鄰地，並向海外傳播。

此外，文人、士大夫階層講究以竹、木等製作的精緻淡雅的小品擺置案頭，裝飾書房，一些人還親歷親為，參與製作。使得明代雕刻品繁榮發展起來，明初一些難登大雅之堂的「雕蟲小技」，漸漸堂而皇之地成為一門藝術品類，同時出現了一批開宗立派的代表人物。

濃郁的地方特色

明代木雕的地方特色非常鮮明。這一現象在宋代就已形成。其中最富盛名的有浙江東陽木雕、廣東潮州木雕、福建福州木雕和安徽徽州木雕。其中大項有的應用在建築門窗、斗拱、樑柱上，有的應用在家具、佛龕造像上。小的器物有的用於日常生活用具上，有的為文房用具，還有的是雅玩陳設擺件。在雕刻技術的運用方面，建築、家具、佛龕一般以透雕、浮雕為主；造像和陳設、文房用具等則以圓雕為主，也有的則多種技法並用。在宋代，浙江東陽木雕是以黃楊木、樟木等木雕為主要材料進行雕刻的，徽州的木雕大多用樟木。廣東的潮州木雕，亦稱「金漆木雕」，即在浮雕或圓雕的畫面和器物之外表先塗有朱漆或黑漆，然後再塗金漆，使作品金碧輝煌，工藝十分精巧。金漆木雕用木較雜，有柏木、楠木、樟木等多種，雕刻的題材多為典故、傳說、故事等，有的還按情節雕成連續畫面。兩地的雕刻工藝均以多種技法並用，形式多樣。

明代福州、徽州、浙江東陽的木雕在宋代基礎上進一步發展，流行於粵東潮州一帶的潮州木雕以造型生動、纖麗精巧、金碧輝煌為主要特徵，用單層次鏤空的雕刻技法，雕刻人物、動物、魚蝦等作為門窗、佛龕、箱匣的主要裝飾。東陽木雕無論是作為建築裝飾還是家具器皿，均形成了渾厚樸實的風格。雕刻多以歷史故事和民間傳說為題材，圖案佈局常用「滿花不露地」的技法，構圖豐滿，但滿而不亂，具有濃郁的裝飾性。其工藝追求精巧，大多保留平面的多層次深、淺浮雕，結合鏤雕，圓雕技法，注重人物動態和整體效果，形成其獨特的風格。

明代除了家居裝飾外，揚州、蘇州、常州的硬木雕均聞名遐邇，影響極廣。最有特色的是富於創造性、生氣勃勃的小型陳設木雕工藝品，這些用黃楊木、沉香木、紫檀木、花梨木、紅木、雞翅木、果核雕刻的作品，在藝術上都取得了很大的成就，流行甚廣，上至帝王，下至百姓，對這類雕刻製品無不欣賞和喜愛，那細膩、美觀的木質，配合上精巧的雕刻，可與象牙、玉雕媲美。由於當時雕刻風氣盛行，名家輩出，巧手成群，除了供奉宮廷的名工巧匠外，在地方上也有不少技藝高超的雕刻名匠和文人雕刻高手，如濮仲謙、江春波、夏白眼、王叔遠等人都是一專多能、技藝出眾的高手。他們在明代中後期至清代初期，在木雕的創新和發展上起了不可磨滅的作用，而皇家、士大夫、文人對這些清玩作品的喜愛和收藏，也起到了推動作用，有很多名木名刻，都是眾目所矚的作品。其中在明代中後期流行的沉香木雕文玩，尤其受到上層喜愛。沉香木屬瑞香科，產於亞熱帶地區，木色呈棕黃色，質地堅硬，木材和樹脂既可做香料又可入藥，明代時多用沉香木雕成杯、暖手等，朝夕把玩，受香氣薰染，心悦神怡，有健身功效。江春波就是沉香木雕刻高手，他善以沉香木為材，採用拼、鑲、雕、鏤等技法製成山水紋杯，以高浮雕表現遠山近水、樹木花草，有如中國畫中的皴擦點染。無論是造型、還是雕刻手法均與犀角杯十分近似。

古樸的根雕和精緻的核雕

在木雕製品中，根雕、果殼雕、核雕等是獨特的品種。根雕是利用多年生的老樹根，以其自然形態為基礎，稍許加工成器，具有淳樸、自然之美。核雕以果核為原料，雕刻者以觸覺感應運刀，或畫畫、或題詩，將山水、人物、鳥獸、花卉、樓臺、亭閣等大千世界濃縮於方寸之間。有圓形和橄欖形兩種，體積很小，屬於微雕製品。一般多製成朝珠、手串等，因受當時達官貴人、文人雅士的喜愛，遂風靡一時。因此，在明清文人筆記中，以核雕留名的藝人很多，其中以夏白眼、王叔遠最為著名。王叔遠的核雕藝術，明魏學伊《核舟記》中記載得非常生動，說他是奇巧人，能在桃核上雕鐫種種器物、人物、鳥獸、木石等，各具情態。特別是他曾在一個長約八分的果核上刻《赤壁賦圖》，一葉小舟，艙軒篷楫樣樣俱全，舟上刻蘇東坡、佛印等五人乘舟夜遊，清風徐來，江流有聲。舟背題款細若蚊足。他的雕刻技藝堪為神功。另外明天啟年間，虞山王毅所雕的桃核，也使人愛不釋手。據明代高濂《遵生八箋》記載：明宣德年間，「夏白眼所刻諸物，若橄欖核上雕有十六娃娃，狀米半粒，眉目喜怒悉具。又如荷花九禽，飛翔奔走各具姿態，成於方寸小核，可稱一代奇作，傳之久遠，人皆寶之」。

清代木雕的繁榮與發展

清代木雕工藝達到了鼎盛時期。特別是木雕工藝發展非常普遍，幾乎遍佈全國各地，應用十分廣泛。從房屋建築的梁棟、窗楣隔扇，到箱櫃、桌椅、提匣、妝奩上的裝飾，再到文房用具、陳設、文玩等，可以説是無處不用木，無木不雕刻。具有濃厚地方特色的廣東潮州木雕，浙江東陽木雕，蘇州、揚州的硬木淺浮雕等，各有特點。潮州木雕擅長在一些狹小的面積上，以散點透視的手法雕刻出山水風景圖案，層次豐富，有些地方幾乎近於微雕；被稱為「雕花之鄉」的東陽木雕，以歷史故事、民間傳説和吉祥圖案為主要題材，常用「滿花」的構圖方法，風格獨特；蘇州、揚州的硬木雕刻家具，更是風靡全國。特別是皇室使用的箱櫃家具，多是由兩江織造從蘇州定製，木材珍貴，紋飾繁縟，精雕細刻，具有濃郁的皇家氣派。

奇巧精美的小型雕刻工藝品，採用了多種技藝製作，精工精料，被稱為特種工藝。這些用黃楊、紫檀、烏木、紅木、樺木、椰殼、果核、樹根等製成的各式小盒及陳設、文玩不但數量眾多，而且質美紋精，造型奇巧。在造型、紋飾以及雕刻技巧等諸方面均超越前代。如用深淺浮雕配上圓雕技巧刻製的各式小盒，十分精美，就形狀而言，有圓形、方形、瓜果形、如意形、方勝形、海棠花形、扇形等多種，加之精湛的雕刻，可以用「奇特」二字譽之。如清代中期由造辦處小木作雕刻的螭紋四足盒，其形狀近似明代銅爐，爐蓋上所刻的螭龍頭似鸚鵡，貌甚怪異。兩隻爐耳也由螭龍代替，一昇一降，全不對稱，率意為之，殊為罕見。文玩陳設品中，有深淺浮雕的筆筒、杯盞，圓雕的瓜果、人物、鳥獸等。在雕刻技巧上，有線刻、陰刻、深淺浮雕、透雕、圓雕、鑲嵌等等。題材廣泛，內容豐富，除了傳統的花鳥、人物、山水外，還常見有瓜果、瑞獸、歷史典故、戲曲人物以及以名家畫作為藍本的木雕等等。比如用高浮雕製作的筆筒、杯盞，題材上有「香山九老」、「竹林七賢」及歷史典故、山水人物圖案等等。圓雕的人物從仕女、仙人到各式鳥獸，更是神靈活現。這些精美的作品，體現了雕刻工藝技師的精湛技藝，也使很多傑出的藝師為此青史留名。如一技多能的吳之璠、杜士元、周柱等人，還有清宮造辦處的小木作名匠，他們都是以敏捷的構思，高超的雕刻技術，成為一代著名的雕刻家。

其中吳之璠不僅是清初嘉定派竹刻的第一高手，其木雕也十分精彩。他將刻竹之法移用到刻木之上，刻出的山水、人物、花木，別具風格。比如他以高浮雕刻製的黃楊木雕《東山報捷》筆筒，稱得上木雕中的極品，至今仍然珍藏在北京故宮博物院內。

杜士元的果核雕刻也非常有名，人稱之為鬼工。因他的技藝高超，被乾隆皇帝召至宮內，專為皇室服務。據説他因禁在皇宮造辦處中，終日悶悶不樂，後來裝瘋才被放歸故里。他雕刻的果核及象牙、木刻製品均被人們視為珍寶。傳世作品有杏核雕人物故事，橄欖核雕壽星及小船等。

另外，廣東、海南的椰殼雕刻在清代也興盛起來。用椰殼製作的茶具、罐、盒、杯、碗、壺等，色如燕栗，起凸的淺浮雕紋飾精美別致。特別是雍正時期製作的香盒、杯、碗等椰殼製品尤為精細。有的盒碗中髹朱漆或黑漆，有的配鑲上金銀，可見對它寶愛的程度。

值得一提的是鑲嵌工藝，鑲嵌工藝是在一件作品上以多種材料組成圖案，材料一般用螺鈿、青白玉、瑪瑙、珊瑚、青金石、松石、象牙、硨磲等，若是皇家用品，許多還用紅、藍寶石、貓眼石鑲配。作品圖案豐富，構思巧妙嚴謹，花色五彩繽紛。在稱呼上，三種以上材料搭配的鑲嵌，稱為「百寶嵌」。這種在明代中後期由周柱開創的百寶嵌工藝，到清代中期達到登峰造極的地步。

在雕刻藝術方面，清代達到了頂峰，所製作的作品，大部分可以用「富麗、精緻、渾厚、簡練、挺拔、清新、典雅、剛健」來概括。平面浮雕無論是尺餘長還是寸餘大的作品，構圖均講求深遠、虛實、疏密、收放、主從等。所雕出的景物均虛實掩映，錯落縈回，具有雄渾、剛健、宏大的氣勢，給人以秀麗明朗的感覺。一幅山水，畫面中樹木的老幹新枝，山石的凸凹皴點，在雕刻刀法上都一絲不苟，用刀轉折曲直，粗細剛柔，變化多端，小中見大。圓雕作品則表現得簡練、渾厚。以豐滿、樸厚、圓渾、柔和的風格和簡練的線條、紋飾造成一種清秀雋永的藝術效果。有的作品在裝飾面上不做深琢高雕，只用減地法使主體略微凸起，或另用淺浮雕法雕出一隻襯物及枝、花等，以免花紋繁瑣喧鬧。手法含蓄，但突出了主次關係。看似只添上了疏落的一枝梅花、竹枝，卻使作品平添了無限的意趣。

清代更多的作品，在造型設計、構圖紋飾上大多不為陳規所束，也不一味追求怪異奇巧，表現出一種優美雅致、超乎凡俗的格調，使作品在簡潔中富於變化，有一種自然高逸的雅韻。總之，清代各類技藝非凡的名師巨匠，以他們非凡的智慧，把我國的雕刻工藝推嚮了空前的鼎盛，他們為後人遺留下來的大美，綻放出熠熠奪目的光華。

圖版

一　木雕魚形器柄　新石器時期

二　木削　戰國

三　彩繪木雕鴨形漆豆　戰國早期

四　彩繪木透雕四龍座屏　戰國晚期

五　彩繪草葉紋酒具盒　西漢早期

六　彩繪木俑　西漢

七　着衣木舞俑　西漢

八　着衣木歌俑　西漢

九　着衣木女侍俑　西漢

一〇　雕衣木俑　西漢

一一　彩繪奏樂木俑　西漢

一二　木雕菩薩　唐

一三　彩繪天王木俑　唐

一四　彩繪塗金木雕菩薩像　唐

一五　彩繪仕女木俑　唐

一六　彩繪木雕俑　唐

一七　彩繪木罐　唐

一八　木雕牛車　唐

一九　彩繪馬夫木俑　唐

二〇　彩繪騎馬文吏木俑　唐

(之一)　　二一　彩繪騎馬武士木俑　唐

(之二)

（之三）

（之四）

二二　彩繪木馬　十六國

二三　木雕羅漢像　北宋

二四　彩繪木雕菩薩立像　北宋

二五　金漆木雕天王像　北宋

二六　彩繪木雕供養人像　北宋

二七　木雕力士像　北宋

二九　橢圓形海棠式大木碗　北宋早期

三〇　黃楊木雕李鐵拐　元

三一　彩繪木雕武士立像　明

三二　木雕文殊普賢菩薩　明

三三　木胎漆龕金阿嵯耶觀音立像　大理國

三四　木雕蓮花金銀三世佛龕　大理國

（之一）

三五　木雕儀仗俑　明

（之二）

三六　根雕壽星　明

三七　黃楊木雕觀音立像　明晚期

三八　黃楊木達摩立像　清早期

三九　黃楊木雕仙人　清早期

四一　木雕李鐵拐　清中期

四○　木雕菩薩立像　清

四二　黄楊木雕仕女　清中期

四三　黃楊木雕老人　清中期

四五　紅木嵌銀絲八仙人——漢鐘離　清

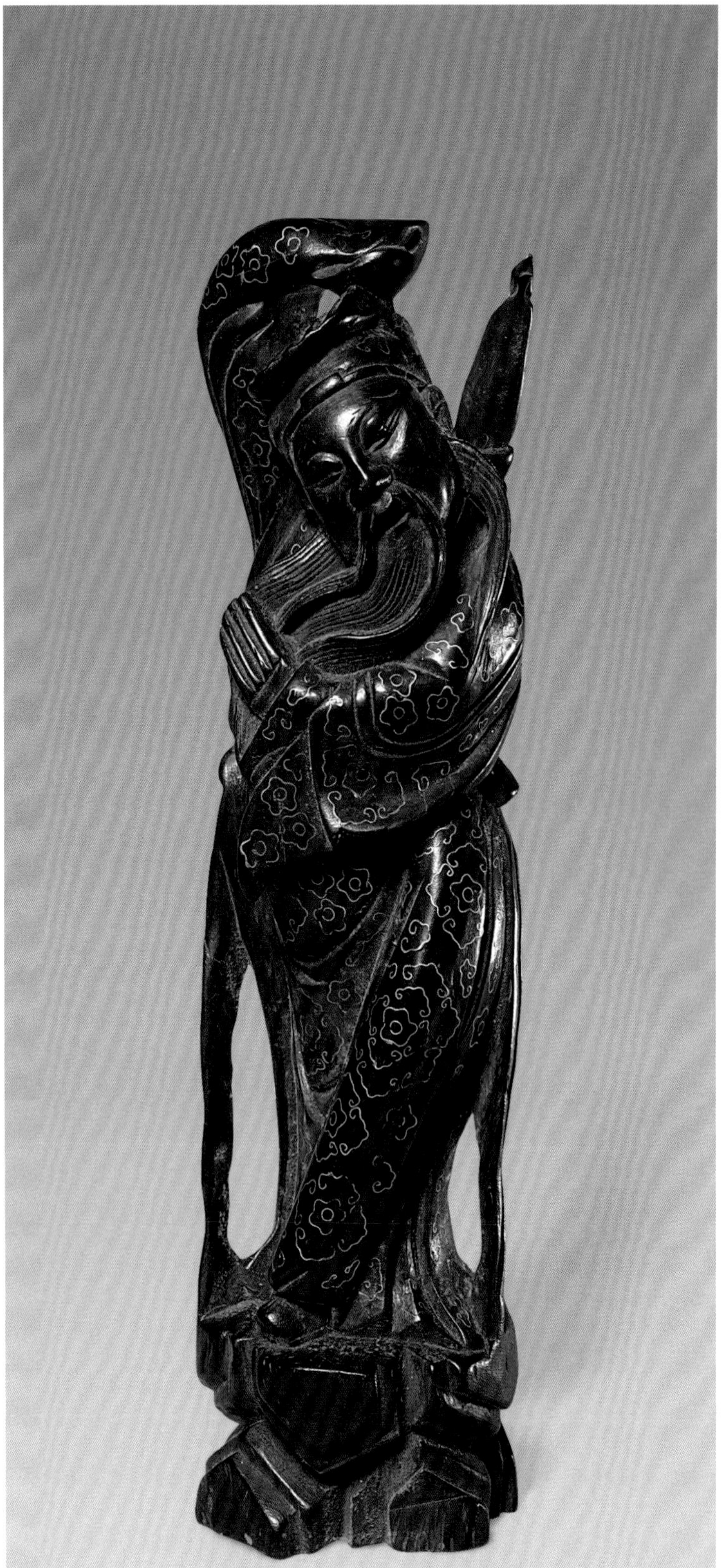

四四　紅木嵌銀絲八仙人——呂洞賓　清

四七　紅木嵌銀絲八仙人——李鐵拐　清

四六　紅木嵌銀絲八仙人——曹國舅　清

四九　紅木嵌銀絲八仙人——張國老　清

四八　紅木嵌銀絲八仙人——何仙姑　清

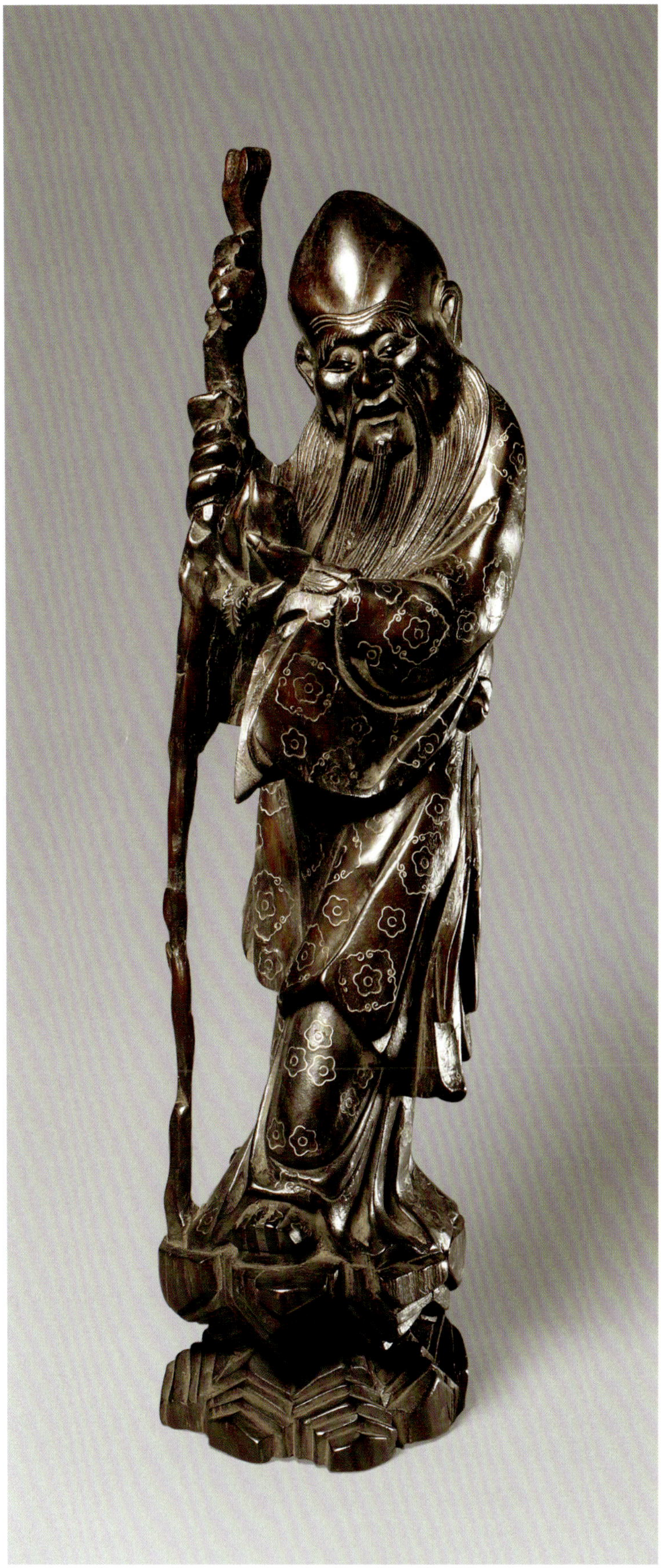

五一　紅木嵌銀絲壽星　清

五〇　紅木嵌銀絲八仙人——藍彩和　清

五二　棗木雕八仙人——漢鐘離　清

五三　棗木雕八仙人——吕洞賓　清

五四　棗木雕八仙人——韓湘子　清

五五　棗木雕八仙人——蘭彩和　清

五六　棗木雕八仙人——張國老　清

五八　棗木雕八仙人——李鐵拐　清

五七　棗木雕八仙人——漢鐘離　清

五九　棗木雕八仙人——韓湘子　清

六一　棗木雕八仙人——何仙姑　清

六〇　棗木雕八仙人——藍彩和　清

六三　棗木雕八仙人——張國老　清

六二　棗木雕八仙人——呂純陽　清

六四　棗木雕八仙人——曹國舅　清

六五　棗木雕壽星　清

六六　梨木雕壽星　清光緒

六七　沉香木雕壽星　清

六八　沉香木騎獅佛　清

六九　沉香木雕觀音像　清

七〇　沉香木雕觀音送子　清

七一　樺木雕壽星　清

七二　樺木雕麻姑像　清

七四　天然木雕仙人騎犼　清

七三　天然木雕老子騎牛　清

七五　天然木仙人騎驢　清

七六　天然木雕達摩像　清

（之一）　　七七　木雕“四快”人物　清

（之二）

（之三）

（之四）

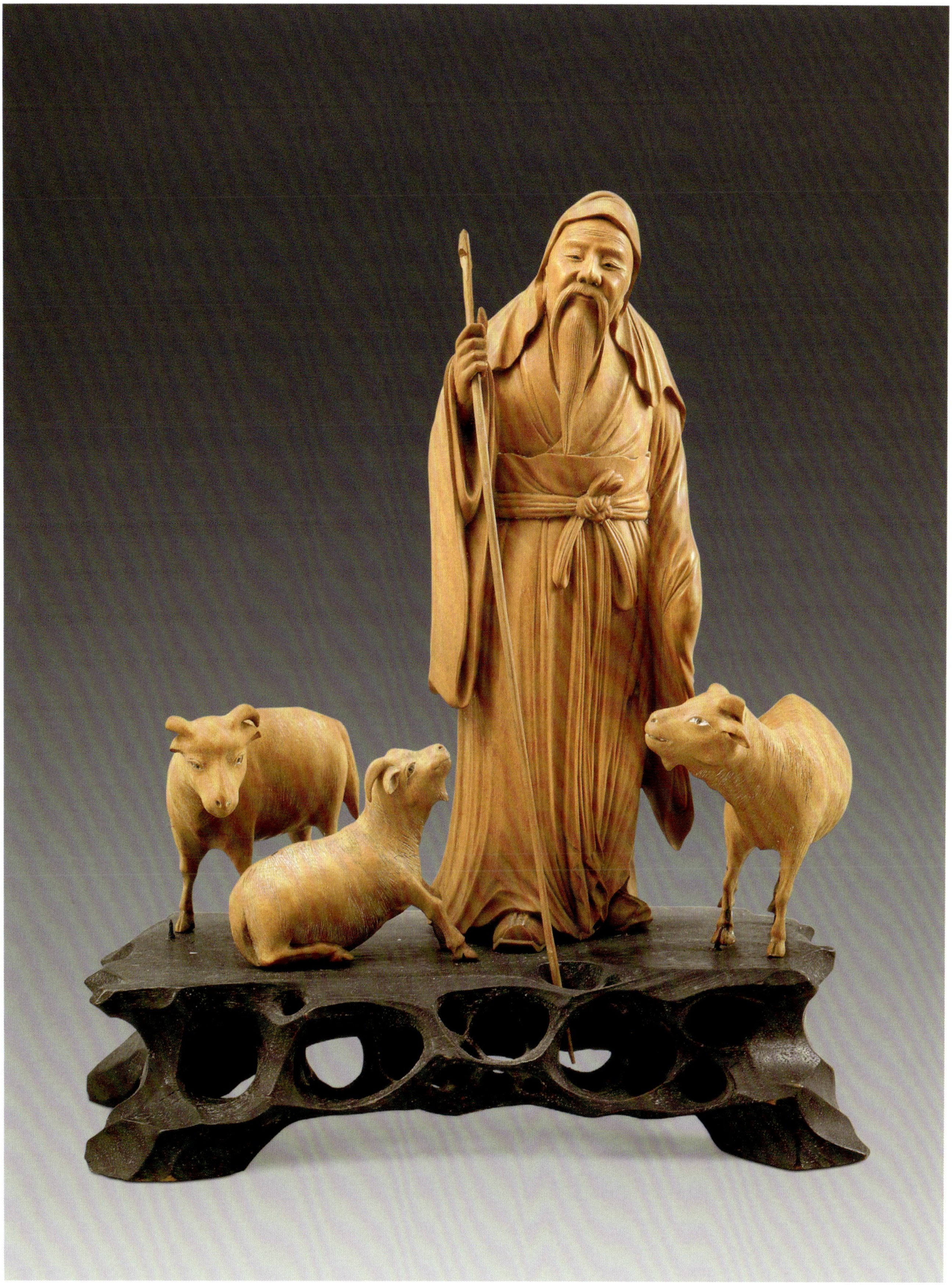

七九　黃楊木雕《蘇武牧羊》　清

七八　黃楊木雕五嬰捧壽桃　清

八〇　黄楊木雕《捉迷藏》　清

八一　黃楊木雕《東坡賞硯》　清

八二　黃楊木雕六子戲彌勒　清

八三　黄楊木雕八仙人　清

（之一）

(之二)

八四　木雕敬酒、獻花　清

八五　紅木雕童子牧牛　清

八六　木雕金漆異獸　明

八七　黄楊木臥牛　清早期

八八　木雕牧童騎牛　清

九〇　沉香木根鹿　清

九一　硬木樹根牧牛　清

九二　天然木母子獅　清

九三　天然木羊　清

九四　天然木蟹式盒　清

九五　紫檀螭紋扁壺　明

九六　沉香木鸳鸯暖手　明

九七　硬木牛首杯　明

九八　天然木根瓶　清

九九　木雕鼻煙瓶　清

一〇〇　天然木雕抱月式瓶　清

一〇一　天然木雙耳三足爐　清

一〇二　天然木爐　清

一〇三　天然木五供　清

一〇四　天然木爐、瓶、盒　清

一〇五　天然木蟠螭小瓶　清

一〇六　椰子木茄　清

一〇七　天然木石榴　清

一〇八　天然木並蒂瓜　清

一〇九　天然木根佛手　清

一一〇　天然木白菜　清

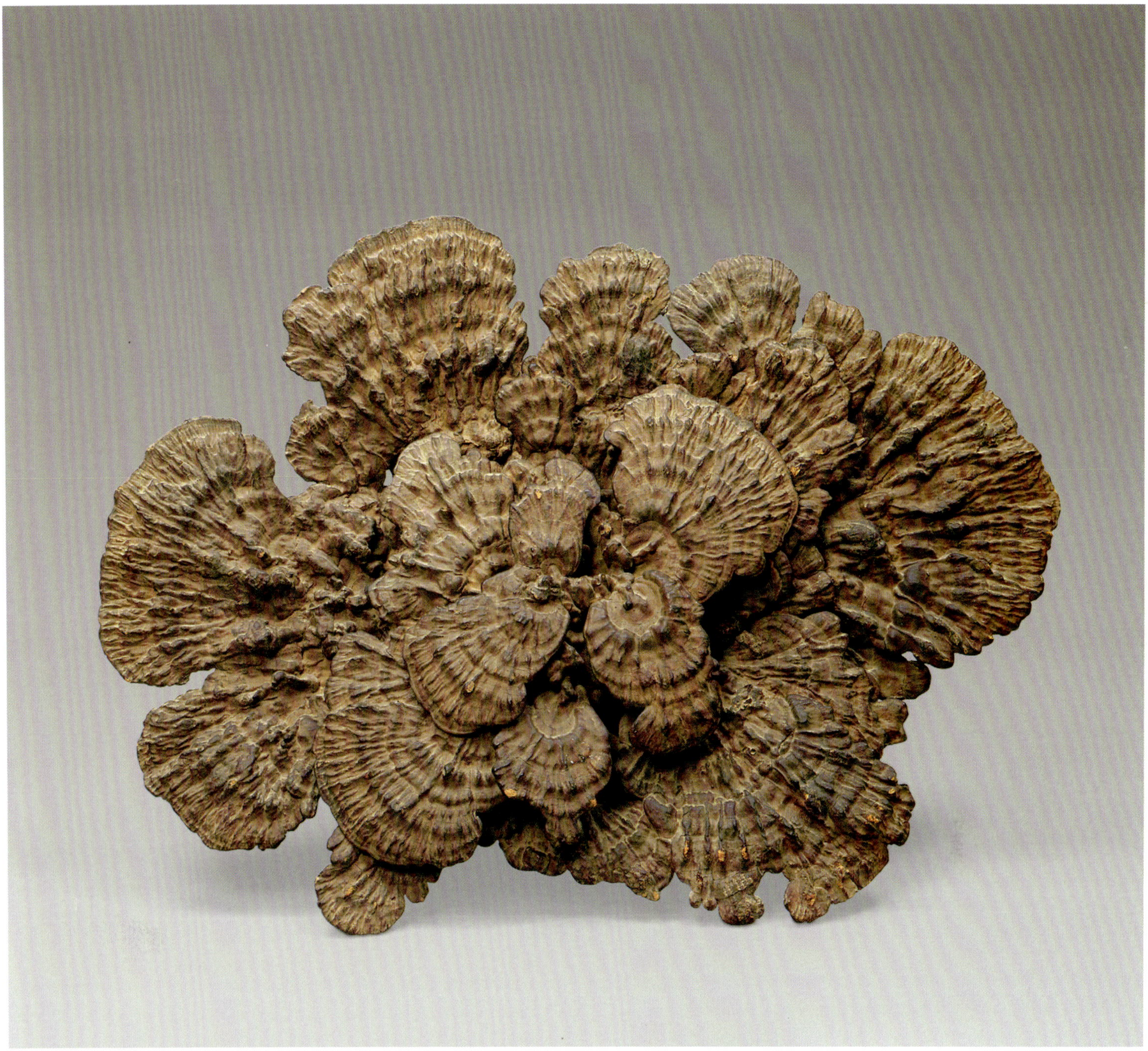

一一一　天然木靈芝　清

一一二　天然木木魚　清

一一四　梨木凸雕嬰戲圖匏模子　清

一一五　黃楊木雕荷花如意　清

一一六　黃楊木雕菊花如意　清

一一七　樺木雙夔耳天雞蓋罐　清

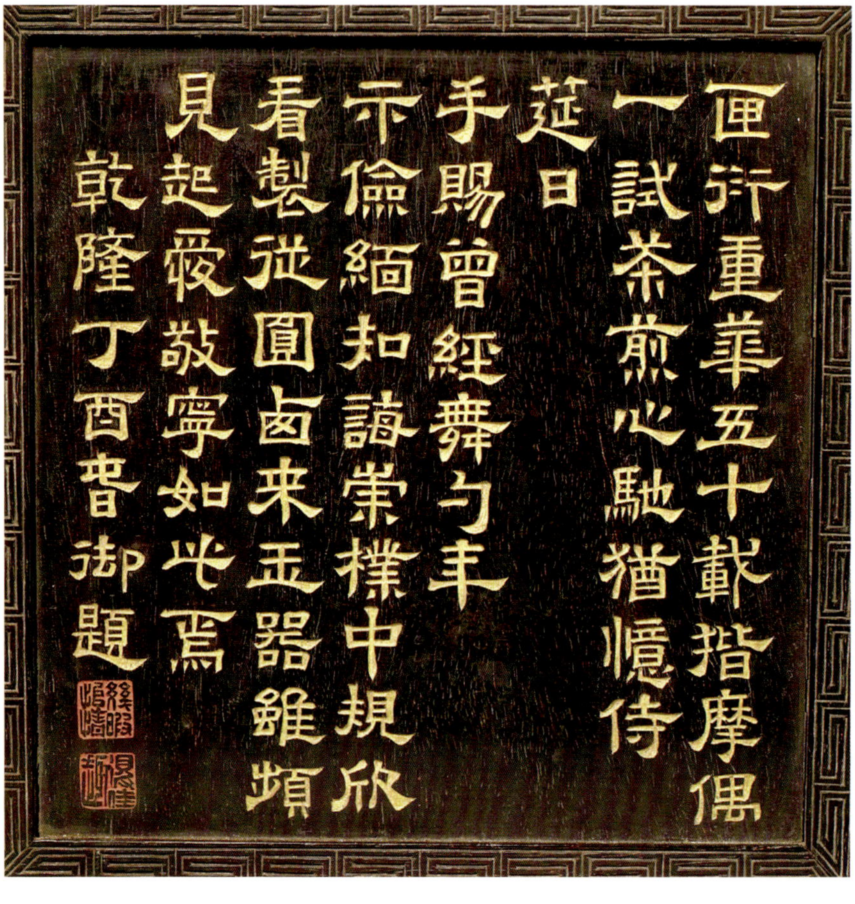
匣衍重華五十載指摩偶
一試茶煎心馳猶憶侍
筵日
手賜曾經舞勺年
示儉綢知誨業樸中規欣
看製從圓卤来玉器雖頻
見起羲敬寧如此焉
乾隆丁酉春御題

一一八　扎古扎雅木碗　清

一一九　扎古扎雅木碗　清乾隆

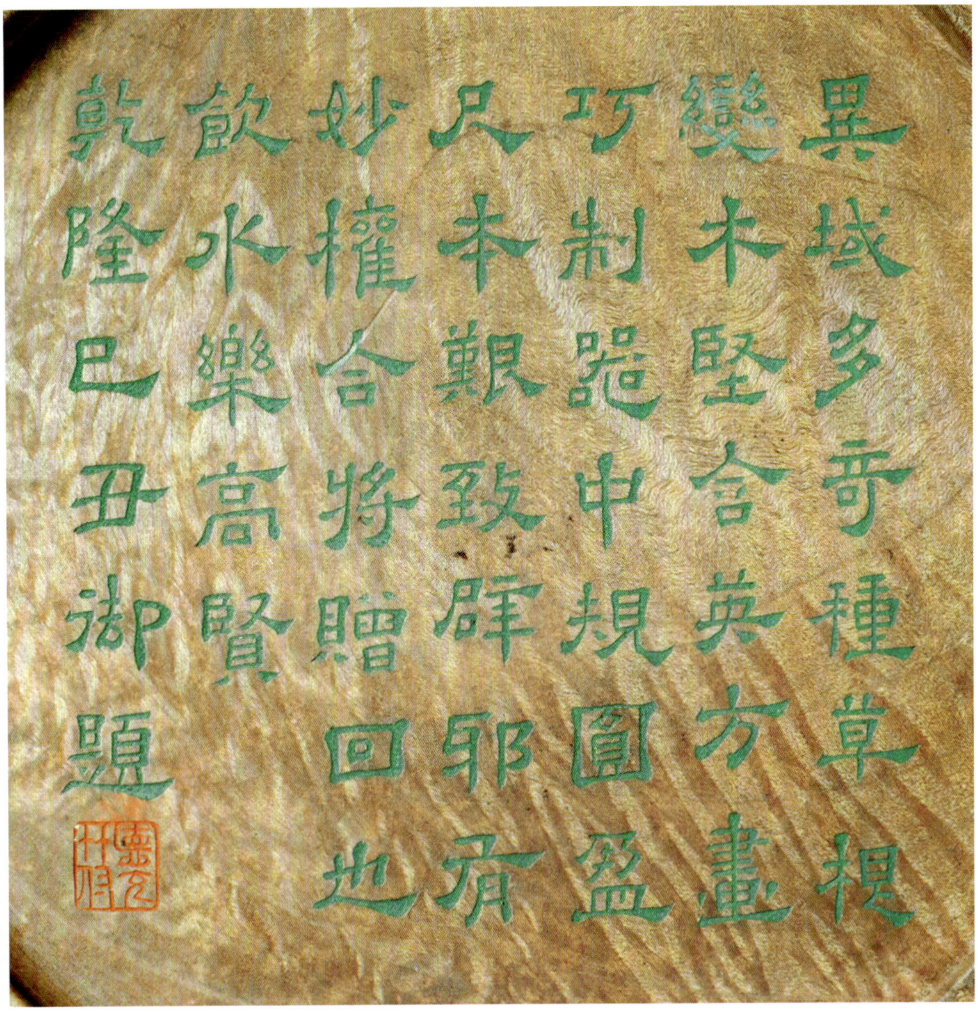

一二〇　扎古扎雅木碗　清乾隆

一二一　樺木碗　清

一二二　根雕雲峰鏤勝山子　明

一二四　紫檀雕人物拍板　明

一二五　觀音變相雕版　明

一二六　目連戲雕版　明

一二七　雕花木印　清

一二八　紫檀雕花靈芝式盤　清

一二九　紫檀雕花長方委角盤　清

一三〇　椰殼雕龍紋碗　清

一三一　椰殼雕蟠龍紋香盒　清

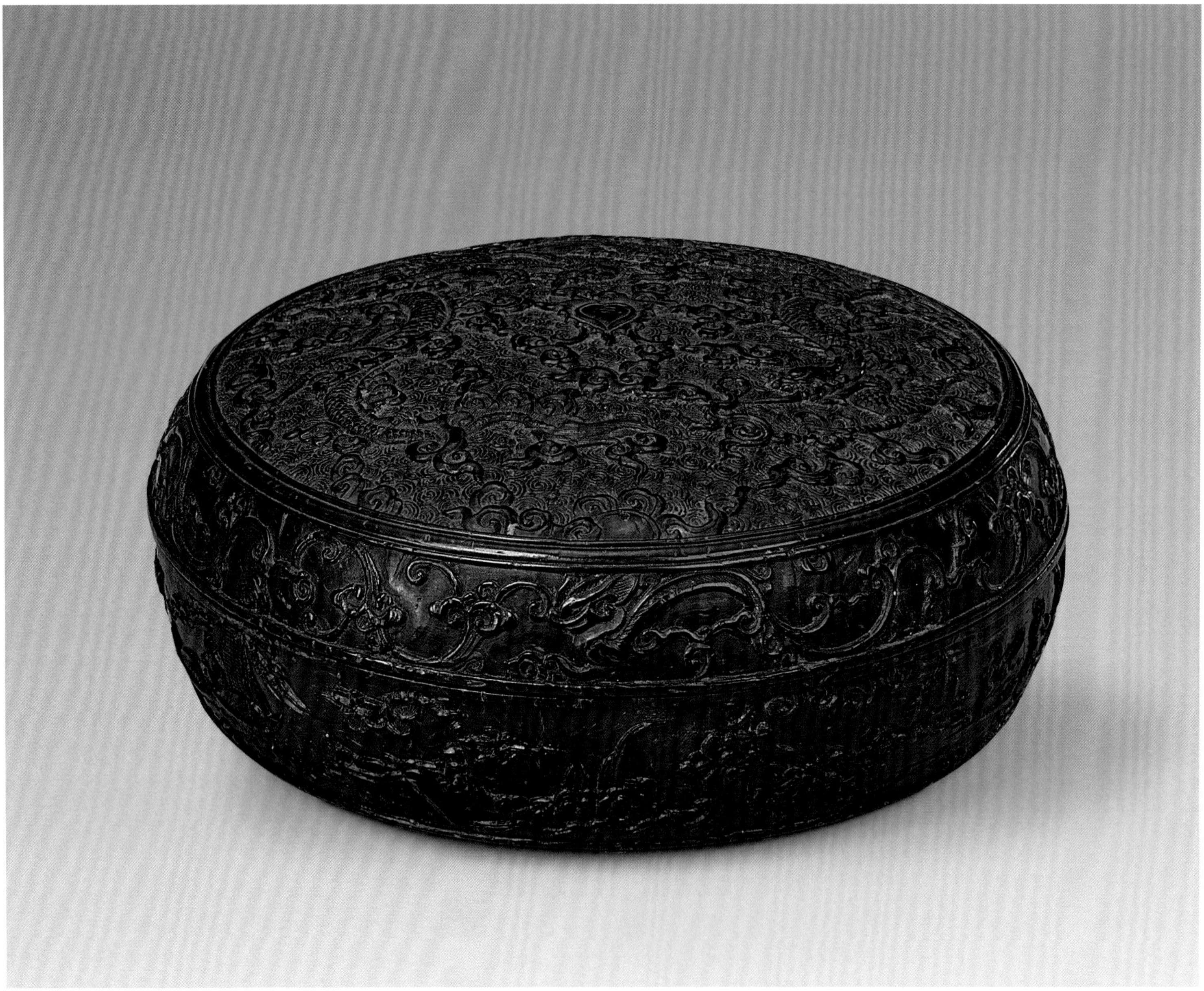

一三二　椰殼雕雙龍戲珠圓盒　清

一三三　檳榔木雕鏤空銅裡碗　清乾隆

一三四　檳榔木鉛裡刻花圓盒　清

一三五　檳榔木雕花嵌金圓盒　清

一三六　樺木盤　清中期

一三七　椰殼雕雲蝠金裡碗　清

一三八　椰殼銀裡套杯　清

一三九　檳榔木雕花小罐　清

一四○　伽楠香嵌金壽字搬指　清

一四一　伽楠香嵌金壽字搬指　清

一四二　伽楠香嵌金雙喜搬指　清

一四三　伽楠香嵌金如意搬指　清

一四四　肉桂搬指　清

一四五　橄欖核雕鍾馗　清

一四六　橄欖核雕壽星　清

一四七　橄欖核雕小舟　清

一四八　橄欖核雕花鳥小瓶　清

一四九　伽楠香木雕魚蓮八方佩　清

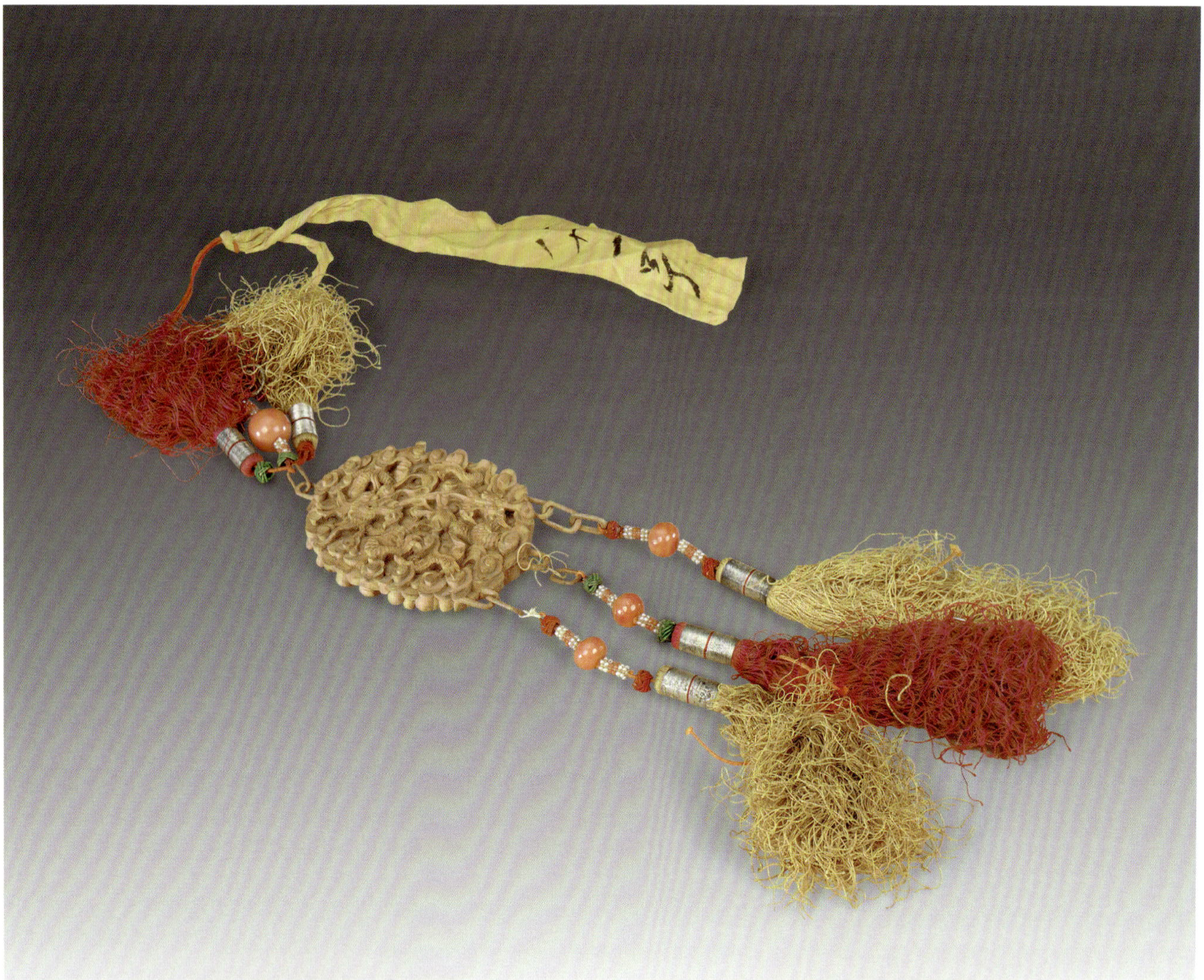

一五〇　檀香木雕雲龍橢圓佩　清中期

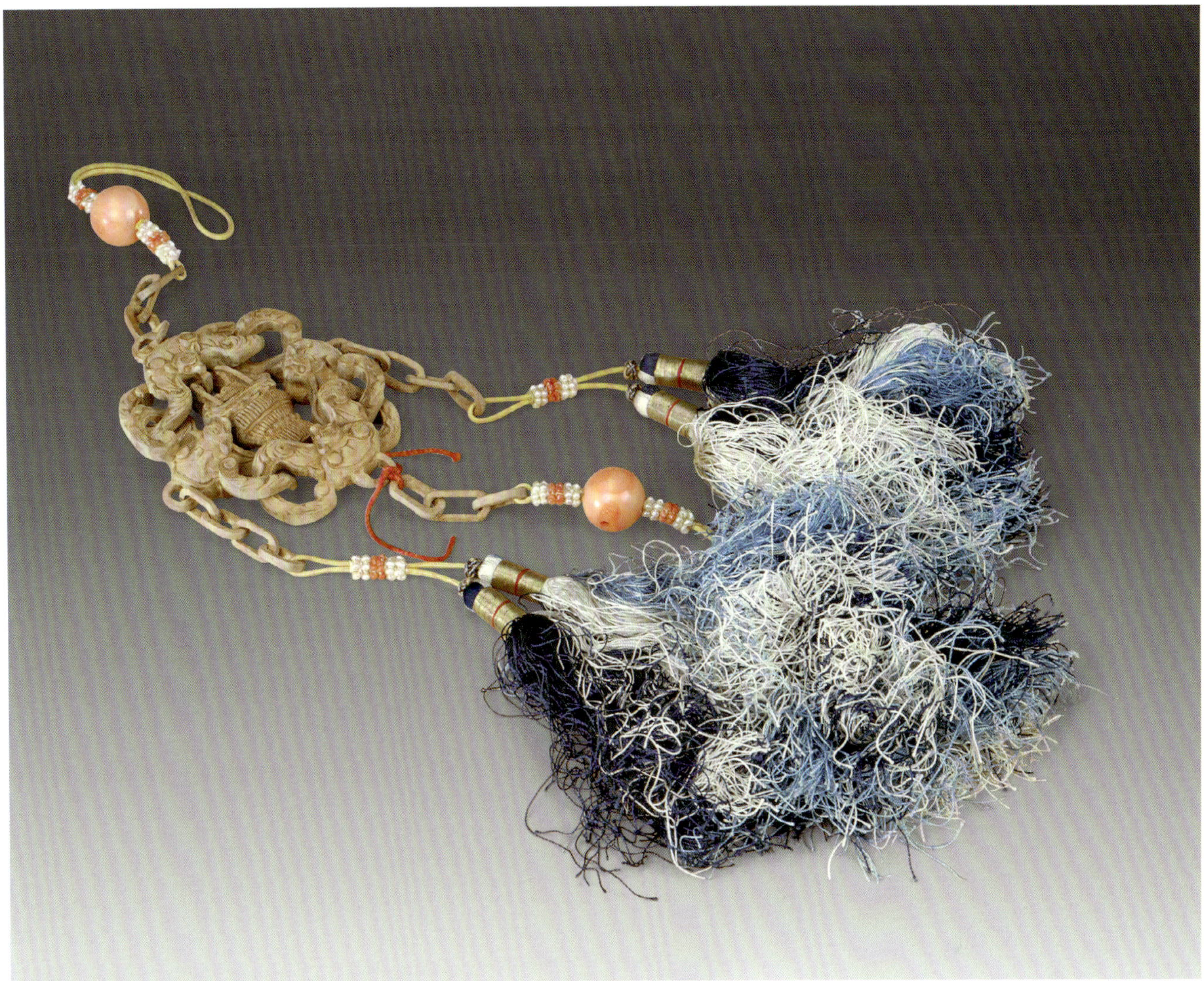

一五一　白檀香木鏤雕連蝠佩　清

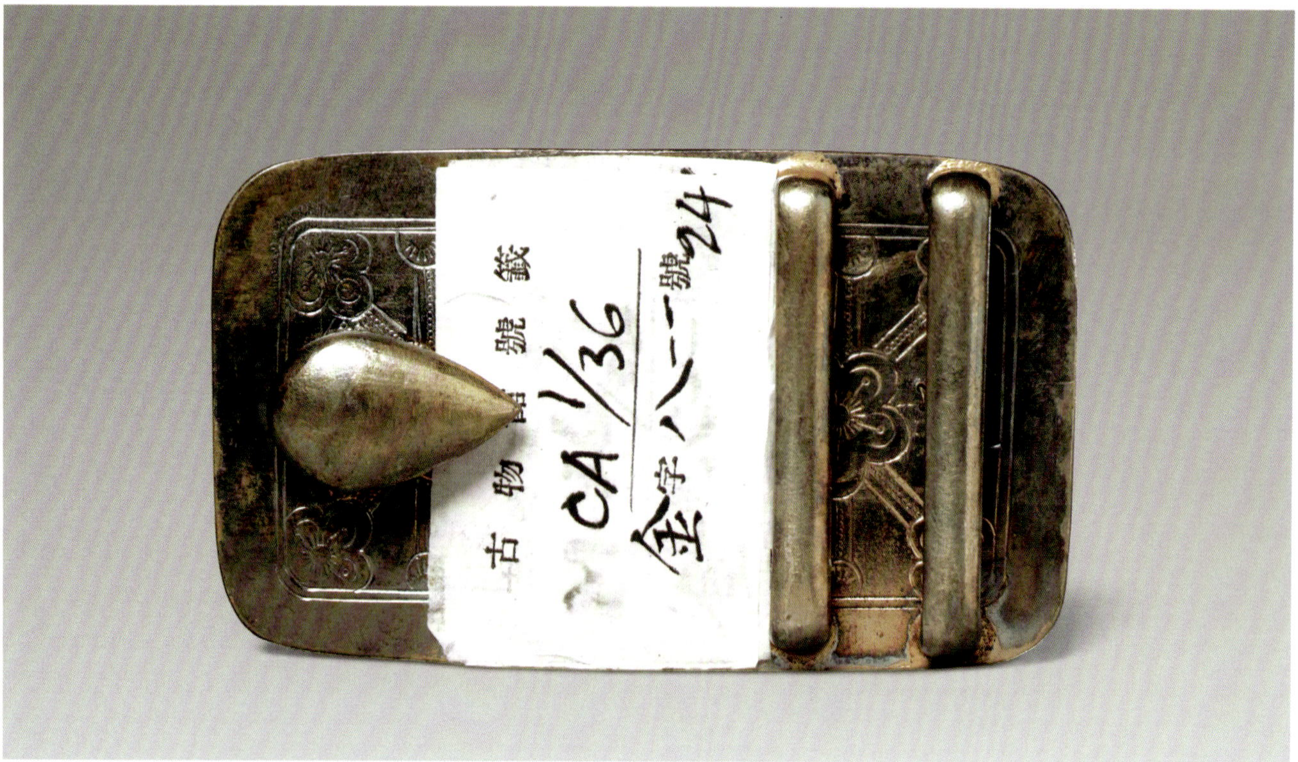

一五二　伽楠香木帶扣　清

一五三　黄楊木雕葡萄蟠桃扇骨　清

一五四　木雕彩繪龍串花横楣　明

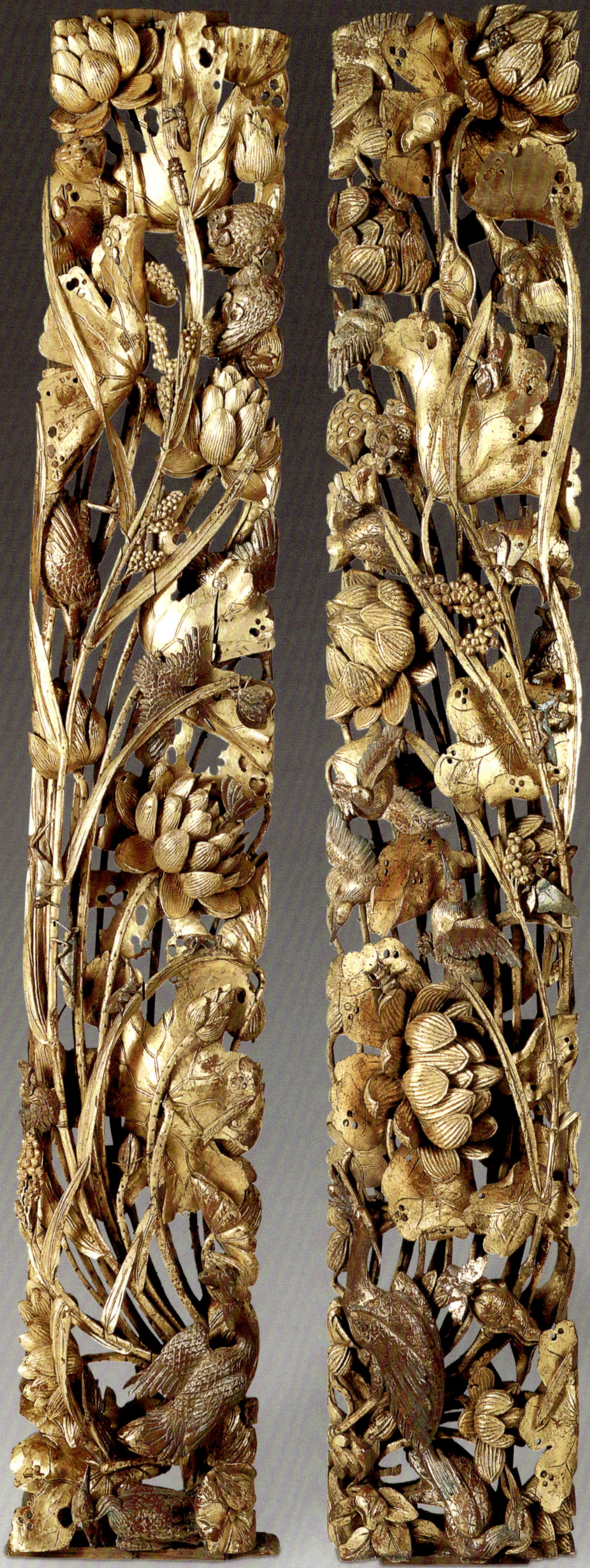

一五六　金漆木雕松林八駿圖梁架下花楣　清

一五五　金漆木雕荷花鷺鷥紋梁架下花楣　清

一五七　金漆木雕太獅少獅雀替　清

一五八　金漆木雕人物花鳥長方形饌盒　清

一五九　金漆木雕人物花鳥長方形饌盒　清

一六〇　金漆木雕子母麒麟貢碟　清

一六一　金漆木雕香爐　清

一六二　金漆木雕人物花鳥方形爐罩　清

一六三　金漆木雕人物故事嵌書畫小圍屏　清

（之一）

（之二）

一六四　金漆木雕牡丹如意　清

一六五　金漆木雕聖旨架　清

一六六　金漆木雕茶擔　清

一六七　金漆木雕人物花鳥故事神櫝　清

一六八　金漆木雕涼枕　清

一六九　金漆木雕燈芯筒　清

一七○　金漆木雕老鼠拖葡萄紋香筒　清

一七一　金漆木雕“二十四孝圖”
掛件　清

一七二　金漆木雕空城計圖花板　清

一七三　金漆木雕蕭史弄玉騎龍乘鳳圖花板　清

一七五　金漆木雕加官進爵圖花板　清

一七四　金漆木雕人物故事花板　清

一七六　金漆木雕博古窗花　清

一七七　柴木雕描金鳳紋牡丹佛花　清

圖版說明

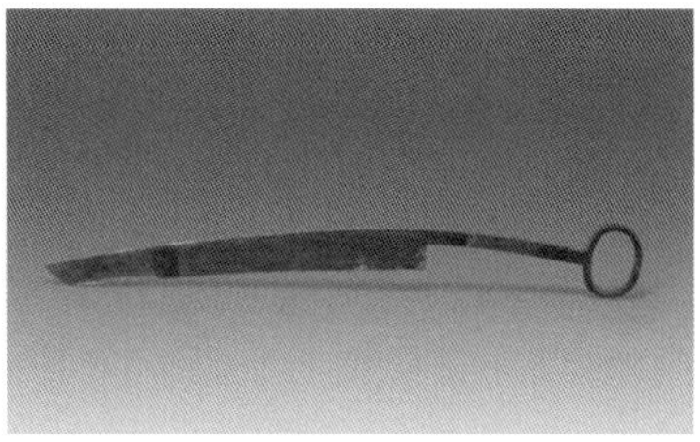

一　木雕魚形器柄　新石器時期

長一七·八、柄端寬五·五釐米

浙江省余姚河姆渡文化遺址出土

浙江省博物館藏

器柄呈「T」字形，系用整塊木料製作而成。柄部陰刻以直線和短斜線構成的幾何形花紋，手執的柄端圓雕成魚形，用心頗巧，既實用又美觀。

（何雨秋）

二　木削　戰國

長三〇·三、寬二·一、厚〇·四釐米

一九七九年江西省貴溪縣漁塘公社崖墓出土

江西省博物館藏

木削灰褐色，由一塊木板整體製成，環首，長柄，曲刃，弧背。環首為橢圓形，邊棱削磨規整，厚薄大小勻稱。削為單面刃，刃口略內凹。整個木削製作平滑，工藝精細。此木削不僅反映出高超的製作工藝水準，同時也反映了當時金屬工具的鋒利。

（陳建平）

三　彩繪木雕鴨形漆豆　戰國早期

盤直徑一八·二、通高二五·五釐米

湖北省江陵縣雨臺山四二七號楚墓出土

荊州博物館藏

此豆為木胎，深盤，短柄，喇叭座。蓋與盤合成一隻蜷伏的鴨子。器表髹黑漆，用朱紅、金黃等色漆彩繪。器內髹朱漆。鴨尾兩側繪有兩隻對稱的金鳳，作回首站立狀。柄部和座部繪三角雲紋和卷雲紋。

（彭浩）

四　彩繪木透雕四龍座屏　戰國晚期

長四八·八、高一二·八釐米

湖北省江陵縣天星觀一號楚墓出土

荊州博物館藏

座屏為木胎、長方形，下有凸形座。屏的左右各有兩條透雕的龍，兩兩相背。龍作瞪目、吐舌、屈身、蜷爪狀。通體髹黑漆，用紅、黃、金色漆彩繪。屏座上有陰刻卷雲紋，屏框及屏中隔木飾三角形卷雲紋，龍身滿繪條紋。

（彭浩）

五　彩繪草葉紋酒具盒　西漢早期

長二〇·九、高一三·二釐米

湖北省江陵縣鳳凰山一六八號漢墓出土

荊州博物館藏

此盒為厚木胎，外形近似橢圓球體，蓋、底同大，以子母口扣合。盒內側置漆耳杯十件。器內髹朱漆，器表髹黑漆後再用朱、黃、灰等色漆彩繪。器口繪過卷紋和點紋。蓋底四周各繪六組草葉紋。蓋頂正中繪兩組草葉紋。紋飾線條均勻而流暢。

（彭浩）

六　彩繪木俑　西漢

高五一釐米

一九七二年湖南省長沙市馬王堆一號漢墓出土

湖南省博物館藏

马王堆一號墓中共出土彩繪木俑一〇一种，此俑以整塊木料雕出人形和衣着輪廓，再敷白粉為地，墨繪眉目，朱繪口唇，並以朱、墨色繪出衣着紋飾。所繪衣着為交領右衽廣袖曲裾長袍，袍緣繪墨地紅花織錦。兩手垂拱袖中，直立。頭頂有髮髻為女性。此木俑形體頎長，面目清瘦，應是軑侯家奴婢形象。

七　着衣木舞俑　西漢

高四八釐米

一九七二年湖南省長沙市馬王堆一號漢墓出土

湖南省博物館藏

整木雕成，作上身前傾站立狀，雙膝微屈，具動態感。面部呈橢圓形，敷有白粉，頭梳垂髻，垂髻另外以木雕成後用竹釘釘於腦後。古代有以木俑、陶俑代人為殉者，此木俑應即是軑侯家歌舞者的替身。因年代久遠，服飾已朽。

八　着衣木歌俑　西漢

通高三二·五釐米

一九七二年湖南省長沙市馬王堆一號漢墓出土

湖南省博物館藏

整木雕成，呈跽坐形。面部豐滿，敷有白粉，眉目清秀，頭梳盤髻，身着菱紋羅綺長袍。

九　着衣木女侍俑　西漢

高六九釐米

一九七二年湖南省長沙市馬王堆一號漢墓出土

湖南省博物館藏

馬王堆一號墓出土木俑一六二件。有奴婢俑和樂俑等，可分為着衣和木雕彩繪兩類。這件俑的身份似為死者的貼身家奴，身着描銀彩繪雲紋長袍，兩袖以細竹條支撐，拊於胸際。頭髮墨染，墨繪眉目，朱繪兩唇。眉目清秀，神態嫻靜。頭髮從前額中間分開，垂至頂背，收尾處挽成垂髻，垂髻下再挽成青絲假髮，直垂臀部。

一〇　雕衣木俑　西漢

高三八釐米

一九七四年湖南省長沙市馬王堆三號漢墓出土

湖南省博物館藏

湖南長沙馬王堆漢墓出土的木俑，依其衣着的不同而有着衣俑和雕衣俑之分。外加絲綢質服裝的為着衣俑，本件木俑因其衣着不是外加絲綢質，而只是雕琢出着裝外形，因此稱之為雕衣俑。

雕衣木俑採用雕刻與彩繪相結合的藝術手法，造型豐滿，頭髮墨染，挽髻於後腦，丹鳳眼，高鼻樑，畫眉修長，雙唇朱紅。其一手垂於腹部，一手拊於胸腹之間。所雕衣着內為交領右衽及地長袍，外罩一對襟短袖長襦。交領朱繪，長襦襟緣及袖緣為黑底，上裝飾幾何紋圖案。

（余斌霞）

一一　彩繪奏樂木俑　西漢

高三二・五—三八釐米

湖南省長沙市馬王堆一號漢墓出土

湖南省博物館藏

共五件，均用整木雕成，作跽坐式，頭梳盤髻，着交領右衽廣袖長袍，衣服上的花紋以紅、黑彩繪。為便於演奏，袖口紮於手腕處。三件鼓瑟俑雙手下垂作鼓瑟狀，二件吹竽俑雙手上舉於胸前作持竽狀。同出的五件樂器系形體甚小的明器，中間一具瑟的擺設有誤。這組奏樂俑係軑侯家之家庭樂隊的替身。

一二　木雕菩薩　唐

高二七、底寬五釐米

發現于廣州光孝寺

廣東省博物館藏

圓雕菩薩立像，彩繪痕跡依稀可辨。戴金冠，着天衣，臉容豐滿，身材修長，作S形，曲線優美，富於女性特徵與時代色彩。

（劉岳）

一三　彩繪天王木俑　唐

通高八六釐米

一九七三年新疆維吾爾自治區吐魯番市阿斯塔那二〇六號墓出土

新疆維吾爾自治區博物館藏

天王是佛教鎮攝四方的护法神，此處用作鎮邪護墓的鎮墓俑。天王足踏地鬼，皆分段雕刻粘接而成。天王束髻，豎眉怒目，張口露齒穿緊身軟靠、長靿戰靴，右足踏在地鬼腹上（其足底有一榫插入鬼腹卯眼內）。鬼雙手撐地，兩腿蹬踏，作痛苦掙扎狀。此題材多見於寺廟，在唐墓俑像中非常罕見，迄今僅此一例。

（涂鈞勇）

一四　彩繪塗金木雕菩薩像　唐

高一七八·二釐米

中國國家博物館藏

木雕立體菩薩像，莊嚴肅穆，生動傳神，頭綰高髻，身結瓔珞，遍體彩漆塗金，雖已剝落，但殘存部分仍極鮮豔。從髮式看，應是中唐時期作品。

一五　彩繪仕女木俑　唐

高五四釐米

一九七二年新疆吐魯番縣阿斯塔那二一六號墓出土

新疆維吾爾自治區博物館藏

此俑通體由一塊整木雕成，然後繪彩。由於墓內遭到水浸，以致木質裂變，色彩大部分剝落（出土時還能看到鮮麗的色彩，如面部由額際兩邊經外眥及於雙頰，畫有對稱的彩鳳各一）。但從殘存紋樣仍可想見原來服飾的華美。頭頂有一鳥形（頭頸斷損），也許是當時流行的「驚鵲髻」。

體態豐腴，服飾華美，衣袖寬肥，長裙曳地，是盛唐時期貴婦人的典型形象。

一六　**彩繪木雕俑**　唐

高一三·三五釐米

新疆吐魯番市出土

旅順博物館藏

半身雕像，手工刀削而成。通體以白粉打底，以墨線畫五官及甲胄，面頰豐滿，嘴角微露笑意，高鼻濃眉，雙目有神，點朱唇，留有八字髫鬚。頭戴盔，盔頂一束紅纓。造型簡約逼真。

一七　**彩繪木罐**　唐

通高七釐米

一九七二年新疆維吾爾自治區吐魯番市阿斯塔那唐墓出土

新疆維吾爾自治區博物館藏

此罐以木鏇成，外表塗為黑地，繪出白色花紋。色彩附着不牢，用手撫摸即有沾色現象，説明它不是實用之物，而是專為死者製作的冥器。

一八　**木雕牛車**　唐

通長五〇釐米

新疆維吾爾自治區吐魯番市哈拉和卓墓地出土

新疆文物考古研究所藏

這是一件保存基本完整的木製牛車冥器，由牛、車兩部分組成。車為雙轅，車廂前、後開門，左、右兩側墨繪花紋。車蓋用竹片製成。車輪有十二根竹製輻條，塗成黑色。牛亦用墨塗黑。據出土於陝西秦墓的雙轅陶牛車可知，早在秦代雙轅車（包括馬車）即已出現。十六國時期已見這種雙轅車用於民間交通。這件牛車的出土，證明它的使用在唐代較為普遍。

（鄭渤秋）

一九　彩繪馬夫木俑　唐

高五六釐米

一九七三年新疆維吾爾自治區吐魯番市阿斯塔那二〇六號墓出土

新疆維吾爾自治區博物館藏

「織成蕃帽虛頂尖」。看到此俑的高聳折沿氈帽，不由想起唐人劉言史《王中丞宅夜觀舞胡騰》的詩句（《全唐詩》卷四六八）。這種「胡人」俑共出兩件，但服色不同（另一件因殘甚，尚未修復）。同墓還出有體型相當的木馬、木駱駝各一（亦殘損嚴重），但因原來位置被擾亂，現在難以確知誰牽駝，誰拉馬。

此件通體分十塊雕刻，膠合成型後再施彩繪。

二〇　彩繪騎馬文吏木俑　唐

通高三三·五釐米

一九七三年新疆維吾爾自治區吐魯番市阿斯塔那二〇六號墓出土

新疆維吾爾自治區博物館藏

分段雕出人的上身、下身（連同馬的軀體）及馬頭和四肢，然後粘合，並於接縫處貼上紙，使痕迹不顯。然後再施彩：馬為紅色，騎者黑冠藍衣。文吏雙手作捧物狀，似是墓主人生前的左右侍從。

墓主人張雄，是麴氏高昌國王麴伯雅的內侄。公元六一三年，位於今吐魯番盆地的高昌國發生了一次政變；高昌王麴伯雅倉惶出走，喪國失位達六年之後才得复辟。張雄（五八四—六三三年）對高昌复國作過重大貢獻，被授予左衛大將軍之職（對這次政變，史籍缺載，我們從張雄夫婦墓誌銘中才得以知悉）。張雄死後，葬儀隆重，隨葬文史、武士木俑甚多。

二一　彩繪騎馬武士木俑　唐

通高三二·一釐米

一九七三年新疆維吾爾自治區吐魯番市阿斯塔那二〇六號墓出土

新疆維吾爾自治區博物館藏

木俑分段雕刻出人物的上身、下身（與馬的軀體連在一起）及馬首、四肢，膠合成型。最後通體施以彩繪。武士身穿的盔甲着橘紅色；足蹬靴；五官及鬍鬚用墨綫勾畫，神情凝重；左手執繮，右手上舉至胸前，似持兵器。馬皆作醬紅色，也用墨綫勾畫。

二二　彩繪木馬　十六國

高二五、長四〇釐米

一九六四年新疆吐魯番市阿斯塔那二二一號墓出土

新疆維吾爾自治區博物館藏

此馬的頭、頸、軀體、四肢、鬌、尾及鞍韉，用木料分別雕成，然後以扣接榫卯與膠粘法組合成整體，再以紅、黑、綠三色分別塗飾。低垂的「障泥」塗為黑色，並顯出馬蹬。雖然馬的各部位比例尚欠精確，雕刻線條也顯得粗拙，但馬的神態卻還生動，質樸稚拙中見情趣。

二三　木雕羅漢像　北宋

高五一、座寬二二·六釐米

一九六三年發現於曲江南華寺

廣東省博物館藏

圓雕羅漢，微側首，以右手支頰，手肘枕於膝頭，另一腿盤坐，姿態準確。而人物若有所思之神態刻劃，更令人稱絕。像座正面刻銘文：「慶歷八年正月廣州第一廂第六屆女弟子譚一娘舍尊者一位入南禪寺。永樂二十年□月，曲江河西信官董□□重妝。成化十七年正月，弟子蕭道聰重妝飾。」

（劉岳）

二四　彩繪木雕菩薩立像　北宋

通高二一·五釐米

一九六五年溫州白象塔出土

溫州博物館藏

頭披藍色長髮，長及脛部，耳前鬢髮修剪精整，從耳前披垂至肩後，露出雙耳。臉部豐滿白皙，彎月眉，雙目微啟，高鼻紅唇。身穿乳白色寬袖交領襦衣，披紅底描金雲肩，腰系帛帶，佩蔽膝，足蹬雲頭履。右手持貼金淨水瓶，左手殘。凝神佇立於座上。立像的工藝製作是先分別雕刻身體和雙手，再用榫卯相接成整體。手與手腕的連接采用各鑽一個卯眼，插入木銷子。雕刻注重造型，面部表情、身體姿態生動傳神，衣褶紋飾雕刻流暢。刀法和刻法則較為簡單，基本上是斜刀淺刻。表面經打磨處理後，白色打底，底層較厚，然後上色，色彩鮮豔。用色主要為乳白、藍色、朱紅、貼金、蠣粉（白）等水溶性礦物顏料。（侯波良）

二五　金漆木雕天王像　北宋

通高一二·九、一三·二釐米

一九六六年浙江省瑞安仙岩寺慧光塔中出土

浙江省博物館藏

天王腳踏雲座，周身塗金，披甲冑，飄帛帶，右手執劍，左手上曲托珠，目光炯炯有神，略向左側，充分表現了护法神的威嚴姿態。（何秋雨）

二六　彩繪木雕供養人像　北宋

通高四八釐米

一九六五年溫州白象塔出土

溫州博物館藏

男相，頭戴紅黃藍綠四色冠，一條繒帶從頭頂一直垂至後腰。臉豐滿圓潤，向左側仰視。眉骨凸出，大眼，高鼻，嘴唇豐滿，大耳。身着綠色圓領窄袖緊

身，腰繫紅色雙帶扣、雙鉈尾革帶。下着藍色縛口褲。足蹬靴。右臂殘。立像的工藝製作是先分別雕刻身體，雙臂，雙靴頭，再將其用榫卯相接成整體，手臂與身體連接采用各鉆二個卯眼插入木銷子，靴頭與靴子連接則只用單卯眼單銷子連接。雕刻注重造型，面部表情，身體姿態生動傳神，刀法和刻法則較為簡單，基本上是斜刀淺刻。表面經打磨處理後，白色打底，上色。用色主要為朱紅，石綠，石青，蠣粉（白）等水溶性礦物顏料。

（侯波良）

二七　木雕力士像　北宋

高一八．四釐米

河北定縣靜志寺塔基地宮出土

河北定州博物館藏

這尊力士像身材粗矮，握拳張嘴作叫喊狀。全身蓄勁待發，剛勁威猛，氣勢非凡。

雕刻者運刀大膽、準確、純熟，注重大體面、大動勢的刻畫而不拘細部修飾。通體上下可以看出刀痕所在，使得雕像的風格粗狂渾成。這種雕刻手法恰宜表現力士勇猛無畏的精神氣質。

（任榮）

二八　木雕力士像　北宋

高一八．二釐米

河北定縣靜志寺塔基地宮出土

河北定州博物館藏

宋代是木雕造像的黃金時代，現存遺品很多，這尊力士像是其中比較傑出的作品。力士臉型方正，棱角分明；突起的前額，粗大的眉弓，圓睜的雙眼和緊張的咬肌都很肯定，於寫實中又見誇張，體現了力士驅魔降邪的威勢。上身右傾，含胸挺腹，右手握拳，左手執金剛杵，左腿直立，右腿稍側，這種姿勢和唐代的力士像尚有相似之處。

（任榮）

二九　橢圓形海棠式大木碗　北宋早期

口直徑三七·五、底直徑二一、通高一二釐米

湖北省監利縣福田寺宋墓出土

荊州博物館藏

此碗平面呈橢圓形，為花瓣形口沿，敞口外移，深腹，矮圈足。器表髹黑褐色漆，器內髹朱漆，無紋飾。從口沿殘缺處可看出胎骨是採用易彎曲的杉木切成零點二釐米厚的薄長條卷製而成。胎裏裱糊一層麻布，塗上漆灰，然後髹漆。由於採用此法，故器物既清薄平整，又堅硬結實。

（黃曼華）

三〇　黃楊木雕李鐵拐　元

高三五·七釐米

故宮博物院藏

此件黃楊木雕李鐵拐，刻於元代至正二年（一三四二年），作者以圓雕技法，又以無鬚羅漢為本，將李鐵拐刻成上身着百結破衣，腰圍葉裙，肩繫葫蘆，袒胸裸肩，瘦骨嶙峋，虬髯連鬢，赤足瘸腿架拐的形象，表現了犍陀羅式的風格。李鐵拐是民間傳説中的八仙之一，元代以後，以八仙為題材的各種雕刻工藝美術品也十分眾多。元代雕刻，頗重人物的氣韻，動感很強。而這件靜中寓動的李鐵拐所表露的氣韻完全是一副戲要人間的神態。作品刀法疏暢朗健，鐫刻技巧極為精能，是我們研究元代小型木雕技術極為重要的資料。

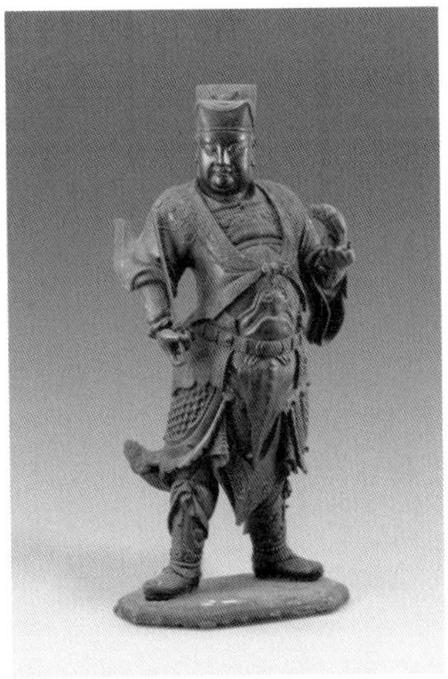

三一　彩繪木雕武士立像　明

通高六二釐米

福建博物院藏

木雕人物為趙公明，即傳説中的武財神。趙公明昂首挺胸立於橢圓形座上，頭戴方帽，五官端正，面容威嚴；身着短袍，足蹬戰靴，腳呈八字形側身站立；右手持劍，左手托鼠鼬，袖口、衣服下擺向上揚起。通體髹漆，顏色灰褐。此木

雕形象威武，表情嚴肅，造型剛柔有致，線條粗細得體，極富韻律和動感。此件作品刀法精湛、勾劃細膩、自然流暢，將人物勇猛威嚴的形象表現得栩栩如生、淋漓盡致。器物雕刻技法和人物整體服飾風格顯見明代典型特徵，為研究明代木刻工藝的發展提供了寶貴的實物資料。

三二　木雕文殊普賢菩薩　明

通高均一一七釐米

一九五六年鳳儀北湯天村發現

大理市博物館藏

底有方木座，獅、象停立於座上。文殊騎獅，普賢坐象。二菩薩皆舒坐於鞍上，文殊盤右腿，普賢盤左腿，均束髮於頂，戴寶冠，冠上飾細雲紋，並雕有佛像及亭閣式寶塔。面部慈祥，身披袈裟，袒胸露臂，胸前級瓔珞。獅、象皆披金套鞍具，鞍下左右各伸出二朵蓮花。二菩薩下垂之左右腳踏於鐙上。木雕表面皆被貼織物，大部分脱落。

三三　木胎漆龕金阿嵯耶觀音立像　大理國

龕高一一·五、像高七·三、背光高七·四釐米

一九七八年大理崇聖寺三塔主塔千尋塔塔頂發現

雲南省博物館藏

觀音面相溫柔寧靜，戴化佛冠，髮梳高髻，髻上繞絲束。胸佩瓔珞，臂腕環釧、鐲，身材纖細，下着長裙，腰飾花結，手結妙天音印，赤足。身後飾舟形卷雲紋鏤空背光，像藏於長方形漆龕內。「阿嵯耶」觀音又稱「真身觀世音」，此像被譽為最早傳入雲南的觀音像，是迄今為止雲南發現最小一尊金身觀音像。

（譙慧）

三四　木雕蓮花金銀三世佛龕　大理國

木龕重一一〇克、高一〇・六釐米
佛像分別為金、銀質地
金像重三五克、高三・九釐米
銀像重四五克、高分別為四・三、四・八釐米
一九七八年大理崇聖寺三塔主塔千尋塔塔頂發現
雲南省博物館藏

該木雕蓮花佛龕由佛像及龕組成，整個龕採用一塊檀香木雕刻而成，底部作束腰須彌座，龕身雕刻多瓣仰敷蓮花，龕前後一大一小蓮門，內置金、銀佛像三尊：主尊釋迦如來，金質，束髮、高髮髻中，眉清目秀，身着通肩寬衣，衣紋線條流暢，右手作説法狀，結跏趺坐於木雕蓮花上。兩尊肋侍為銀質明王像，左尊頭戴火焰狀冠，面相較兇，身配骷髏瓔珞，手持金剛杵，胯下壓一小鬼，坐於木雕蓮花上。右尊三面六臂，作女相，頭戴寶冠，身配瓔珞，左手持鏡，結跏趺坐於木雕蓮花上。

木雕蓮花金銀三世佛龕，造型獨特，製作精美，雕刻流暢，工藝頗具匠心，充分顯示出木雕藝術的高深造詣與佛像藝術相結合的發展水準，不愧為一件佛教藝術品之上乘佳品。

（譙慧）

三五　木雕儀仗俑　明

高二〇—二二釐米
一九六〇年盧灣區明代潘允澂墓出土
上海博物館藏

潘允澂墓年代為明萬曆十七年（一五八九年）。木俑共出四十五個，其中樂俑十四、儀仗俑四、隸役俑十四、侍吏俑二、侍童俑三、轎夫俑八，另附暖轎和顯轎各一乘。

此組木雕儀仗俑，氣勢浩蕩，十分威嚴。各類人物姿態神情不一，有的在聚精會神地吹奏或打擊樂器，為官員出巡開道；有的肩扛着「肅靜」、「回避」牌

或腰挾棍棒，盛氣淩人；有的頭戴紗帽，手捧官印，作侍從；有的一手扶杠，一手拂袖，作協力抬轎狀。明代官吏出巡時的陣容，由此可見一斑。

木俑系杉木雕製，刀法簡練純熟，人物形態逼真，為珍貴的明代木雕工藝品。

三六　根雕壽星　明

高六〇·五釐米

旅順博物館藏

壽星長額頭，高顴骨，凹鼻樑。額前皺紋深鎖，目光炯炯有神，嘴角深陷，長鬚垂胸，手握桃策杖，神態慈祥安逸。以凹凸不平的自然紋理表示飄逸的袍衫，以根杈作四肢，造型自然，別具一格。

三七　黃楊木雕觀音立像　明晚期

高二三·五釐米

故宮博物院藏

黃楊木整塊木幹雕成。觀音高髮髻，胸飾纓絡，身披長衫，手持經卷，微合雙目，赤足，側身玉立。

此件作品為圓雕，觀音面容安詳，如入忘我之境。人物衣衫垂感飄逸，肌圓骨潤，呈現出流暢柔和的曲線，極富美感。

三八　黃楊木達摩立像　清早期

高一三·七、厚七·五釐米

故宮博物院藏

黃楊木製，染色，呈蒸栗色。刻劃出他苦修正果的狀態。刻工精緻細膩，筆意深刻，刻畫出了達摩苦修正果的神態，是清代早期的精作。

三九　黃楊木雕仙人　清早期

高三七·三釐米

故宮博物院藏

此段黃楊木在未雕刻前，依常人看來就是一段長滿癭瘤的木頭，毫無欣賞價值。但經過作者的巧妙利用，雕刻成一位仙人立像，上半部分精雕細琢，鬚髮畢現，顯示了作者深厚的雕刻功底；下半部分則主要依據材料的自然形態稍做摩刮，顯示了作者匠心獨運的獨特構思。精細與自然渾然一體，成就了這件木雕佳作。

四〇　木雕菩薩立像　清

通高二九四釐米

旅順博物館藏

鏤空舉身舟形光背，邊緣飾纏枝狀火焰紋。頭梳高髻，頂飾寶珠，戴冠，露出額髮，垂髮波曲狀敷於雙肩。面相方圓，雙目下視，眼白明顯。上身赤裸，胸前佩飾瓔珞，天衣繞臂垂於體側，下身着裙，結禪定印，赤足立於蓮臺之上。蓮臺下為六角束腰須彌座，共七層，飾蓮瓣、寶珠，壺門飾如意雲紋。

四一　木雕李鐵拐　清中期

通高六三釐米

安徽省博物館藏

李鐵拐為民間傳説中的八仙之一。這件作品造型獨特，神態怪異。作者十分注意突出人物的個性。他左手執壺，作仰面張嘴喝酒狀。肌肉結實有力，衣紋飄逸，剛柔相濟，栩栩如生。

四二　黃楊木雕仕女　清中期

高六·一、長一·一、寬五·七釐米

故宮博物院藏

仕女為黃楊木製，呈鵝黃色。作者以唐代女詩人魚玄機為素材，精心設計，用圓雕技法，雕出一臥榻倚書凝思狀的仕女。仕女身着長裙，肩披帔帛，雙足一收一放，左腿蜷縮餘下，右腿曲伸擱在其上，左手支頤，右手撐床，倚書而臥，一副舒適平穩之態。

此件作品，人物雕刻比例協調勻稱，結構明快，刀法洗練，紋飾線條婉轉流暢，所刻人物容貌清秀，有濃厚的清代中前期的美女特徵，特別是彎彎細眉，微翕的雙目，若有所思之狀，更增加了其外秀內慧，恬靜端莊神韻。渾圓有致的衣紋，加之那倚書若臥，凝眸靜思的姿態，恰似女詩人正在醞釀一篇新作。下配黑漆描金勾蓮紋臥榻及織錦墊褥，刀法精到，頗具匠心。是清代中期黃楊木雕中的佳作，為研究清代仕女雕刻提供了珍貴的資料。

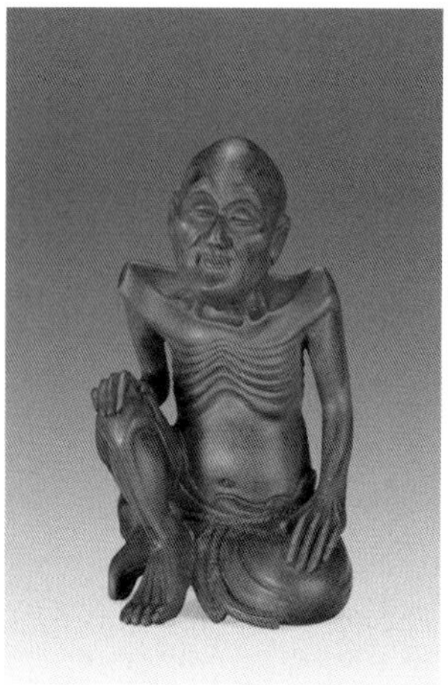

四三　黃楊木雕老人　清中期

高一〇·七、最寬五·九釐米

故宮博物院藏

圓雕，老人禿首頭，彎眉，眯眼，面帶微笑，赤裸上身，瘦骨嶙峋，盤腿曲肱席地而坐。老人背部椎骨如鞭，索骨肋骨根根顯露，神態悠然，一副苦中取樂的神態。表現了此老人知天命而樂其境的心態。

四四　紅木嵌銀絲八仙人——呂洞賓　清

高二八釐米

故宮博物院藏

圓雕仙人頭戴巾帽，背負寶劍，立於山石上，左手撫腹，右手攀於頭頂，首右傾，雙腿交叉，似醉酒後起舞，與漢代的玉舞人頗有相似之處。（張林傑）

四五　紅木嵌銀絲八仙人——漢鍾離　清

高二八釐米

故宮博物院藏

仙人立於山石上，大腹便便，其雙手上舉，掌心向上，頭微右傾，半閉目，張口，似打哈欠。雙腿交叉站立在山石上，衣袂下垂至山石，身上作嵌銀絲裝飾。

（張林傑）

四六　紅木嵌銀絲八仙人——曹國舅　清

高二八釐米

故宮博物院藏

此件雕刻和另一件木雕呂洞賓形式頗為相似，皆似舞姿造型。仙人背負拍板，左手環抱胸前，右手上舉於頭頂，掌心向上，雙腿交叉立於山石上。其面部雕刻似戲曲中的人物臉譜，稍嫌呆板。

（張林傑）

四七　紅木嵌銀絲八仙人——李鐵拐　清

高二八釐米

故宮博物院藏

李鐵拐手持拐杖，身負斗笠，立於山石上。其首左傾，隆顙虬髯，瘦骨嶙峋，但卻面帶微笑，融神之品相、人之魅力於一體。

（張林傑）

四八　紅木嵌銀絲八仙人——何仙姑　清

高二八釐米

故宮博物院藏

何仙姑肩負荷花，衣帶垂地，雙腿交叉立於石上，頭靠肩上，臉盤大而圓，面帶狡黠的笑容，不似仙人，卻更像鄰家頑皮的女童。

（張林傑）

四九　紅木嵌銀絲八仙人——張國老　清

高二八釐米

故宮博物院藏

仙人長髯隆顙，頭裹巾帽，背負漁鼓，雙腿相交立於石上，周身被華麗衣服所包裹。其服裝皆用嵌銀絲裝飾，做工精細，具有強烈的藝術裝飾效果。

（張林傑）

五〇　紅木嵌銀絲八仙人——藍彩和　清

高二八釐米

故宮博物院藏

仙人背負斗笠，雙腿相交立於石上，其身着華麗服裝，頭大臉圓，顯富貴相，更似富庶人家的頑皮孩童。

（張林傑）

五一　紅木嵌銀絲壽星　清

通高三六・一釐米

故宮博物院藏

壽星為棗木雕刻，作立像，首作尖形，高額頭，長髯撫胸，一手持杖，一手捧桃，立於山石上。其身上衣紋用嵌銀絲花紋作裝飾，收到了良好的視覺效果。

（張林傑）

五二　棗木雕八仙人——漢鐘離　清

高四〇・八釐米

故宮博物院藏

仙人立於雲端，伸腰腆腹，雙手舉過頭頂，掌心向上，一副好夢初醒之態，全然不在意衣衫襤褸。身旁侍一童子，才剛總角，活潑可愛。

漢鐘離，又名為鐘離權，《續通考》載：「鐘離權，咸陽人，號和穀子，一號正陽子，曆仕漢魏晉，唐末入終南山成仙。」

（張林傑）

五三　棗木雕八仙人——呂洞賓　清

高三九·八釐米

故宮博物院藏

仙人長鬚縷縷，頭頂方巾，身負寶劍，立於雲端，其扭腰曲身，右手過頂，左手摟一孩童，似與孩童相嬉戲。

呂洞賓，名岩，號純陽子。相傳為唐代象兆人，因考進士不中，遂雲遊成仙。傳說他攜陰陽寶劍，斬妖除魔，深得民間百姓喜愛。　（張林傑）

五四　棗木雕八仙人——韓湘子　清

高三九·七釐米

故宮博物院藏

仙人背負斗笠，雙腿交叉立於雲端，其雙手握長笛，雙目微閉，似在冥想優美的樂曲，一副陶然自娛的神態。侍童半踞半依仙人身旁，自得其樂。　（張林傑）

五五　棗木雕八仙人——藍彩和　清

高三九釐米

故宮博物院藏

雲端之上，仙人和侍童相依而立，侍童一手托物，昂首仰視仙人，仙人一腳直立，一腳曲踞，手捧花籃於左胸前，花籃內滿盛奇花異果，皆為長壽之物，令人垂涎。　（張林傑）

五六　棗木雕八仙人——張國老　清

高三九·七釐米

故宮博物院藏

仙人長髯飄逸，頭戴方巾帽，背負漁鼓，邁着歡快的步伐，左手抬至胸前，

右手持拂塵，似與童子相嬉戲，童子則靜處其中，昂首仰視仙人。一老一少，一動一靜，自然和諧，生動有趣。（張林傑）

五七　棗木雕八仙人——漢鐘離　清

高四一釐米

故宫博物院藏

仙人交股而立，雙掌向上過頂，似在聞聲起舞，又似在半夢半醒間。長髯縷縷自然下垂，大肚袒腹，形象生動。（張林傑）

五八　棗木雕八仙人——李鐵拐　清

高四一釐米

故宫博物院藏

仙人骨瘦如柴，蓬頭垢面，衣衫襤褸，一副乞丐的模樣。

李鐵拐為八仙之首。據《堅瓠集引仙》記載，説鐵拐李姓李名玄，學道於太上老君。得道之後，靈魂可以離開軀體而神遊。後因一次神游時形體被火化，而附身於一餓死的跛足乞丐，遂成此模樣。（張林傑）

五九　棗木雕八仙人——韓湘子　清

高四一釐米

故宫博物院藏

仙人背負斗笠，一足抬起，一足着地站立在雲形木座之上，其面如滿月，雙目嵌睛，側首前視，炯炯有神，一副頑皮可愛之姿。

六〇　棗木雕八仙人——藍彩和　清

高四一釐米

故宮博物院藏

仙人為圓雕立像。作者抓住其瞬間動作定格，神態處理自然得當，雕工和磨工較為精細，包漿瑩潤，可見主人之喜愛有加。

（張林傑）

六一　棗木雕八仙人——何仙姑　清

高四一釐米

故宮博物院藏

仙人為圓雕立像。作者抓住其瞬間動作定格，神態處理自然得當，雕工和磨工較為精細，包漿瑩潤，可見主人之喜愛有加。

（張林傑）

六二　棗木雕八仙人——呂純陽　清

高四一釐米

故宮博物院藏

仙人頭頂方巾，背負寶劍，一手過頂，一手撫長須，雙股相交站立山石上，似正欲降魔伏怪，顯威嚴不可侵犯之姿態。

（張林傑）

六三　棗木雕八仙人——張國老　清

高四一釐米

故宮博物院藏

仙人頭戴員外帽，長鬚飄胸，笑容可掬，表現了老人的寬容與和藹。

張果老，八仙之一，唐朝人，是八仙中年齡最大的仙人。他常持漁鼓，倒騎一可折疊小驢，日行千里。

（張林傑）

六四　棗木雕八仙人——曹國舅　清

高四一釐米

故宮博物院藏

仙人左足踏出，右手高舉拍板，怒目圓睜，似正遇不平之事而管之。曹國舅本為一國舅，因其弟仗勢欺人，恐受牽累，遂散財濟貧，入山修道。由漢鐘離、呂洞賓引入仙班。（張林傑）

六五　棗木雕壽星　清

高六六·五、底寬二七釐米

故宮博物院藏

壽星持杖而立，右邊立一仙鶴，左邊為童子騎鹿獻壽。雕工頗佳，細節處理得當，是一件優秀的圓雕佳作。在民間，壽星、仙鶴、鹿常被一塊應用，表示福祿長壽之意。（張林傑）

六六　梨木雕壽星　清光緒

高三三·二釐米

故宮博物院藏

壽星左手持杖，右手托桃枝，俯身下探，目視下方。其長袍寬袖，衣袂浮動，線條柔和，表現了壽星仙風道骨的風範。（張林傑）

六七　沉香木雕壽星　清

通高二三釐米

故宮博物院藏

壽星坐於山石上，左手撫膝，右手端起，手中應持有物品，可惜遺失了。壽星長顱高額，長髯飄飄，目光下視，似在注視手中之物。其衣紋自然下垂，層次清楚，線條柔順，體現了作者堅實的雕刻功底。（張林傑）

六八　沉香木騎獅佛　清

高二四釐米

故宮博物院藏

弥勒佛騎於獅身上，下有一童子牽獅隨行，雄獅在主人面前顯得溫順可愛。底部陰刻乾隆御題詞句，下承紫檀雕蓮花座。

弥勒佛是中國漢傳佛教之未来佛。（張林傑）

六九　沉香木雕觀音像　清

高一二・六釐米

故宮博物院藏

觀音為沉香木雕製，坐式，下有童子相侍，採用鏤雕和圓雕相結合的手法，雕工技藝純熟，刀法流暢。其底部陰刻乾隆御題詞句，下承紫檀雕蓮花座。

觀音自印度傳入中土，經過與華夏文化的長期融合，成為最受中國善男信女歡迎的神祇之一。（張林傑）

七〇　沉香木雕觀音送子　清

高三六・三釐米

故宮博物院藏

觀音為沉香木雕刻，髮髻高聳，面部圓潤，神態和善可親。衣紋則根據木料的天然紋理稍作修飾而成。觀音懷抱一童子，取意為觀音送子，是古代常見的吉祥雕刻題材。《妙法蓮華經・觀世音普門品》云：「若有女人，設欲求男，禮拜供養觀世音菩薩，便生福德智慧之男；設欲求女，便生端正有相之女。」（張林傑）

七一　樺木雕壽星　清

高二四·三釐米

故宮博物院藏

樺木根製，作者利用一節木根，以圓雕技法將壽星刻畫得惟妙惟肖。壽星長髯垂胸，身着長衫，一手托卷，一手拄杖，含笑而立，其高古凸起的前額，眯起的雙目，彎曲的額紋，更加襯托出壽星的慈祥。

七二　樺木雕麻姑像　清

高二九釐米

故宮博物院藏

作者巧妙利用樺木根天然形式，雕琢出仕女的上半部，其面目柔美，雲髻高聳，懷抱寶瓶，身披衣帶在風中飄逸，顯得高貴典雅。下半部分則任其自然，但其藝術效果為精雕細琢所不及也。

（張林傑）

七三　天然木雕老子騎牛　清

高二六·三、底長一五·五、寬一四·八釐米

故宮博物院藏

作者以圓雕技法，利用木根的天然形狀進行藝術構思，刻成老子騎牛擺件。牛的兩耳豎起，雙角對彎，四足微屈，昂首回頭似向起站立。老子凸頂蒼顏，身着長衣，額下長髯飄拂在胸際，貌相奇古。他左手托靈芝，右手持書卷，神態悠閒地坐在牛背之上。除將微凸的眼部略加染成黑色外，其餘全為本色，使作品展現出一種古拙樸實的自然形態，是一件設計巧妙、形制古雅、饒有幽趣的清玩作品。

七四　天然木雕仙人騎犼　清

高一六·二、長一四·七、寬八·四釐米

故宮博物院藏

作者將一塊古拙渾樸的樹根修修剪剪，賦予藝術加工，製成仙人騎犼擺件。犼的形態雄偉，環眼突兀，雙耳直豎，扇尾向後平展，四足挺直，齜牙回首直視仙人。仙人為蕃僧狀，卷髮凸眉，凹目高鼻，足蹬高筒靴，寬袖搭肩，倒身側坐於犼背之上。

雕刻手法簡練，加工之處不多，但點綴恰當，是古代根雕傳世器物中不可多得的一件清玩藝術品。

七五　天然木仙人騎驢　清

長九·八、高一五釐米

故宮博物院藏

仙人頭戴巾帽，身着長袍，倒騎於驢身，雙手撫膝，垂首閉目，做休憩狀。其身下毛驢趁主人打盹之際，悠閒前行，引頸低首，似在尋覓美味。活現了仙人無拘無束、自由自在的生活，也流露了作者對這種生活的嚮往。（張林傑）

七六　天然木雕達摩像　清

高二八釐米

故宮博物院藏

樺木雕達摩立像，虬髯捲曲，寬袍廣袖，雙手持杖，杖上掛一斗笠。袈裟下垂至足，左足微露於外，足下為汪洋大海。

達摩神情自然，目光深邃，和藹可親卻無媚俗之態，令人凜然起敬卻不生畏懼感。（張林傑）

七七　木雕「四快」人物　清

高四八—四九釐米

福建博物院藏

木雕人物四件，灰褐色。分别描寫一少年為一老者摳鼻、挖耳、捶背和打扇的人生「四大快活」場面。人物造型生動，神態刻畫細膩，充滿生活氣息和濃厚的人情味。

七八　黃楊木雕五嬰捧壽桃　清

高一九・四、最寬一二・五釐米

故宮博物院藏

圓雕五童子荷一巨型壽桃，壽星坐于其上，咧嘴而笑，人物比例誇張，風趣幽默，喜慶熱鬧，帶有鮮明的民間色彩與吉祥寓意。（劉岳）

七九　黃楊木雕《蘇武牧羊》　清

像高一六・八、座高四・二釐米

溫州博物館藏

《蘇武牧羊》取材於蘇武被拘匈奴十九載，受盡磨難而終得歸漢的傳奇經歷。蘇武頭披角巾，雙眉緊蹙，額頂隱現皺紋，長髯垂胸，面容瘦削，神態肅穆。身着交領寬袖深衣，下着裙裳，腰繫條帶，足蹬履。右手持漢節，迎風佇立。三隻小羊或臥或立，緊依主人，馴善柔和，反襯蘇武之威武不屈。蘇武身背上鈐有「子常」二字長圓印。下配黑色樟木雕鏤雕仿玲瓏太湖石底座，雕像與座用鐵質細鉚釘連接固定。

朱子常（一八七四—一九三四年），名正倫，字子常，溫州城區人。晚清溫州傑出的黃楊木雕藝人。一九一〇年（宣統二年），由溫州商會推薦他的黃楊木雕人物作品—「濟癲和尚」參加南洋第一次勸業會，博得好評，獲得了優等獎。一九一五年，作品「捉迷藏」參加美國國際巴拿馬賽會，獲得二等獎。（侯波良）

八〇　**黃楊木雕《捉迷藏》**　清

通高二五釐米

溫州博物館藏

《捉迷藏》為群像。樟木雕園林為座，六角亭踞園林一角，右側挺立一松皮石，玲瓏剔透太湖石錯落四周。黃楊木雕七孩童嬉玩捉迷藏。空地中央一孩蒙目張臂，欲捕捉他孩；一孩抱膝蹲踞隱匿於石旁，一孩手舞足蹈的嬉笑，似逗引蒙目孩童，一孩攀爬於石上，一孩閃身躲避，亭中有一孩跪欄探身觀望，身後一孩作後退狀。一小孩背上橫印「子常」二字圓章，樟木座外側刻「永嘉朱子常刻」六字。孩童雕像與樟木座用鐵質細鉚釘連接固定。整個作品佈局合理，高低錯落，疏密有致；孩童造型生動，情形逼真，惟妙惟肖，形態各異。刀法圓潤內斂，細密流暢。此件是朱子常的代表作。

（侯波良）

八一　**黃楊木雕《東坡賞硯》**　清

像高一七·七、座高七·七釐米

溫州博物館藏

《東坡觀硯》為三人群像。北宋文學家、書法家蘇東坡酷愛石硯，故成為民間工藝的常用題材。此件黃楊木雕便取材於此。共雕有三個人像，中為東坡，貌為老者，戴東坡巾，長髯及胸，身着寬袖長袍，右手持名硯，凝眸諦視，全神貫注，表現出愛不釋手的神態，左手下垂，足蹬履。左邊一書童，頭頂束髻，身穿短衫，低首弓腰，肩荷一捆書，嬉笑無拘。右邊為佛印，身披袈裟，手持佛珠，側臉斜望。三像神態各異，主次得當，刀法多變，刻畫細膩。東坡像背部鈐有「子常」二字圓印。下配黑色樟木鏤雕仿玲瓏太湖石底座，雕像與座用鐵質細鉚釘連接固定。

（侯波良）

八二　黃楊木雕六子戲彌勒　清

長三〇、寬二〇、高二二釐米

浙江省博物館藏

這件「六子戲彌勒」是浙江黃楊木雕的創始人朱子常的佳作。作者將六個小頑童調皮可愛的神態刻畫得惟妙惟肖，小頑童或鼓腮擫臀朝佛耳吹喇叭；或趴在佛肩上湊耳說悄悄話；或戲將佛鞋當座椅；或開心得倒地仰天大笑；彌勒席地而坐，赤腳袒胸露腹，笑容可掬。整個造型栩栩如生，刀法圓轉流暢，將黃楊木雕所追求的精雕細刻的傳統雕刻技藝表現的淋漓盡致。佛背腰部鈐有橢圓形「子常」印。

（何秋雨）

八三　黃楊木雕八仙人　清

福建博物院藏

何仙姑，高三四釐米，頭結高髻，長鬢後垂，微露笑意。身着長衫，長裙曳地，肩披荷葉，腰垂葫蘆，右肩扛長勺，挑花籃，兩手掩袖內收胸前，右手握勺柄。

張果老，高三一．八釐米，頭結髻箌巾，濃眉笑臉，長鬢垂胸，身着長袍，腰束裙曳地，左手掩袖內，曲收於頸下，右手握魚鼓（鼓錘）曲舉，足蹬履，身左欹，聽足前伸側立。

曹國舅，高三三．二釐米，裹襆巾，方臉微笑，長髯垂胸，身着長袍，右手握拍板，左手曲腹前，足蹬革履，身作欹，左足前伸側立。

呂洞賓，高三三．八釐米，頭結髻箌巾，高額，目下視，面微笑，凝靜若思，長髯垂胸，身着長袍，長褲曳地，左手掩袖內垂貼腰側，右手握仙拂，曲於腹前，足蹬履，躬立。

藍采和，高三一．八釐米，頭結雙髻，童臉微笑，身着開襟長衫，長褲曳地，腰掛葫蘆，雙手藏袖內，拱於胸前，足蹬履，躬立。

漢鍾離：高三〇釐米，頭界雙髻，圓臉長髯，開口大笑，身着長袍曳地，體豐腴，左手垂貼腰側，右手握芭蕉扇工舉，足蹬靴，左足前伸而立。

李鐵拐：高三二釐米，頭頂光禿，腦後箍髮圈，卷髮後垂，濃眉，高顴，凸目，身着長袍長褲，袒胸露骨，體乾瘦，右手托葫蘆，前曲，左手握拐赤足，左足前伸踮起，呈跛腳狀。

劉海，高二八釐米，頭頂光禿，腦周留發，圓臉目下視，張口，笑容可掬，身着長衫，長褲曳地，袒胸露骨，腰葫蘆，右手置背後，左手握銅錢，垂曲腰側，赤足躬立。

八仙中缺「韓湘子」補「劉海」，「劉海」不屬於八仙，乃傳說中的「仙童」。利用木材自然形狀，因勢度形，頭部另配，造型古樸，形態生動，優美，衣紋簡素大方，線條柔和，刀法明快，嫻熟。

八四　木雕敬酒、獻花　清

敬酒　高四六、底長三四、寬二三釐米

獻花　高四六、底長三四、寬二五釐米

福建博物院藏

木雕灰褐色，描寫一少年為老者敬酒的生活場面，人物造型生動，神態刻畫細膩，充滿生活氣息。

木雕灰褐色，描寫一少年為老者獻花的場面，人物造型生動，神態刻畫細膩，極具藝術魅力。

八五　紅木雕童子牧牛　清

高一二·五、長二七釐米

安徽省博物館藏

用名貴紅木雕成。臥牛回首，張口鳴叫。一頑皮牧童左手拉韁繩，爬上牛背。雕刻精細，刀法嫻熟，形象生動逼真，具有濃郁的鄉村生活情趣。

八六　木雕金漆異獸　明

最高一九・五、最長三七釐米

故宮博物院藏

圓雕異獸蹲伏回首，獨角披髮，細睛獅鼻，長吻露齒，尾部捲曲，背負方形臺如鞍式，韉披於體側，上留有金色、紅色漆所繪花紋痕跡。雕刻渾樸有力。本為一對，當為器座之屬。

（劉岳）

八七　黃楊木臥牛　清早期

高八、身長一二・三釐米

故宮博物院藏

黃楊木製，鵝黃色，作者以圓雕技法刻有一大一小二牛。母牛臥地，曲頸昂首向上觀望，雙角向耳處彎曲。小犢賓士其側，張口曲身，與母牛牛首相對。作者以母子情深為題材，將溫情慈和的母牛和活潑歡躍的小牛之間的意態悠閒、怡樂之愛表現的淋漓致盡。此件作品，刀法圓熟，刻工精細，代表了清廷造辦處工匠高超嫻熟的技藝以及豐富的藝術造詣。為傳世黃楊木清玩藝術中的精品。

八八　木雕牧童騎牛　清

高一六・三釐米

一九五一年衛聚賢捐獻

重慶中國三峽博物館藏

圓雕牧童騎牛擺件，黃楊木雕製而成。雙童身背斗笠，一跪一騎於水牛背上，水牛腹部圓鼓，鼻索繮繩，半臥伏於地，雙睛圓瞪，張口昂首之姿，似有奮身而起之勢。整件雕刻生動，人物、牛姿刻劃細致，特別是所嵌白料雙睛，更使臥牛顯得炯炯有神，是清代嘉慶之後木雕擺件之佳作。

八九　天然木象　清

象高二五釐米

故宮博物院藏

天然木製，象呈棕褐色，是用一塊較大的木根刻磨而成。象作轉身回首狀，外觀渾樸，刻劃逼真生動。象身馱有一個寶瓶，瓶中可插一吊籃，寓「太平盛世」「太平景象」之意。雕刻精湛自然，寓意深遠，是天然木製作中的精品。

九〇　沉香木根鹿　清

高一一釐米

故宮博物院藏

沉香木根銜接而成。小鹿呈深棕色，作轉身回首欲奔狀。鹿角和四肢為銜接，嚴絲合縫，不露接痕。鹿腹保留空枯原樣，未加修飾；但面部表情刻畫細緻，一副警覺欲奔之狀。沉香木十分貴重，作者慧眼獨運，根據木塊特徵，略加修磨即成為一件栩栩如生的佳作，令人驚歎不已。

九一　硬木樹根牧牛　清

長二八、高二九釐米

故宮博物院藏

作者利用整塊硬木樹根雕水牛立於亂石中，牛首微昂，似作嘶鳴狀，兩隻嵌睛炯炯有神。牧童才剛總角，身披斗笠，斜跨牛背，與牛嬉戲，自然和諧，富有情趣。

（張林傑）

九二　天然木母子獅　清

長四二．五釐米

故宮博物院藏

天然木樹根做成獅子立於枝杈間，張牙舞爪，臀部翹起，雜亂樹根做成上揚的獅尾，順生的樹根則被設計為獅子的披毛，創意巧妙且富有情趣。小獅子俯於母獅身下，嬉戲玩耍，形象生動，自然和諧。

（張林傑）

九三　天然木羊　清

長六．五釐米

故宮博物院藏

木羊是利用樹結的天然形狀稍加處理而成。羊的頭、角、耳朵、四肢等依勢造型，天然別致。小羊四肢跪地，回首張目，口微啟，似剛出生墜地正努力掙扎站起，其神態令人憐愛。

此類取自天然而自成天趣之物在皇宮內並不多見，比之富麗堂皇的工藝品平添了幾許清新質樸之氣。

（張林傑）

九四　天然木蟹式盒　清

通高三．九、最寬一〇釐米

故宮博物院藏

盒以天然木略加裁剪雕刻，製成螃蟹式。背部粗糙，腹底光潤，口眼清晰可辨，四足參差，螯剪橫杈，並保留半環形木枝，使蟹足置於其上，即可穩穩安放，設計十分巧妙。而將背甲掀起，即為盒蓋，出人意表。盒內壁髹金漆，可用來盛裝印泥。

此盒於不事雕琢中實頗費一番匠心，是一件極為奇巧的文房玩物。

（劉岳）

九五　紫檀螭紋扁壺　明

高八·八、最大口徑三釐米

上海博物館藏

通體浮雕螭紋雲氣紋，口、足以錯銀絲回紋為飾。此壺與朱小松劉阮入天臺香筒同出寶山朱守城墓，當為萬曆（一五七三—一六二〇年）間製品。（王世襄）

九六　沉香木鴛鴦暖手　明

高五、長八、寬六·五釐米

故宮博物院藏

沉香木一丸，大可盈握，雕鴛鴦相偎，狀至親暱。背上蓮葉承花，並蒂而開，亦寓匹偶成雙之意。類比圓雕小品，最宜把玩，故有「暖手」之稱。沉香微溫，散發芬馥，故較其他木質尤勝。（王世襄）

九七　硬木牛首杯　明

徑八·三、高一〇·六釐米

故宮博物院藏

杯用硬木雕刻成牛首形，牛口微張，掀鼻，牛角彎曲斜向前方，一段韁繩盤亙角上，雙耳附於杯身。杯口外壁用銀絲嵌「周巨」二字款。（張林傑）

九八　天然木根瓶　清

高二五釐米

故宮博物院藏

此瓶以黃楊木根天然形狀火燙剜刻而成。敞口，呈天球狀，長頸闊腹。瓶身如千年老石被水及雜質腐蝕成千窗百孔蝕痕狀。木瓶造型簡練明快，瓶中插擺一柄天然木根製作的如意，意為「平安如意」。尤其是百孔的蝕洞，更是精心燙剜而成，好似簡單，實為繁工，以精湛高超的製作技巧，反樸歸真，實是匠心獨具。是清代中期天然木雕刻中的精品。

九九　木雕鼻煙瓶　清

直徑五．五釐米

一九五八年汪雲松捐獻

重慶中國三峽博物館藏

扁圓瓶式，小口，表面天然紋理，烏金相映，頗具裝飾性。器身一面摹刻金文，局部類比拓片效果。另一面陰刻楷書「右銘皆上字未詳，必器者之名也」並「陸均」款及篆書「印」字小章一枚。

配有染骨珠形蓋。

（劉岳）

一〇〇　天然木雕抱月式瓶　清

通高二五釐米

故宮博物院藏

抱月瓶外似天然而就，實是精心而為。一段老木根，火燙刀剜細緻磨刻，小瓶雙耳如虯，攀沿附口，扁圓的瓶腹結斑交錯，奇妙的構思和精湛的刻繪，將抱月瓶裝扮得古色古香，下配有紫檀木根形座，使人觀之百看不厭。

一〇一　天然木雙耳三足爐　清

高一五釐米

故宮博物院藏

黃楊木根製，棕色，雙耳，下承三矮足。形狀仿銅器宣德爐，配有紫檀木蓋。爐體形制古樸，爐身斑痕形式自然，幾乎看不出刀剜火燙之痕。這種仿古製品在清代中期十分流行，文人書房通常都擺放爐、瓶、盒三式，爐中適當放一些香木塊，既雅潔，又可去除黴潮之氣。

一〇二　天然木爐　清

高一六釐米

故宮博物院藏

黃楊木根製，棕色，形狀天然奇特，完全以天然隨形根略加修飾而成，三足分杈，均匀平穩；櫻木圓蓋與爐口吻合，自成天然風趣。是清代中期天然木中的雅作。

一〇三　天然木五供　清

最高二五釐米

故宮博物院藏

天然木根製，分爐、蠟臺和瓶，一組五件。五供色澤均呈棕紅色，每件櫻結盤錯，各呈奇姿，雙蠟臺、雙瓶，造型大小、高低相同，但紋飾斑痕稀密有異，形制奇特，疑為天成。是佛堂供器中的佳作。

一〇四　天然木爐、瓶、盒　清

最高二一釐米

故宮博物院藏

爐、瓶、盒是裝飾文人書房几案上的文玩。此三件套色澤淺棕，是以木為胎貼粘樺木櫻皮而成。外皮貼粘不露接痕，如同天然生成。爐燃香木塊，瓶插銀製的筷、鏟，盒盛印泥。此種文玩較之其他質地的三件套，更添無限的天然雅趣。

一〇五　天然木蟠螭小瓶　清

高一一·二、口徑二·五釐米

故宮博物院藏

天然木製，以一段黃楊木根天然形狀，火燙剜刻而成。呈天球狀，長頸闊腹。瓶身如千年老石被水及雜質腐蝕成千窗百孔狀。一條長尾小蟠龍攀附在長頸上，四足緊緊抓住頸壁，頭向前看，似在偷視觀察着什麽。小瓶造型簡練明快，尤其是百孔蝕痕，更是精心燙剜而成，看似簡單，實為繁工。是清代中期天然木雕刻中的精品。

一〇六　椰子木茄　清

長二一釐米

故宮博物院藏

木茄色呈褐黑，是用天然椰殼製成。在茄瓜表皮處還隱隱露出椰殼點裝扮文；茄蒂用木相接，蒂紋麻斑精細自然，匠心獨運，惟妙惟肖，是清玩中的奇品。

一〇七　天然木石榴　清

長二九釐米

故宮博物院藏

天然木石榴是用一塊樺木櫻結磨製而成，形狀如開裂的石榴。石榴自然光素，開裂部分採用剜刻火燙技巧細緻磨成。造型古拙奇特，益增天然雅趣。

一〇八　天然木並蒂瓜　清

高二七釐米

故宮博物院藏

木瓜，色褐黑，形如兩個並蒂茄瓜。此瓜天然成趣，為天然異型椰殼略微加工磨製而成。造型獨特，是清宮收藏的異型瓜核藏品之一。

一〇九　天然木根佛手　清

故宮博物院藏

佛手色呈棕黃，天然造型，是用一塊隨形的樺木櫻結修正而成，佛手指尖橫溢，身上櫻結突凸，造型奇趣，是天然清玩之佳品。

一一〇　天然木白菜　清

高一六釐米

故宮博物院藏

棕褐色的天然木白菜，以黃楊木根的自然形狀巧製而成。木根本身有些開裂。作者又以火燙剜刻之法，刻製成葉片彎曲，窄葉無蕊之形。又在展開的葉片上，刻出數處蝕孔及殘邊，仿佛此菜曾受到過蜂蟲的侵襲。此件作品匠心獨運，外觀樸拙。細品則顯現出技巧工序的難度之高。

一一一　天然木靈芝　清

高四三·五、寬六一·五釐米

故宮博物院藏

天然生成，芝蓋呈赤褐色，芝陰呈淺黃色，芝朵豐富，為不規則半圓形，形如巨花。芝屏背面有彭元瑞用隸書刻的一篇「御製芝屏賦」和一首「御製詠芝屏八韻」詩，字體排列規整，疏密得當。

古人視靈芝為瑞草，宮中奏檔內有一個奏摺，是為滿城縣順橋有一個叫起隆的百姓，他家院內長出了一株靈芝，當地官員馬上向皇宮報告，說是聖朝祥瑞，才出此靈芝，並請求恭呈御覽。之後，清代向皇宮進貢的大型靈芝曾有數本。此株靈芝是屬菌質木靈芝之類，由大小數十片柄葉並生而成。木靈芝葉面光潔，成株碩大，十分難得，乾隆為此十分喜愛，賦詩題字，更增添了觀賞價值，成為別有特色的陳設品。

一一二　天然木木魚　清

最厚八・五、最寬一四・四釐米

故宮博物院藏

以天然木癭略加刮磨剔刔即成中空木魚，並附小木槌一。木魚後部兩端翹起，中有橫檔相連，似鎖形，又似魚形，妙在似與不似之間。表面凹凸自然，裝飾性頗強，正體現出此類製品獨特的美感。

（劉岳）

一一三　黃楊木雕葫蘆　清中期

高二五・七、口徑三・五釐米

故宮博物院藏

黃楊木製，呈棕黃色。作者將一塊粗徑近尺的黃楊木採用鏤刻圓雕技法，製成玲瓏剔透的葫蘆形。葫蘆連葉帶果，藤蔓盤曲糾繞，數隻蝙蝠翔躍於壯葉和五個小葫蘆之間。作者又採用特種技巧，將大小葫蘆腹部掏空，內設活環長鏈將各個葫蘆的底部與蓋口相連。其中尤以大葫蘆的工藝最為複雜，葫蘆口內有數根長鏈，長可達二尺之餘，除一根與底部銜接外，其餘數根均有分杈，每杈活環長鏈尾部又都有一個小葫蘆，精巧玲瓏，色澤瑩潤，造型自然，不愧為匠心獨具的特種工藝之絕品。

葫蘆勾藤，有長壽連綿之意，是民間工藝美術最常見的題材，葫蘆藤葉穿插掩映，大旁依小，活鏈系連，代表了連綿不息，永世長春之意。這種式樣的作品流傳至今僅此一件，是清代宮中收藏的精品。

一一四　梨木凸雕嬰戲圖匏模子　清

長三〇、腹徑七・二釐米

故宮博物院藏

模具呈陀螺式雛形，內方外圓。中間方木長頸、束腰光素，外圓由七塊梨木束在一起，磨去空隙和棱角。再在束腰下部以浮雕技法刻上嬰戲圖花紋。畫面有嬰童五個，以一株盛開的梅花為界，各自戲耍，或放風箏，或持雙魚磬，或牽趕馱寶瓶的大象。在模具的底部又以水波皴寥寥數刀刻出山石坡地和花草等。

此件作品是範製匏器花紋的最先模型，花紋精雅，光滑圓潤，嬰童活動、神態生動逼真，是一件不可多得的木製作品。

一一五　黃楊木雕荷花如意　清

長三六釐米

故宮博物院藏

黃楊木製，圓雕。如意成兩根交叉並立的枝莖形，兩枝交叉的長莖一葉一花，相依並挺彎曲為如意首，荷葉翻卷如蓋，兩隻小蛙伏臥於葉中。荷花半開低附於葉旁，柄尾刻有相系的彩帶，整只如意如同一束捆握的花枝，設計精巧，造型精美，荷花、荷葉諧音「和和」，寓意「和和美美」，是婚慶時常用的題材。

一一六　黃楊木雕菊花如意　清

長三三、首寬七．六釐米

故宮博物院藏

雕作一枝雙生菊花式，中部分叉，紐結纏繞，首部二花相並，花瓣規律而富美感。柄身又附折枝野菊，花朵小而多態，增添了雕鏤細節。

此器肖形生動，雕刻細膩，為清中期異形如意中的代表。

（劉岳）

一一七　樺木雙夔耳天雞蓋罐　清

高一八釐米

故宮博物院藏

樺木製。樺木紋理精美，有影木之稱。作者以一塊樺木瓔結鏇刻成鼓腹圓罐，罐腹光素，露出美麗的木製花紋。在罐腹的中部留有一條陽文淺刻回紋錦地，錦地上浮雕夔紋一周。冠肩兩側另鑲夔紋雙耳。圓蓋，寶頂之下也為光素，蓋邊緣陽文淺雕夔紋一周。雕工簡潔，紋線流暢，古樸雅致。

一一八　扎古扎雅木碗　清

高六、口徑一六釐米

故宮博物院藏

碗用葡萄根製成，敞口圈足，裡外光素，木質潤滑有韌，現出精美的自然紋理。圈足內用銀絲嵌楷書「乾隆丁酉仲春月御題」詩一首。碗外配有紫檀木雕博古圖方蓋匣，蓋面陰線描金也刻御題詩一首。

木碗也稱「扎古扎雅」碗，俗稱根瘤碗。非常珍貴稀少，是西藏上層人物使用的，時常作為貴重禮品向皇宮進貢。

一一九　扎古扎雅木碗　清乾隆

高六、口徑一六．三釐米

故宮博物院藏

此件扎古扎雅木碗，呈墩形，撇口，裡外光素，木質光潤不脆，現出木質奇特的自然紋理。碗底足內圈有陽文楷書「乾隆御用」四字。在平底的外圈足上，還有用銀絲鑲嵌成的隸書詩句：「木碗來西藏，草根成樹皮，或云能避惡，籍用祝春喜。枝葉痕猶隱，琳琅貨匪奇，陡思荊歙地，二物用充饑。乾隆丙午春御題。」後面還用金絲嵌出的篆書「德」字方印。碗中存有一塊皮箋，上邊用漢、滿、藏三種文字的注釋：「土爾扈特四等台吉晉巴恭進木碗一個」。

這種扎古扎雅木碗，就其本身取材來說，就非常稀少珍貴。西藏上層人物為了攜帶方便，在木碗外邊還特意製作了匣套。這種鐵套口緣部位連又罩蓋，兩側嵌有提梁耳，可以繫帶背攜。在套壁和蓋面上以鏤刻技法，刻有勾蓮、纏枝花卉和螭龍紋。花卉精細，螭龍靈透活動。鐵的外表包有一層金箔或嵌有松石珠，更顯得玲瓏剔透，金碧輝煌。

一二〇　扎古扎雅木碗　清乾隆

高六、口徑一六釐米

故宮博物院藏

碗用葡萄根製成，敞口圈足，圈足底邊微微內凹，圈足內陰線刻「乾隆已丑御題」詩一首。詩文填上藍彩料，增加詩文的清晰度。此碗裡外光素，木質潤滑有韌，自然紋理精美奇特。碗外碗外配有紫檀木方蓋匣，蓋面陰線描金也刻御題詩一首，詩文與碗底相同。用名貴的紫檀木盛裝此碗，以示其珍貴的程度。

一二一　樺木碗　清

高六、口徑一六釐米

故宮博物院藏

碗用樺木癭結製成，敞口圈足，圈足底邊較寬，微微內凹，底內用銀絲鑲嵌楷書「咸豐御用」款。碗外配裝藤編盒套。此碗是咸豐喜愛的出外便攜之飲器。木質潤滑，把握輕盈，木質紋理清顯美麗，十分珍貴。

一二二　根雕雲峰鏤勝山子　明

高三六・二、寬三一・六、厚九・一釐米

旅順博物館藏

山體嶙峋，山形險峻。兩側刻山路陡峭，沿山構置山寺亭閣，老松茂樹，仕人攜童子拾級而上，探尋山中美景，樹根殘洞恰成山子的通天窗孔。刀法精湛，紋飾深峻生動。背面有長山劉氏題「雲峰鏤勝」及書家倪雲璐行書長題。曾經羅振玉收藏。

一二三　雞翅木雕人物山水山子　清中期

高二二・二、底長三三、寬九・五釐米

故宮博物院藏

山子一面表現峰巒疊嶂下，波浪翻滾，八仙乘於巨槎之上，另一面則為童子獻桃圖景，其雕鐫技法純熟細膩，浮雕、鏤雕層次井然，運用裕如，人物、景物比例合宜，深合畫理，寓意吉祥，為這一時期木雕陳設中較為突出者。

（劉岳）

一二四　紫檀雕人物拍板　明

長二四・七、寬五・六、厚〇・七釐米

故宮博物院藏

拍板共三片，呈束腰長方形，兩片有圓穿，用以連綴。兩片有圖紋，均以淺浮雕加陰刻技法表現。其一描繪夫妻執手惜別，船家拄篙相候，上部陰刻楷書題詩：「仙子遺璚片，紅香纖手留，綺筵明月下，低按小梁州。」並陰刻「洪」字篆書印章款。另一描繪高堂錦筵之上，一衣衫襤褸之人手執玉佩與婦人相認的場景，題詩為：「誰將玉方響，新裁律呂成，櫻桃一聲破，金縷幾回輕。」並刻陰文「昉思」篆書印章款。圖紋顯系演繹劇情而來，相互間亦有關係。

洪昉思，即洪升（一六四五—一七〇四），清代戲劇家，有《長生殿》等作品傳世。

拍板多用檀木等硬木製作，為傳統音樂與戲劇中主要的節奏樂器之一。這一組拍板則不僅材質上佳，且裝飾有精美紋飾，是不多見的作品。（劉岳）

一二五　觀音變相雕版　明

長五一·一—七八·六、寬二四—二五、高二—三·五釐米

安徽省博物館藏

觀世音菩薩三十二變大悲懺，雙面刻雕版，現存五塊。每一面刻圖三幅，每塊刻六幅圖。每幅圖均配有變相說明文。圖由明代著名畫家丁雲鵬繪製，他以高古絲描畫觀世音菩薩慈顏威儀，功利深厚；線條遒勁勻細，圓熟流暢，刻工出自歙縣虯郵著名黃氏之手。名繪、名刻各盡其妙，構成畫刻雙絕，更為代表了徽州版畫中期的發展水準。（何立芳）

一二六　目連戲雕版　明

縱二〇、橫二七·二、厚一—三、橫二七·二釐米

安徽省博物館藏

目連戲，為一種古老的劇種，最早的文字紀錄見於南宋孟員老撰《東京夢華錄》。《目連救母變文》，產生於晚唐，至北宋後期形成能演七、八天的「目連救母杂劇」。據資料載：明萬曆年間徽州祁門人鄭之珍根據民間流傳的變文和說唱編寫出《新目連救母勸善戲文》成書上、中、下三卷，這在明代傳奇中可算鴻篇巨著了。同時還是一個付諸印刷的最完整的連台戲劇本。

此版，一套一七六塊。其中圖版五三塊，文字版一二三塊。圖版與文字版都有單面刻和雙面刻。

《新目連救母勸善戲文》原刻雕板的鐫刻者為名刻工黃鋌、黃鈁，都是安徽歙縣人。歙縣的虬村黃氏一族，世業雕刻，名手輩出，享有盛名。「時人有刻，必求歙工，歙工首推黃氏」。據《黃氏宗譜》記載，黃鋌曾刻有萬曆本《周禮述注》。黃鈁刻嘉靖四一年《籌海圖編》《徽州府志》等。明代萬曆十年刻目連版，是世上現存的唯一的一套原件，雕版中豐富的插圖是中國版畫史上的一份極為寶貴的財富，具有很高的歷史價值和藝術價值。

（何立芳）

一二七　雕花木印　清

通長四五釐米

新疆喀什市徵集

新疆維吾爾自治區博物館藏

這件木花印比較特殊，杆柄較長，印頭的五面均雕有圓形花紋圖案，每面圖形不同。木花印是新疆維吾爾族至今還沿用的一種手工印花工具。其種類繁多，大小各異，花紋圖案多樣，在棉布和毛氈上印花，使用方便，印出的花紋，圖案精美，深受維吾爾族人民的喜愛。

一二八　紫檀雕花靈芝式盤　清

高一·七、口最長一六·八、最寬一二·七釐米

底最長一四·九、最寬一一·三釐米

故宮博物院藏

盤作亞腰「八」字式，雕為二靈芝相接狀，精巧生動。壁微外傾，較厚，凹凸有致。底部雕刻隨形帶狀邊一周，有六矮足。口緣陰刻回紋，盤心陰刻嘉禾紋。

（劉岳）

一二九　紫檀雕花長方委角盤　清

高一·八、口長一二·八、寬一〇·三、底長一〇·六、寬八·一釐米

故宮博物院藏

盤壁外傾，邊沿微撇，隨形矮圈足。盤心內浮雕嘉禾二束，高處用高浮雕、鏤雕，低處只略墳起而已，紋飾高低自如，層次多變。而這類於盤中作浮雕裝飾者尚不多見。

（劉岳）

一三〇　椰殼雕龍紋碗　清

高八·三、口徑一七·六、足徑八·六釐米

故宮博物院藏

椰殼製成，產與嶺南，據《香祖筆記》卷八記載：「椰杯見毒則裂，嶺南人多製為食器，以避蠱」。椰木碗，圓形，撇口，圈足，內塗朱漆。碗外壁以淺浮雕技法，用橢圓如意形框將碗壁以開光形式將紋飾分為三組。三組紋飾相同，均刻有海水流雲騰龍紋。

此件作品，色如蒸栗，是由十一塊椰殼先進行雕刻後再銜接而成的。壁薄體輕，刻工精細，以精美的花紋巧妙地掩飾了銜接的痕跡。反映是椰殼雕刻藝術中的精品。

一三一　椰殼雕蟠龍紋香盒　清

通蓋高七·九、口徑九·四、底徑六釐米

故宮博物院藏

香盒圓形，有寬邊口沿，分蓋、盒兩部分，由一個整體的椰殼從中剖開，在盒體口沿處再鑲接上寬沿製成的，盒蓋正中嵌有木製圓鈕，繞鈕凸刻二道弦紋，弦紋外採用陰刻和淺浮雕刻技巧，以海波紋為地，上浮雕流雲及雙龍戲珠紋。雲紋飄逸，行龍細瘦蒼勁，騰踔翻轉，出神入化。寬邊盒沿上面陰刻帶狀菊紋。下面刻冰紋，餘地均為光素。從香盒精巧、薄壁、工細的特徵看，完全突出了雍正

時期的工藝特點。此類作品常作為「御用」和「御賜」品，是研究雍正時期藝術風格的重要依據。

一三二　椰殼雕雙龍戲珠圓盒　清

高七·三、口徑一六·五、底徑一三釐米

故宮博物院藏

鼓式，凹底，下有二道弦紋，弦紋內淺刻冰花紋飾。盒從中分啟，分蓋和體兩部分。通體分刻流雲、海水、雙龍戲珠、穿花夔龍紋和山水人物行舟圖案。

此件作品，色如蒸栗，木質間有淺黃斑點紋，整個盒體用十塊椰殼銜接而成，內塗黑漆裡，盒口銜接嚴密，製作十分精細，是清代中期傳世作品中僅有的一件。

一三三　檳榔木雕鏤空銅裡碗　清乾隆

高七、口徑一五釐米

故宮博物院藏

此件作品，色如蒸栗，木質間有淺黃斑點紋，圓框開光處浮雕雲芝花卉紋，紋飾活躍流暢。碗內鑲有銅裡，當是供器。

一三四　檳榔木鉛裡刻花圓盒　清

高三·五、口經一二釐米

故宮博物院藏

圓盒是用椰殼銜接而成的，內鑲鉛裡，盒口銜接嚴密，製作十分精細，盒邊與蓋面均以勾連團壽紋為飾，刻工細緻流暢。此盒一般是盛放香料或香料製成的手串用器，用鉛做裡，既可防潮又可保持住香料的氣味。

一三五　檳榔木雕花嵌金圓盒　清

高三・五、口經一二釐米

故宮博物院藏

圓盒是用椰殼銜接而成的，內鑲鉛裡，盒口銜接嚴密，盒邊與蓋面均以勾連團壽紋為飾，團壽塗金，刻工細緻流暢。盒內還置有一鏤空團壽金墊片。此盒是盛放香料或香料製成的手串用器，配置金墊片，襯托其的貴重。

一三六　樺木盤　清中期

高八・三、口徑二五・五、底徑一二・八釐米

故宮博物院藏

碗寬沿，敞口，高足，厚壁。口邊一周、足外壁俱包鑲鐵鋄金嵌松石鏤雕穿花龍紋裝飾，極富民族特色。碗心陰刻填綠隸書御製詩句：「草根成木質，西藏著靈奇，既是佛經地，何虞毒物施，足承金鏤虺，口緣鐵蟠螭，面目本來好，多斯文飾為。」後署「乾隆庚寅孟春御題」俱及填紅二章「幾暇怡情」、「得佳趣」。詩見高宗《御製詩集》三集卷八十五，詩題原為《扎葡扎雅木椀》。碗配紫檀匣，蓋面亦刻隸書詩，與碗內文同。

（劉岳）

一三七　椰殼雕雲蝠金裡碗　清

高七、口徑一五釐米

故宮博物院藏

整個碗體是用數塊椰殼銜接而成的，色澤深沉。碗內鑲金裡，外壁以雲蝠紋作為裝飾，製作十分精細。

一三八　椰殼銀裡套杯　清

最大碗高七．五、口徑九、底徑四．八、最小碗高二．八、口徑三．五、底徑二．三釐米

故宮博物院藏

共八隻，大小相套，俱為敞口、斂腹、圈足碗式，並包鑲銀裡、陰底。外壁浮雕花卉、山水、人物，內容或取諸歷史典故，如蘇晉、劉伶事，或敷衍常見題材，如焚香、飲酒、作別、對弈等，浮雕行草詩文以點題。最大的三隻署有「仲春、日立（？）」，次三隻僅署「春、立」二字，而最小二隻未署款識。

套杯設計巧妙，雕刻精緻，紋飾繁複，為同類製品中所稀見者。（劉岳）

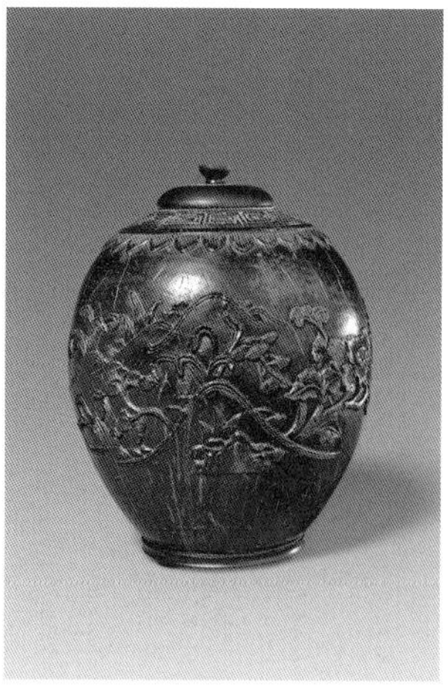

一三九　檳榔木雕花小罐　清

高一〇．五、口徑三．三釐米

故宮博物院藏

小口，身外膨如鼓式，配木蓋、底，三矮足。口邊飾回紋及蓮瓣紋各一周，主體紋飾為牡丹、菊花及小鳥，紋飾稚拙而不失圖案化傾向，雕刻較細，在檳榔木作品中是比較突出而具代表性的。（劉岳）

一四〇　伽楠香嵌金壽字搬指　清

高二．六、徑一．八釐米

故宮博物院藏

搬指為伽南香製，嵌金篆體「壽」字四個，每一筆劃內均以累絲及小金珠排列如朵朵小花般肌理，工藝細巧，材質上乘，為清宮舊藏搬指中的精品。（劉岳）

一四一　伽楠香嵌金壽字搬指　清

高二・七、徑一・九釐米

故宮博物院藏

搬指較小而細瘦，器壁一端過渡圓潤，一端內傾，外嵌楷體金「壽」字四，寓意吉祥，格調不俗。

（劉岳）

一四二　伽楠香嵌金雙喜搬指　清

高三・九、徑三・六釐米

故宮博物院藏

搬指為一對。較大而厚，器壁一端過渡圓潤，一端內傾，外嵌金雙喜字四個，當為宮中婚禮用品。

（劉岳）

一四三　伽楠香嵌金如意搬指　清

高二・三、徑三・一釐米

故宮博物院藏

搬指較大而厚，器壁一端過渡圓潤，一端內傾，外嵌金「如意」二字。

（劉岳）

一四四　肉桂搬指　清

高二・六、徑二・九釐米

故宮博物院藏

搬指外陰刻填金叢竹為飾，並隸書「直上青雲」及「月山」楷書款。內有角質襯裡一層，製作考究。

配有錫製小圓盒一，蓋面貼紅紙，書「姑蘇元妙觀西首芝蘭室專制肉桂叭（口爾）香揮指」，從中可知其來源。

（劉岳）

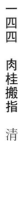

一四五　橄欖核雕鍾馗　清

高二釐米

故宮博物院藏

核雕是民間雕刻中的一項特種藝術，自明代之後，逐漸興起，這種果核雕刻，奇巧精美，被明代文人視為「絕技」。核雕鍾馗色如蒸栗，採用民間戲曲傳說中的人物形象，冠帶袍服，長髯蓬撒，手把摺扇，一副自在悠閒之態。

小核雕刻精細，小巧別致。是作為衣帶和扇墜的裝飾品。在明清兩代風行一時。

一四六　橄欖核雕壽星　清

高二釐米

故宮博物院藏

橄欖核雕壽星，色紅如蒸栗，是用福建產的橄欖核雕刻而成。壽星刻畫較胖，頭較大，長衫、長髯垂懸，像一個滑稽的不老翁。

此件作品刀法簡練，寥寥數刀，將壽星的神情庫畫得栩栩如生。

一四七　橄欖核雕小舟　清

高一·六、長三·四釐米

故宮博物院藏

作者以鏤空技法，將橄欖核刻成一隻小舟。舟中設備齊全，內雕桌椅、桌上擺着杯盤菜肴，舟上共有八人，除有寬衣博袖，憑窗而坐的蘇東坡外，還有客人客婦、艄公、書童等七人。舟底刻《後赤壁賦》全文，落有「乾隆丁巳五月臣陳祖章製」楷書款。字體纖細，俊郎挺秀。

橄欖盒雕是小型雕製品中頗有特色的品種，以橄欖核作為材料刻製小器物，自明代中後期興起之後，作為衣帶和扇墜等裝飾品，風行一時，並被視為至寶。

一四八　橄欖核雕花鳥小瓶　清

故宮博物院藏

小瓶利用橄欖核的原有形狀，一頭尖，一頭平切一部分，刻成小瓶形狀。又採用薄地浮雕技巧，刻出花枝、雀鳥，寓「四季平安」之意。小核雕圓潤細膩，玲瓏精巧，把玩賞析之下，有愛不釋手之感。

一四九　伽楠香木雕魚蓮八方佩　清

徑長五·三、厚〇·六釐米

故宮博物院藏

佩呈棕褐色，深雕而成，八角形，一面刻荷花，一面刻「蓮花金魚圖」，寓「連年有餘」之意。

伽楠香皆是來自南方諸國，有的磨成粉製成香餅、香球。有的視其形狀和質地，雕刻成器物和佩飾佩戴，起提神醒腦作用。此件佩飾是宮中嬪妃或皇子攜佩之物。

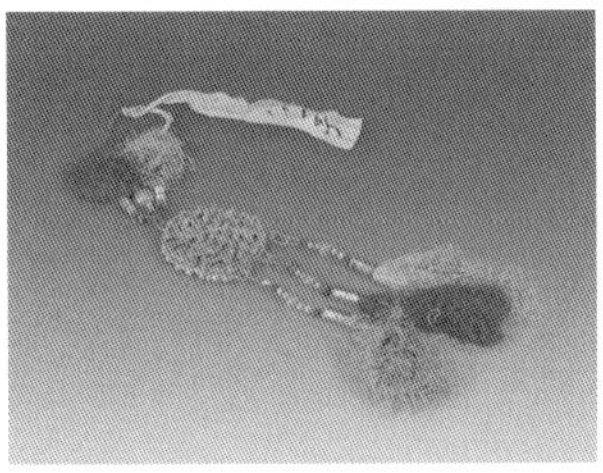

一五〇　檀香木雕雲龍橢圓佩　清中期

徑八、厚九·八釐米

故宮博物院藏

利用白檀香木塊鏤雕而成，流雲湧疊，蒼龍於雲間穿騰。兩面紋飾銜接緊密。檀香木質較潤，香氣宜人，用刀遊仞精湛，紋飾雕刻十分細緻。上下配有彩色絲穗，佩戴更為美觀。是宮中嬪妃或皇子攜帶之物。

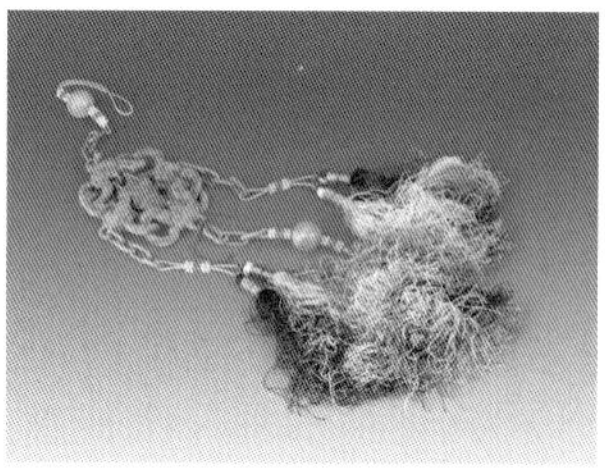

一五一　白檀香木鏤雕連蝠佩　清

長六、厚〇．七釐米

故宮博物院藏

利用白檀香木塊，採用鏤空技巧，刻有花籃、雲蝠紋。圖案兩面對稱，鏤刻連而不斷，雙蝠兩兩相對，呈捧壽之狀。此種雕刻技巧，古代稱之為「仙工」，意為手法高超，有鬼斧神工之譽。

一五二　伽楠香木帶扣　清

故宮博物院藏

伽楠香，沉香的一種，產在印度、越南一帶，作為香料或藥物，每年都會向東南諸國買進一定數量的沉香。伽楠香色澤深沉，香味尤為濃郁，數量極為稀少。百年來其味仍濃烈不減。此件深浮雕帶扣，刻有雙蝠、果籃，籃中有桃、石榴和佛手，寓「福壽連年」之意。

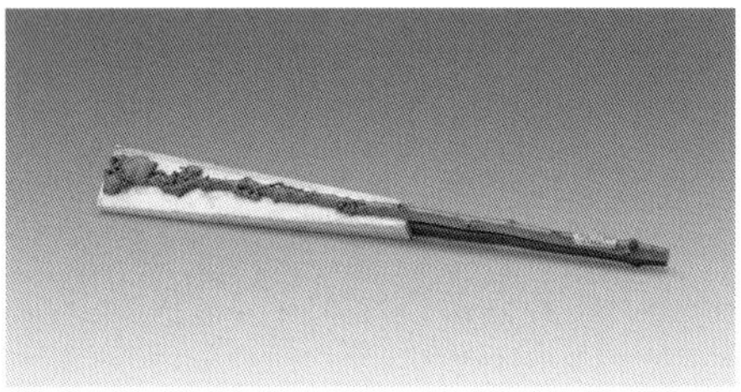

一五三　黃楊木雕葡萄蟠桃扇骨　清

扇骨長三一、寬二．五釐米

湖南省博物館藏

紅木製，共七骨。兩側骨為黃楊木雕，一側鏤空浮雕葡萄，葡萄藤枝盤曲，葡葉蒼勁，葡萄果實累累；另一側鏤空浮雕蟠桃，桃枝挺拔，栩栩如生，桃實共三枚，大小不一，其內側刻隸書「周義作」三字。

周義，湖南長沙人，清末雕刻家，幼時入學塾讀書。年幼即善雕刻，能盡其妙，深為同鄉畫家楊世焯所賞識，又得世焯畫稿及書法，因而技藝日進，所刻多檀、黃楊，間或刻象牙，然不多見。所作諸器皆善，而以扇骨最工，手杖、煙嘴稍遜，刻之花以葡、梅、松鼠、竹最妙，蘭草次之。

（余斌霞）

一五四　木雕彩繪龍串花橫楣　明

各長一一四、寬四七·五釐米

麗江市博物館藏

木雕橫楣三副，構圖大同小異，皆鏤雕二龍戲珠，正中則為大花一朵，其餘空間以纏連枝葉填充，而生長花朵之岩石則於兩側交代，從而形成不同的透視視點，有「橫看成嶺側成峰」之趣。雕刻精工，龍紋虯勁，花枝妍美，既滿足了圖案化的要求，又不失生動的個性，很有時代與地域特色。

攝影：鄭華（劉岳）

一五五　金漆木雕荷花鷺鷥紋梁架下花楣　清

各長一五一、寬二四、厚一〇釐米

廣東省博物館藏

潮汕地區傳統民居極重裝飾，其中祠堂建築更是雕樑畫棟，裝飾華麗，梁架上、下（俗稱檝上、檝下）是裝飾的重要部位，嵌飾着雕刻精美的構件，多採用通雕技法雕刻而成，並作髹漆貼金或彩繪裝飾，具有金碧輝煌的藝術效果。雕刻題材則以人物故事、瑞獸花鳥最為常見。此為檝下飾件，以常見的荷花、蘆葦、鷺鷥等為題材，雕刻細膩，流暢自然。

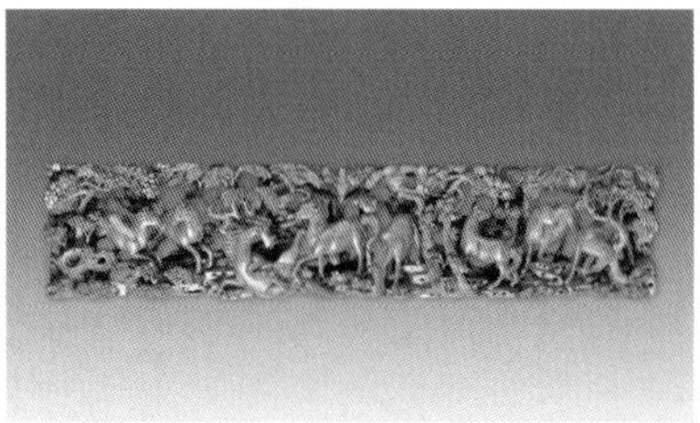

一五六　金漆木雕松林八駿圖梁架下花楣　清

長一一四、寬二五、厚一〇釐米

廣東省博物館藏

此花楣為梁架下飾件，以松林八駿圖為題材，取橫向構圖，但見古松錯落，山石起伏，八匹骨肉勻稱的駿馬於松林間或臥或立，或奔或憩，或吃草，或嘶鳴，神態各異，充分顯示了民間匠師巧妙的藝術構思和高超的雕刻技藝。

一五七　金漆木雕太獅少獅雀替　清

長三七、寬一八、厚一〇釐米

廣東省博物館藏

「太獅少獅」為傳統寓意紋樣，紋飾以一大獅與數小獅構成。「太獅少獅」與古代官名太師、少師同音，寓意官祿代代相傳。

一五八　金漆木雕人物花鳥長方形饌盒　清

長二八、寬一四、高三八釐米

廣東省博物館藏

饌盒是潮汕地區民間傳統祭祀活動中用於盛放祭品的器物，一般由底座、盒蓋、果盤三部分組成，造型常見的有長方形和菱形（又稱龜背形、欖形）兩種。平時置於家中廳堂的几案上，祭祀時將饌盒擺放在神案上，取出果盤，盤上放供果，進行拜祭。此饌盒為長方形，束腰式器座飾以卷草紋，足下壓圓雕臥獅，足間牙板為通雕喜鵲鬧梅紋，五個小果碟作對稱式排列，高低起伏，碟架四周通雕福、祿、壽三星及■龍、魚藻紋。盒蓋四周為多層鏤通雕人物故事圖花板並圍以通雕卷草紋枋欄。雕工精細入微，人物形象生動，具有較高的觀賞價值。

一五九　金漆木雕人物花鳥長方形饌盒　清

長四二、寬二一、高六〇釐米

廣東省博物館藏

饌盒四個底足為外翻花葉形，足下各壓一隻活潑可愛的小獅子。底足上為臺基式器座，四角各立一根盤龍柱，柱間以透孔式花板作圍欄，基座內收，四周飾多層鏤通雕歷史人物故事；器座盒蓋一面飾浮雕貼金梅樹紋，四周為黑漆描金卷草間盤豚紋邊框，另三面則飾以多層鏤空通雕人物故事。整個饌盒結構緊密，層層疊疊，渾然一體，裝飾纖巧繁複而又富於變化，風格富麗堂皇，充分體現了潮州木雕的藝術特色。

一六〇　金漆木雕子母麒麟貢碟　清

長一一、寬八、高二一釐米

廣東省博物館藏

木雕貢碟是潮汕地區民間使用的一種祭祀器具，形制較小，多為整塊木料雕刻而成，其結構可分底座、器身和承盤三部分，器身多以獅、羊、麒麟等象徵吉祥的動物為題材，以圓雕技法雕刻而成並作髹漆貼金裝飾，精緻小巧而不失莊重。此類貢碟常常成對使用，上放鮮果、方糖等食品，陳列於神龕前的几案上。此貢碟以一對子母麒麟為主體造型，麒麟立於四足座面上，母麒麟背負花籃，花籃上托圓形承盤。造型獨特，寓意吉祥。

一六一　金漆木雕香爐　清

長四八、寬三三、高七二釐米

廣東省博物館藏

香爐是放置於神案前的祭祀器具之一，造型似鼎，蓋紐多雕成獅子形，故又稱為香爐獅。中空，四周留有空隙，祭祀時將香料放在銅爐內點燃，然後放進香爐獅內，香煙從四周的空隙繚繞而出，滿堂生香。此香爐四足翻卷，腹部正背兩面各鑲嵌「鯉魚跳龍門」、「博古紋」長方形鏤通雕飾件；左右兩側各設一個鏤通雕纏枝花卉紋爐耳，高高聳起；腹部下方四面設錦地開光，開光內以鐵線描金漆畫工藝繪博古靜物；爐蓋以一神態威猛的圓雕獅子為主體，三隻活潑可愛的小獅在其身旁嬉戲。整件器物造型典雅莊重，美觀實用。

一六二　金漆木雕人物花鳥方形爐罩　清

長二八、寬二八、高三七釐米

廣東省博物館藏

宣爐罩又稱熏爐罩、香爐罩，由底座和罩蓋兩部分組成，造型以方形和六角形最為常見，雕刻十分精細，加上髹漆貼金或金漆畫裝飾，顯得格外華麗，素雕者雖然少見，但典雅莊重，別具特色。罩頂開孔，四周嵌飾雕刻精美的花板，有人物故事、花鳥、水族、博古等紋飾，雕工精細，製作精巧。平日置於家中廳堂和書房中的几案上，逢喜慶之日或祭神祀祖時，置宣德爐或小香爐於罩內，爐中燃燒香料，香氣從罩頂的小孔和四周的孔洞繚繞而出，香氣盈室，令人心曠神怡。

此宣爐罩為方形，四足外翻，足下墊小獅子，俗稱「壓腳獅」。足間四面裙板為精細的鋸通雕花卉紋。底座四周圍以通雕方欄。罩蓋的四個立面通雕連枝花卉紋枋欄，內嵌人物故事、老鼠葡萄、梅蘭竹菊等題材的通雕花板，精巧玲瓏，美侖美奂。

一六三　金漆木雕人物故事嵌書畫小圍屏　清

高九二、寬一六〇、厚四釐米

廣東省博物館藏

此套屏風由九件條屏和一對屏頭獅組成，屏扇裝飾由下至上分五層，首層均雕飾變形夔紋；其上是屏扇的核心，鏤通雕「空城計」、「擒孟獲」、「羅成叫關」等人物故事圖。第三層鏤雕瓶花、魚藻、花鳥、博古等紋飾；第四層以通雕纏枝葡萄紋作邊框，內置絹本設色水墨畫和書法條幅；頂層雕飾花鳥紋。圍屏兩側以屏頭獅作固定，屏頭獅底部為「T」行，上設立柱，柱頭飾圓雕獅子戲球，立柱三面以通雕夔龍紋牙條作站牙，具有加固立柱的作用。整套圍屏綜合運用了鏤通雕、浮雕、髹漆貼金和書法、繪畫等多種藝術表現手法，題材豐富多樣，雕刻精美，是難得的木雕精品。

一六四　金漆木雕牡丹如意　清

長四〇、寬一四、高一〇釐米

廣東省博物館藏

如意是一種陳設器物，由古代寺院中僧侶所用的騷癢之物逐漸演變而來，象徵如意吉祥，是富貴人家的賀壽禮物之一。此件如意是以通雕技法用整塊木料雕刻而成，木雕藝人以連枝牡丹構形，三朵牡丹花粲然開放，兩朵含苞欲放的小花蕾點綴其間。枝條自然舒展，婉轉流暢，重重花瓣各具情態，歷歷可數。細緻入微的雕工和嫺熟高超的貼金工藝使整件如意顯得十分完美。牡丹花又稱富貴花，配以華貴的金色，更顯得富麗堂皇。

一六五　金漆木雕聖旨架　清

長三九、寬二二、高一一三釐米

廣東省博物館藏

形似小插屏，兩足為如意雲頭形，頂部中央為一輪光芒四射的紅日，其下飾左右對稱的卷草紋。架心飾兩方通雕花板，上為雙蝠朵花紋，下為金鳳牡丹紋，與頂部的紅日相呼應，取金鳳朝陽之意。兩側立柱各設兩個向前伸出的龍頭，兩兩相對，聖旨即橫放於龍頭之上。

一六六　金漆木雕茶擔　清

長五〇、寬三八、高八〇釐米

廣東省博物館藏

茶擔是一種禮儀用具，平時存放於祠堂，每逢民間舉行遊神賽會活動時用來挑擔茶水，隨遊行隊伍巡遊，向負責遊神活動的人員提供茶水，同時亦借此顯示遊神隊伍的不凡氣派。此茶擔為提梁式，提梁上裝銅環以便肩挑出行。茶擔的主體形制似櫃，設門兩扇，門上嵌飾多層鏤通雕人物故事、花鳥博古紋。背面及左右兩側飾通雕鯉魚跳龍門及花鳥紋。頂部設木格茶盤以便擺放茶具。

一六七　金漆木雕人物花鳥故事神櫝　清

高四六、寬三八、厚二一釐米

廣東省博物館藏

該神櫝雕刻技法多樣。櫝門正背面均鏤通雕精美紋飾。門肚採用多層鏤通雕的手法，刻潮州七賢進京趕考故事，以「之」字形佈局，將潮州七賢策馬揚鞭、日夜兼程進京趕考的情景描述下來，形象生動。櫝內背板為磨金漆畫山水人物圖，亭內文人墨客吟詩作對，路上一官人在侍從的護衛下正在騎馬趕路，小橋流水、山石亭臺，以小景致營造大空間。整座神櫝造型莊重，裝飾華麗。

一六八　金漆木雕涼枕　清

長五〇、寬一四、高一四釐米

廣東省博物館藏

涼枕是夏天實用的一種枕具，形制不一，枕面多為竹製，且留有縫隙，涼爽透氣。這是富裕人家使用的涼枕，四周有雕刻裝飾，做工精細，多置於炕床上使用。

一六九　金漆木雕燈芯筒　清

高二三、寬一六、厚七釐米

廣東省博物館藏

燈芯筒是一種腹部較淺，用於存放油燈燈芯草的器具，一般掛於離油燈較近的牆壁上。其造型多種多樣，做工亦有精粗之別。此件燈芯銅背板上部金漆通雕博古靜物，鷺鳥，菊花等。筒身弧面深浮雕比武場面，人物，馬神態逼真，富於動感，與上部分靜物形成鮮明對比。

一七〇　金漆木雕老鼠拖葡萄紋香筒　清

高三一、寬七、厚二釐米

廣東省博物館藏

整體造型是以一段樹木掏空的圓雕作品，背板上部及筒身均為鏤空通雕，圖案為「老鼠拖葡萄」題材，上，下部分連成一體，交相輝映。整件作品設計匠心獨運，造型輕巧別致，雕技剔透玲瓏。

一七一　金漆木雕「二十四孝圖」掛件　清

高一四三·七、弧寬二八·五、厚四釐米

廣東省博物館藏

這是一對抱柱式掛件，頂部各雕飾一隻展翅欲飛的雄鷹，足部雕成花籃形。頂部與足之間是表現「二十四孝」故事的鏤空通雕，採用「之」字形路徑分成五個層面，每個層面稍有傾斜，人物高低錯落，精心安排。層于層之間利用屋頂，樹木巧妙過渡分隔，各個層面似是獨立卻又融為一體。整套作品構圖清晰，人物特點分明，神態生動，景物佈置合理，井然有序，顯現出較強的立體感和空間感。在雕技方面，運刀圓滑利索，剔透玲瓏。

「二十四孝」為元代郭居敬輯虞舜，漢文帝，曾參，閔損，仲由，董永，郯子，江革，陸績，唐夫人，吳猛，王祥，郭巨，楊香，朱壽昌，庾黔婁，老菜子，蔡順，黃香，姜詩，王裒，丁蘭，孟宗，黃庭堅等二十四人的孝順故事，在民間一直廣為流傳。

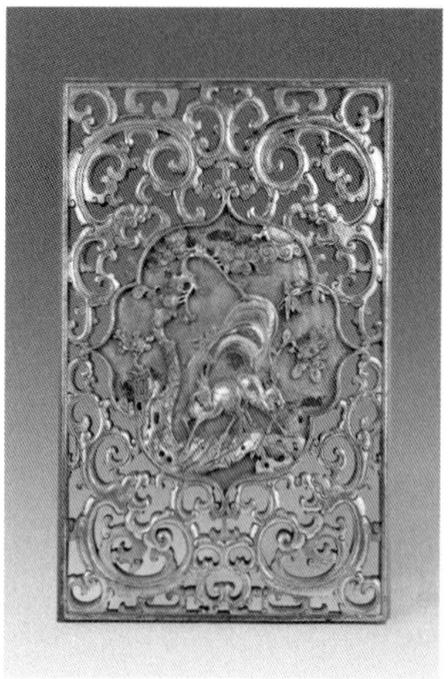

一七二　金漆木雕空城計圖花板　清

長六二、寬三九、厚五釐米

廣東省博物館藏

雙面雕刻。「空城計」講述了「馬謖拒諫失街亭　武侯彈琴退仲達」的故事，是我國著名古典小說《三國演義》中頗為經典的一段，歷來為人津津樂道。此件雖只雕了六個人物，卻有千軍萬馬之感，以有限的空間表現無限的內容，達到以少勝多的藝術效果。

一七三　金漆木雕蕭史弄玉騎龍乘鳳圖花板　清

各長六四、寬三九、厚四釐米

廣東省博物館藏

這是屏風門窗肚上的裝飾構件，以鋸通雕幾何紋為地子，刻畫了蕭史弄玉騎龍乘鳳的形象。在通透幾何紋的襯托下，主題紋飾顯得更加生動形象。據《列仙傳》記載：春秋秦穆公時有個叫蕭史的人擅長吹簫，能引來孔雀，白鶴。穆公有女名弄玉，也好吹簫，穆公逐將弄玉嫁給蕭史為妻。經過蕭史的數年指教，弄玉吹簫似鳳鳴一樣動聽，引得鳳凰來棲息。穆公為之築鳳臺，夫婦居住數年不下。一天，蕭史乘龍，弄玉乘鳳，昇天而去。

一七四　金漆木雕人物故事花板　清

高四五、寬二〇、高九釐米

廣東省博物館藏

這件通雕人物故事花板採用多層次鏤通雕技法雕刻而成，在有限的空間內生動地刻劃了三十多個造型各異的人物，多角度地表現了驚險的戰鬥場面。雕刻刀法細膩，佈局疏密有致，人物眾多，體現了潮州木雕以繁為美的審美傾向。

一七五　**金漆木雕加官進爵圖花板**　清

長二九、寬一七、厚三釐米

廣東省博物館藏

作品採用橫向構圖的形式，展現了一個仕途昇遷，拜賀的場面。

一七六　**金漆木雕博古窗花**　清

高七六、寬三五、厚五釐米

廣東省博物館藏

作品為大神龕門門窗肚飾件，以鋸通雕幾何紋作為襯底，纖巧秀麗，細密精緻，主題紋飾為浮雕博古靜物，厚重飽滿，雍容大氣，兩者既有鮮明的對比，又是絕妙的襯托。浮雕部分刀法細膩傳神，瓶身以及瓜果的細部尤顯。構圖佈局大體遵循傳統上的對稱原則，只在下部的花籃處做微傾斜處理，即打破了過於死板沉悶的視覺效果。整件作品給人以美侖美奐、貴氣逼人的感受。

一七七　**柴木雕描金鳳紋牡丹佛花**　清

長四三、寬三〇．一釐米

故宮博物院藏

此件可能為室內裝飾品。四周邊框飾紅漆，框內作幾何錦地紋，上雕綬帶鳥牡丹圖，雕工細膩生動，并修飾金漆，富麗堂皇，應是當地官宦或富賈人家所用之物。

（張林傑）

本書編輯拍攝工作，承蒙以下各單位
予以協助和支持，謹此致謝。

國家文物局
故宮博物院
中國國家博物館
定州博物館
上海博物館
旅順博物館
浙江省博物館
溫州博物館
安徽省博物館
福建博物院
江西博物館
婺源博物館
荊州博物館
湖南省博物館
廣東省博物館
重慶中國三峽博物館
雲南省博物館
大理博物館
麗江博物館
新疆維吾爾自治區博物館
新疆維吾爾自治區考古文物所
所有給予支持的單位和人士

本卷主編　劉　靜
責任編輯　段書安
　　　　　郭維富
封面設計　張希廣
攝　　影　胡　錘
　　　　　劉志崗
　　　　　孫之常
　　　　　劉小放
　　　　　鄭　華
圖版説明　劉　靜
責任印製　陸　聯
　　　　　張　麗

圖書在版編目（CIP）數據

中國竹木牙角器全集·木雕器· 上／《中國竹木牙角器全集》編委會編.—北京：文物出版社，2009.9
（中國美術分類全集）
ISBN 978-7-5010-2823-8

Ⅰ.中... Ⅱ.中... Ⅲ.①雕刻—中國—古代—圖集 ②木雕—中國—古代—圖集 Ⅳ.K879.32

中國版本圖書館CIP數據核字（2009）第157250號

中國美術分類全集

中國竹木牙角器全集

第2卷 木雕器（上）

中國竹木牙角器全集編輯委員會 編

出版發行者 文物出版社
（北京東直門內北小街二號樓）

本卷主編 劉 靜
責任編輯 段書安 郭維富
製版者 北京文博利奧印刷有限公司
印刷者 文物出版社印刷廠
經銷者 新華書店
二〇〇九年九月第一版第一次印刷
書號 ISBN 978-7-5010-2823-8
印張 一七
定價 三二〇圓